Thomas von Fragstein / Hans Martin Ritter (Hrsg.)

Sprechen als Kunst

D1731955

Sprache und Sprechen
Band 22

Beiträge zur Sprechwissenschaft und Sprecherziehung
1968 begründet durch Prof. Dr. W. L. Höffe und Prof. Dr. H. Geißner

Herausgegeben im Namen der
DEUTSCHEN GESELLSCHAFT FÜR SPRECHWISSENSCHAFT
UND SPRECHERZIEHUNG E. V.
von Hellmut Geißner, Landau

in Verbindung mit
Dieter Allhoff, Regensburg
Geert Lotzmann, Heidelberg
Klaus Pawlowski, Göttingen
Rudolf Rösener, Münster
Christian Winkler, Marburg †

Thomas von Fragstein / Hans Martin Ritter (Hrsg.)

Sprechen als Kunst

Positionen und Prozesse ästhetischer Kommuniukation

Professor Dr. phil. Walter Wittsack,
dem Ehrenmitglied der DGSS,
zur Vollendung seines neunzigsten Lebensjahres
am 14. August 1990

Scriptor

CIP-Titelaufnahme der Deutschen Bibliothek

Sprechen als Kunst : Positionen und Prozesse ästhetischer
Kommunikation / Thomas von Fragstein ; Hans Martin
Ritter (Hrsg.) – 1. Aufl. – Frankfurt am Main : Scriptor ;
Bielefeld : Cornelsen, 1990
    (Sprache und Sprechen ; Bd. 22)
    ISBN 3-589-21002-8
NE: Fragstein, Thomas von [Hrsg.]; GT

1. Auflage 1990
© 1990 Scriptor Verlag GmbH & Co., Frankfurt am Main
Umschlagentwurf: Lochmann's Studio, Frankfurt am Main
Druck und Bindung: Difo-Druck GmbH, Bamberg
Vertrieb: Cornelsen Verlagsgesellschaft, Bielefeld
Printed in West-Germany
ISBN 3-589-21002-8

Marktplatz, Tempel oder wo?

Zur Lektüre dieses Bandes

Thomas von Fragstein, Hans Martin Ritter, Berlin

"Sprechen als Kunst - Positionen und Prozesse ästhetischer Kommunikation" - unter diesem Titel fand vom 8. bis zum 11. Oktober 1989 an der Hochschule der Künste in Berlin die 20. Fachtagung der DGSS statt. Sie war ein Versuch, möglichst viele Erscheinungen in den Blick und ins Ohr zu bekommen, die die "sprechende Stimme" in den verschiedenen Künsten und ganz unterschiedlichen ästhetischen Zusammenhängen "zu Wort kommen lassen". So war der Rahmen auch erheblich weiter gefaßt, als ihn traditionelles Fachverständnis und darauf bezogene künstlerische Praxis in der Regel setzen; Musik und Theater waren einbezogen und mehr oder minder "ungewöhnliche" und "unübliche" Präsentationsformen. Nicht nur Vorträge und Plenums- und Podiumsdiskussionen charakterisierten diese Tagung, sondern auch Werkstätten und künstlerische Produktionen. Die vorliegende Veröffentlichung bietet also nicht das "Ganze" der Tagung, sondern "nur" die wissenschaftliche Essenz. Dennoch markieren die hier enthaltenen Beiträge bei aller Unvollständigkeit doch die Brennpunkte des Interesses und reflektieren in ihrem Gegenstand auch das praktisch-künstlerische Moment in sehr unterschiedlicher Weise.

"Ausgesprochene Literatur" steht bezeichnenderweise im Mittelpunkt des fachbezogenen sprechwissenschaftlichen Fragens und Forschens - einmal unter den ästhetischen Kriterien des künstlerischen Sprechens: es geht um den "Tatort SPRACHE", um die "Explosion" des poetischen Textes in der "Äußerung" (TREUSCH), um die "Kunst, Verse zu sprechen", und ihre Nähe oder Ferne zum "Markt" - sei es dem der Eitelkeiten oder dem der großen öffentlichen Wirkung (RÖSENER), und es geht um die Kriterien für Sprechkunst und die jeweilige "Richtigkeit" im Umgang mit dem poetischen Text (HÜBSCHMANN).

Der Rahmen wird unter dem Gesichtspunkt von Motiven, Aufgaben und Wirkungen "ausgesprochener Literatur" des "Wertes" auch und Stellenwertes für die Ausbildung von Sprecherziehern (LOTZMANN), der Bedeutung der Arbeit mit Gedichten für den Weg zu sich selbst oder zum Erfolg (LEHTONEN) bis hin zur

dichten für den Weg zu sich selbst oder zum Erfolg (LEHTONEN) bis hin zur Frage nach dem Bewußtsein und der Gegenwärtigkeit der Dichtung in dem "Poesiealbum" der Deutschen (GÖRNER).

Um "ausgesprochene Literatur" geht es weitgehend auch schon vorab bei der Frage nach dem Verhältnis von "Kunst und Kommunikation", einmal in der Frage nach den "Veranstaltungsformen" und dem Umgang des künstlerischen Sprechers mit dem Text einerseits und dem Publikum andererseits (STOCK), dann in der Frage nach den Prozessen, die im Sprecher und im Zuhörer (Zuschauer) und schließlich zwischen beiden sich ereignen, wenn Dichtung "ausgesprochen" wird, und drittens in der weitgreifenden These von Kommunikation als Wesen, Wirkung oder Aufgabe der Kunst überhaupt (CATT).

Auch wenn in den einzelnen Aufsätzen die unterschiedlichen Fragen nicht unmittelbar ausgetauscht werden, so ist doch ein geheimer Disput, sind Entsprechungen und Kontroversen des Lesens unschwer auszumachen - sie waren es auch während der Tagung.

In den Beiträgen zu "Musik und Sprechklang" wird der engere Interessenkreis sprechkünstlerischer Reflexion in fruchtbarer Weise überschritten: Die Entwicklung des Sprechklanges aus einer "Beigabe" des gesprochenen oder gesungenen Textes in Musikabläufen zu einer originären musikalischen Erscheinung, die aus sich heraus neue musikalische Sprache und Form zu erzeugen vermag, wird einmal prinzipiell aus einer historischen Rückschau hergeleitet (BUDDE) und zum anderen in einem exemplarischen Werk Schönbergs, das diesen Prozeß nachhaltig beeinflußt hat, in Details sichtbar (URBANZYK), der letzte Beitrag zeigt hier die neuesten Entwicklungen vor allem im neuen Musiktheater auf (VILL). Die Beiträge dieses Teils sind auch deshalb wichtig, weil sie im Rahmen dieser Dokumentation einen direkten Bezug herstellen zu einer Reihe von künstlerischen Ereignissen der Tagung, die sich mit eben diesen Erscheinungen praktisch-künstlerisch auseinandersetzen. Der abschließende Teil "Sprechen und Darstellen" führt wieder deutlich in den Rahmen des Interessenkreises von Sprechwissenschaft zurück. Es geht um das "Sprechhandeln des Schauspielers" als eine "komplexe Form ästhetischer Kommunikation" (GUTENBERG), um die Verknüpfung stanislawskischer und brechtscher Grundsätze eines Sprechens auf der Bühne (THIELE), um den Widerstreit von "Sprechen oder Spielen" von Gedichten - vor allem vor dem Hintergrund schauspielerischer Aktionsbedürfnisse (REINHARD-HESEDENZ) und mit einem Blick in die Werkstatt des Hörspiels um eine Auffächerung von

"Sprechakten" und die Schwierigkeiten und Möglichkeiten ihres Einsatzes durch den Schauspieler vor dem Mikrophon. Die abschließenden Ausschnitte aus dem Symposionsgespräch zum "Theater" machen noch einmal zwei wesentliche Arbeitsbereiche des Sprecherziehers im Theater und ihre Verbindung miteinander sichtbar: die Probleme der Verwandlung eines Stückes Literatur in eine Theatervorgang (als eine Grundaufgabe des europäischen Theaters auch heute) und die Arbeit an der Stimme des Schauspielers, die für dieses poetische Moment der Sprache "durchsichtig" bleiben muß (NAGEL).

Die Reduktion auf die wissenschaftliche Essenz der Tagung in diesen Beiträgen ist nicht nur unter dem Gesichtspunkt der Vollständigkeit des Ereigniszusammenhangs schmerzlich, sondern in bezug auf die Problemstellung selbst. Die Anschauung und "Anhörung" des künstlerischen (oder des künstlerisch gemeinten) Ereignisses wäre nötig, um Positionen, die von ihren Vertretern nicht verbal explizit verfochten werden (können), sich aber künstlerisch deutlich artikulieren, in Beziehung zu setzen zu von anderen sprachlich ausformulierten, aber auch, um bei denen, die künstlerisch und theoretisch auftreten, Anspruch und Theorie an künstlerischer Äußerung und Wirkung zu überprüfen. Vom Umgekehrten, der Wertung künstlerischer Hervorbringungen auf dem Hintergrund von Anspruch und Theorie, darf schon gar nicht die Rede sein ... sollte, müßte aber eigentlich doch. Nicht im Sinne individueller Kritik selbstverständlich, wohl aber, um zu zeigen, wo nicht (nur) persönliches Unvermögen eine schöne Theorie möglicherweise fragwürdig macht, sondern wo ganz andere Faktoren sie desavouieren.

In diesem, von jedem Teilnehmer anders wahrgenommenen Beziehungsfeld - vielleicht nicht immer ganz schmerzfrei - lag der Reiz der Tagung. Der mehr oder minder große intellektuelle Reiz der hier versammelten Beiträge läßt ihn allenfalls ahnen. Eines aber, denken wir, wird dem Leser dieses Bandes wie dem Teilnehmer dieser Tagung deutlich sein: Die Veranstaltung war nicht mehr als ein Anfang der Auseinandersetzung mit "Sprechen als Kunst". Diese Feststellung entspringt weniger einer konventionell erwünschten und in diesem Fall sehr realistischen Bescheidenheit der Tagungsleiter als der Unbescheidenheit des dem Gegenstand mit Herz und Hirn und beruflichem Engagement ganz Verpflichteten. Ästhetische Klärung ist weiter dringend vonnöten. Dafür aber braucht es die hier begonnene Auseinandersetzung mit künstlerischer Praxis auch außerhalb der eigenen Fachtradition; es geht nicht an, nur immer wieder zu beklagen, daß diese Tradition in den eigenen Reihen abreißt oder daß sich künstlerische Praxis außerhalb dieser nicht mehr eng geschlossenen Reihen eigenen Vorstellungen nicht fügt. Voraussetzung dafür aber ist ein Horizont, der eben nicht beim Sprechen von Literatatur endet, wenn von "Sprechen als Kunst" die Rede ist, und eine Haltung, die nicht alles künstlerische Sprechen auf ganz bestimmte Vorstellungen des ("richtigen") Sprechens von Literatur bezieht und daran mißt. Wenn eine solche Öffnung, die überfällig ist, nicht als Sich-Stellen, sondern als Verlust und Preisgabe empfunden wird, als modernistische Anpassung gar, dann allerdings nehmen wir uns zwangsläufig selbst die Kompetenz für diesen Bereich und dilettieren wissenschaftlich wie künstlerisch in einem selbst gewählten und umzäunten Reservat. Jede Kunst, jede ästhetische Theorie erwächst schließlich aus konkreten gesellschaftlichen Bedingungen und Bedürfnissen und hat gesellschaftliche Funktionen. Das, in der richtigen Weise verstanden, sollte theoretisch und praktisch vor genereller platter Funktionalisierung ebenso bewahren wie vor ahistorischem Feiern und Zelebrieren von "Werken". Die "unvergänglichen Werte" sollten wir getrost den darauf abonnierten Politikern überlassen. Von uns gefordert ist der ständige Versuch der Quadratur des Kreises: die Zweckfreiheit der Kunst mit ihrer gesellschaftlichen Aufgabe zu versöhnen.

Wir wünschen diesem Band Leserinnen und Leser, die nicht nur zwischen den Zeilen, sondern auch zwischen den Beiträgen zu lesen verstehen und die, soweit sie teilgenommen haben, bereit sind, diese Beiträge auf die hier nicht vermittelten künstlerischen und pädagogischen Demonstrationen und die Gespräche darüber zu beziehen. Leserinnen und Leser also auch, die seine Mängel anregen, über die hier angesprochenen Positionen und Probleme nachzudenken und nach Antworten - oder, wie früher gesagt: nach den richtigen *Fragen* - zu suchen.

Danken möchten wir an dieser Stelle ganz besonders Ulrike Hentschel und Jens Clausen für ihre engagierte konzeptionelle und organisatorische Hilfe. Dank gilt darüber hinaus allen, die sonst mitgeholfen haben, diese Tagung zu planen und zu realisieren, den Kolleginnen und Kollegen der HdK, die sich für die Sache engagierten, und dem Präsidenten der Hochschule für großzügige Unterstützung. Dank auch den Herausgebern dieser Reihe, vor allem Hellmut Geißner, der leider nicht an dieser Tagung teilnehmen konnte, aber unübersehbar (unüberhörbar) in ihren Auseinandersetzungen anwesend war, für sein Verständnis und seine redaktionelle Hilfe und nicht zuletzt Frau A. Wagner und Herrn N. Vialkowitsch, die bereit waren, in fast unzumutbar kurzer Zeit das Typoskript herzustellen.

Rezeptionsbedingungen und Rezitationsmöglichkeiten

Eberhard Stock, Halle, DDR

Die Sprechwissenschaft und Sprecherziehung an der Universität Halle hat sich seit den Zeiten von Richard WITTSACK und Hans KRECH nicht nur in der Lehre und Forschung, sondern auch durch praktisch-künstlerische Tätigkeit kontinuierlich und intensiv mit Problemen der Sprechkunst, vorwiegend allerdings der Rezitation auseinandergesetzt (zur Weiterführung der Tradition und zur gegenwärtigen Forschung vgl. u.a. E.-M. KRECH, 1987a, 1987b; SCHMIDT, 1987). Wenngleich wir den Gegenstandsbereich der Sprechwissenschaft im Laufe der letzten Jahrzehnte der komplexen Erforschung des Sprechens wegen erheblich ausgedehnt haben, in Gebiete der Phonetik, der Linguistik, der Logopädie, der Phoniatrie, der Psychologie, der Soziologie sowie der Informatik eingedrungen sind und uns um interdisziplinäre Kooperation mit Vertretern dieser Fächer bemühen, ist die Rezitation noch immer diejenige Teildisziplin, die unter den Fachkollegen und in der Öffentlichkeit als die Visitenkarte der Sprechwissenschaft gilt. Es ist daher nicht verwunderlich, daß Theorie und Praxis der Rezitation auch von denen engagiert diskutiert werden, die keine Spezialisten für Rezitation sind. Zu den letzteren gehöre ich. Meine Arbeitsschwerpunkte liegen in der nichtkünstlerischen sprechsprachlichen Kommunikation sowie in der Phonetik und Phonologie, aber als Schüler von Hans KRECH kann und will ich meine geistige Herkunft und meine Affinität zur Rezitation nicht verleugnen. Ich möchte deshalb hier über ein Problem sprechen, das für mich aus der langjährigen Beobachtung von Rezitationsabenden in der DDR und sehr vereinzelt auch in der BRD entstanden ist.

Rezitationsabende haben ein kleines, aber beständiges Publikum mit einem von der Thematik unabhängigen Kern und einem Randbereich von Sympathisanten, die sich mehr oder weniger stark vom Thema leiten lassen. Veranstaltungen mit möglichst bekannten Autoren, die Heiteres bieten, haben verständlicherweise den größten Zulauf. Ist keine Heiterkeit angesagt, so ist die Atmosphäre ernst, ja feierlich; man erwartet große Kunst in vollendeter Form, nichts Zufälliges und oder Spontanes; von der Kleidung und der Mappe für die Texte über die Beleuchtung bis zum Auftreten und dem Verhalten im Raum, dem Sitzen, Gehen und Stehen muß alles geplant sein. Man ist gekommen, um Zelebriertes zu genießen. Die Texte sind oft bekannt; es geht folglich weniger um den Inhalt als um die sprech-künstlerische Interpretation und die Darbietungsform. Als Besucher solcher Abende ist man nicht selten verleitet, BRECHTS Feststellung im "kleinen Orga-non" über das traditionell konsumierende bürgerlich Theaterpublikum für über-tragbar zu halten:

"Sich umblickend, sieht man ziemlich reglose Gestalten in einem eigentümlichen Zu-stand: sie scheinen in einer starken Anstrengung alle Muskeln anzuspannen, wo diese nicht erschlafft sind in einer starken Erschöpfung. Untereinander verkehren sie kaum, ihr Beisammensein ist wie das von lauter Schlafenden, aber solchen, die unruhig träumen, weil sie, wie das Volk von den Albträumern sagt, auf dem Rücken liegen. Sie haben freilich ihre Augen offen, aber sie schauen nicht, sie stieren, wie sie auch nicht hören, sondern lauschen. Sie sehen wie gebannt auf die Bühne, welcher Ausdruck aus dem Mittelatlter stammt, der Zeit der Hexen und Kleriker. Schauen und Hören sind Tätigkeiten, mitunter vergnügliche, aber diese Leute scheinen von jeder Tätigkeit ent-bunden und wie solche, mit denen etwas gemacht wird. Der Zustand der Entrückung, in dem sie unbestimmten, aber starken Empfindungen hingegeben scheinen, ist desto tiefer, je besser die Schauspieler arbeiten, so daß wir, da uns dieser Zustand nicht ge-fällt, wünschten, sie wären so schlecht wie möglich." (1964a: 26f.)

Diesem Wunsch schließe ich mich natürlich nicht an, im Gegenteil, ich meine: Die Gestaltungsfähigkeit des Rezitators verbunden mit der Ausstrahlung, ja Suggestiv-kraft einer starken Persönlichkeit ist eine unabdingbare Wirkungspotenz, ohne die sich auch ein beständiges Publikum verläuft. Selbstverständlich bin ich auch nicht gegen eine ausgedehnte, sorgfältige und gewissenhafte Vorbereitung. So wäre auch BRECHT nicht zu verstehen, denn er hat nur mit überragenden Schauspielern ge-arbeitet oder sie nach seinen Vorstellungen entwickelt und stunden-, ja tagelang - so weisen es die Tonbandprotokolle der Proben aus - an einzelnen Passagen pro-biert. Im Gegensatz zu BRECHT bin ich nicht einmal dagegen, wenn ein Rezitator spezielle hedonistische Bedürfnisse seiner Hörergemeinde befriedigt, Bedürfnisse nach starken unbestimmten ontologischen Empfindungen, nach Euphonie und Eu-rhythmie. Ich bin kein Aufklärer in dem Sinne, daß ich Hörern vorschreiben würde, welche Art des ästhetischen Genusses für sie zuträglich ist.

Mir geht es um etwas anderes. Wie jeder Intellektuelle hat auch der Künstler auf Grund seiner Begabung, seines Bildungsganges und seines ständigen Umgangs mit

Ideen, Erkenntnissen und neuesten Informationen nicht nur eine besondere Sensibilität für die Widersprüche unseres Lebens, er hat auch eine entsprechende soziale Verantwortung dafür, daß solche Widersprüche bewußt werden und allein schon dadurch verantwortbares Verhalten motivieren. Diese soziale Verantwortung ist umso größer, je bedrängender die Fragen und Konflikte sind, vor denen wir stehen. An der Schwelle zum nächsten Jahrtausend haben sich weltweit Probleme aufgehäuft, die die weitere Entwicklung der Gattung Mensch gefährden und von den Regierungen wie von jedem Einzelnen ein neues Denken und Handeln erfordern. Zu solchen globalen Problemen zähle ich die nukleare Gefahr und die trotz erster Abrüstungsschritte immer noch vorhandene Bedrohung durch einen Atomkrieg, die ökologische Krise mit der zum Teil schon weit fortgeschrittenen Zerstörung der Biosphäre, die geradezu maßlose Verschuldung der Entwicklungsländer und ihre wirtschaftliche Not, wodurch viele Millionen Menschen unwürdig, zum Teil am Rande des Hungertodes dahinvegetieren, - und im Kontrast dazu die nur noch als kriminell zu bezeichnende Verschwendung von Energie und anderen Ressourcen in den industriell entwickelten Ländern. Die Lage ist nach dem Urteil von Fachleuten so kritisch, daß alle Intellektuellen und also auch die Künstler ihrer Verantwortung gerecht werden und mahnend ihre Stimme erheben müßten.

Für den Rezitator kann das nicht allein bedeuten, neue Themen aufzunehmen und sein gewohntes Publikum einfach und direkt, möglicherweise noch mit einer Reduzierung der ästhetischen Maßstäbe anzusprechen. Auch dies kann notwendig sein. Wichtiger aber ist für mich, daß die Rezitation dazu beiträgt - allein kann sie dies nicht - Menschen, die bisher ihr kritisch-produktives Denken und Handeln auf die enge Sphäre des Berufs und des privaten Tätigseins beschränkt haben, zu einem global verantwortungsbewußten Denken zu bewegen, sich also ohne Vorurteile und Ressentiments auch Fragen zu stellen, die das Überleben der Menschheit betreffen. Hierzu müßte der Rezitator vor allem seinen Hörerkreis erweitern. Über die kleine Gemeinde von traditionsbewußten, gebildeten, an der Rezitationskunst interessierten und in unserem Sinne - hoffentlich - verantwortungsbewußt denkenden Hörern hinaus, müßte der Zugang zu anderen sozialen Gruppen und zu allen Altersschichten gefunden werden. Zu den Hindernissen, die einem solchen Vorgehen entgegenstehen, zählen nach meiner Meinung die einseitig ausgebildeten Rezeptionsgewohnheiten vieler Menschen. Das Fernsehen mit seinem ständigen Angebot an bewegten Bildern hat hier zweifelsohne prägend gewirkt. Nun ist gegen eine auditiv-visuelle Informationsaufnahme vom Prinzip her nichts einzuwenden, wohl aber gegen das - in der BRD noch stärker als in der DDR - erkennbare Überangebot an Unterhaltungsshows, Serienkrimis, rührseligen und nimmer endenden Familientragödien, reinen Klamauksendungen, Quizveranstaltungen usw., die zunehmend auf die günstigsten Sendezeiten gelegt werden und es dadurch den Zuschauern erleichtern, bei gehaltvollen, zum Denken anregenden Sendungen abzuschalten. Es kommt zweierlei hinzu: Die in den Ländern Europas hochtechnisierte und perfekt standardisierte Fernseh-Unterhaltungs-Industrie hat es überall geschafft, daß das abendliche "Klemmen vor der Glotze" für einen sehr hohen Prozentsatz der jeweiligen Bevölkerung zur wichtigsten Freizeitbeschäftigung geworden ist. Diskussionsveranstaltungen etwa zur Kultur, zu Natur und Umwelt, zur Heimatgeschichte usw., die in den 50er und zum Teil auch noch in den 60er Jahren ohne Mühe ihren Interessentenkreis fanden, wurden zunehmend schlechter besucht. Hier liegt eine große Gefahr für den Wirkungsgrad auch von Rezitationsveranstaltungen. In unserem Zusammenhang schwerwiegender ist ein zweites. Es ist festgestellt worden, daß regelmäßiges Fernsehen, vor allem natürlich von Unterhaltungssendungen, die Aktivität in der Rezeption vermindert, die produktive Phantasie einschränkt und das Konzentrationsvermögen herabsetzt. Karl MICKEL, einer unserer Schriftsteller, erzählte von einer Amerikanerin, die in der DDR einen Fernsehfilm sah und alle zwei Minuten in einen nervösen Zustand geriet. Nach 20 Minuten war es ihr nicht mehr möglich, dem einfachen Bildschirmgeschehen zu folgen. Sie hatte Entzugserscheinungen; ihr fehlten die regelmäßigen Werbe-Spots. MICKEL folgert daraus, daß eine 45-minütige Konzentration auf einen Wahrnehmungsgegenstand bald zu den Spitzenleistungen zählen wird (1988: 159). Unabhängig von einer diesbezüglichen Wirkung des Fernsehens muß jedoch die generelle Fähigkeit zur konzentrierten Rezeption gleichförmig gesprochener Texte auch bei geschulten Hörern (Studenten, Wissenschaftlern) als nicht sehr hoch eingeschätzt werden. Ein Rezitator muß sich wie ein Redner darauf einstellen.

Aber welche Möglichkeiten hat ein Rezitator gegenüber mangelnder Konzentrationsfähigkeit und jenen Rezeptionsgewohnheiten, die durch die ständige synchrone Nutzung zweier Kanäle, durch schnellen Wechsel und grelle Effekte mit technischem Raffinement ausgebildet worden sind? Es geht natürlich um Textauswahl und Programmlänge, aber es geht auch um Sprecherisch-Handwerkliches. Ich mache nochmals eine Anleihe bei der Schriftstellerzunft, weil diese mit den gleichen Problemen wie wir zu kämpfen hat. Gisela KRAFT, eine Autorin unseres Landes, kennzeichnete jüngst ihr literarisches Verhältnis zum Mittelmeerraum und ging dabei auf das Mißverständnis ein,

"das uns Nördliche nicht selten beim Verdichten, beim Dichten maß-regelt. Wir son-
dern aus, wir schmelzen ein, wir destillieren, wir kürzen - Kürzer geht's nimmer. Lyrik
als Synonym für Trockenobst. Selbst biographisch kann das gefährlich werden. Wir
kennen Meisterkollegen - nicht unseres Landes, aber unserer Zunge - die als letzte Zu-
sammenziehung ihrer überreifen Sprache den Tod wählten. Das Leben aber wieder-
holt, es spielt, es ist sentimental. Es übertreibt. Warum Kühle statt Wärme? Warum
nicht psalmodieren, lamentieren, herzaubern und hinschenken? ... Warum nicht, was
wert ist, wieder und wieder singen? Warum überhaupt diese Scheu vor Musik in der
Sprache - eine für unsere östlichen und südlichen Schreibfreunde im Sammelsurium
der Weltängste gänzlich absurde Befürchtung? Warum soll, was mein Nachbar im
Idiom ersinnt, für mich "verschossen" sein? Was wäre, wenn ich es nachahme oder gar
stehle ...? Möchte ich nicht insgeheim, daß mein und dein gekünstelt Gekratztes Um-
gangssprache würde? ... Wir ... reden uns heraus mit Nüchternheit. Unser Menschen-
bild. Auch atmen kann uns die Welt lehren." (1988: 187)

Ja, warum eigentlich immer noch und gar nicht so selten diese feierliche Nüchternheit, diese einem vorgestellt-illusionären Dienst am ursprünglichen Dichtwerk
geschuldete Strenge der Form, dieses nur Eingeweihten zugängliche Zelebrieren
des Wortes in unseren Rezitationsveranstaltungen? Ist es nicht unser Leben und
unsere Zukunft oder vielmehr die Zukunft unserer Kinder und Enkel, die heute in
Frage stehen?

Es ist wohl unnötig, im einzelnen auszuführen, weshalb ich dieses Zitat als Ver-
deutlichung meiner Überlegungen vorgetragen habe. In bezug auf unseren Gegenstand möchte ich vielmehr den Fragen von Gisela KRAFT eigene hinzufügen.
Also:

Warum nicht häufiger kommentieren? Der Kommentar vermag, wie BRECHT
(1964b: 161f.) sagt, die Gedichte voneinander zu trennen, denn sie färben aufeinander ab und fallen sich "ins Wort"; der Kommentar plaziert sie biographisch, so-
zial, historisch und ästhetisch und wirkt im Sinne eines V-Effekts, er läßt das Gedicht zwar erkennen, aber gleichzeitig auch fremd erscheinen, er nimmt ihm den
Stempel des Vertrauten, und zwingt uns, Situation und Gegenstand neu zu sehen.

Warum sollte der Kommentar, wenn man ihn denn wählt, nicht aus dem
spontanen Gespräch mit dem Hörer erwachsen. Die Souveränität des Rezitators
zeigt sich nicht darin, daß er einen sorgfältig vorformulierten Text fehlerfrei
wiedergibt. Wenn sich der Rezitator als jemand vorführt, der vor und mit den
Hörern überlegt und persönliches kundgibt, schafft er nicht nur die

Gemeinsamkeit in der Kommunikationssituation, sondern auch den erforderlichen Kontrast zur folgenden zwangsläufig formbetonten Gestaltung. Er produziert den Wechsel, der uns informationsüberschütteten Gegenwartsmenschen mit unserer geringen Konzentrationsfähigkeit so nötig ist.

Warum nicht das von Christian WINKLER beschriebene rhapsodische Sprechen mit dem Brechtschen Gestus des Zeigens verbinden und dieses Klarmachen, Interpretieren und Zeigen wirklich ernst nehmen, indem z.b. Kommentar und Gedicht zusammenwachsen, im Kommentar schon Kernaussagen und schwer verständliche Passagen vorweggenommen und beschreibend oder gestaltend interpretiert werden. Mit Christian WINKLER (1958: 16) halten wir dafür, daß der Hörer als letzte Instanz für die Beurteilung der rezitatorischen Gestaltung gesehen und aufgewertet wird. Was beim Hörer nicht ankommt, von ihm nicht verstanden wird, ist vertan, ungenügend gestaltet oder ohne Vorbereitung dargeboten worden. In der Realität aber ist der Hörer eine inhomogene Hörerschar, auf die sich der Rezitator einstellen muß. Dazu braucht er eine Strategie, um seine Intention, seine Vorstellungen über die gewünschte Wirkung beim Hörer realisieren zu können. Gegenwärtig bastelt jeder Rezitator selbst an dieser Strategie herum, wobei nicht selten Tendenzen des "Selbstsprechers" durchschlagen. Wo aber gibt es Untersuchungen oder Bemühungen, um im hier besprochenen Sinne durch Dichtung und Kommentar verantwortliches Denken zu befördern? Wo bleiben wissenschaftliche Wirkungsuntersuchungen zu dieser Frage?

Warum nicht das Verstehen und Nacherleben dadurch lenken, daß die Dichtung und die sprechkünstlerische Interpretation nicht als vollendetes Werk, sondern als etwas Gewachsenes, ja immerfort Wachsendes mit seinen spielerischen Möglichkeiten vorgeführt wird. Beispielsweise könnten einzelne Zeilen eines Gedichts (am besten natürlich von vorausgehenden Fassungen) mit Variation der Akzentuierung, der Melodie, des Tempos usw. wiederholt und dadurch zugängig gemacht werden, wobei natürlich auch ein solches Spiel funktionsbestimmt sein muß und nicht zum Klamauk ausarten darf. Die hier vorgeschlagenen Wiederholungen sind in Kollagen üblich und sonst wohl auf den Kommentar zu beschränken. Sie sind aber ein wichtiges Mittel der zusätzlichen Emotionalisierung des Hörers. Sie erhöhen die Vigilanz bei der Aufnahme und Verarbeitung des Gehörten, und sie fördern die Reproduzierbarkeit des Erlebten.

Warum schließlich in einer zu rezitierenden Dichtung nicht nur das vollendete künstlerische Werk sehen, das eine adäquate sprecherische Nachgestaltung zu beanspruchen hat, sondern auch und vielleicht sogar zuerst das Gesprächsangebot einer wachen, in den Stürmen ihrer Zeit stehenden Persönlichkeit, ein Angebot, das auch uns herausfordert und das vor oder nach der Veranstaltung im Dialog mit den Zuhörern angenommen werden müßte.

Dies klingt alles nach Populismus und Konsumismus. Es könnte der Eindruck entstehen, als wollte ich dem Hörer alles vorkauen, ihm jede Arbeit, jedes Nachdenken abnehmen. Der Ästhetiker würde mir bei einer solchen Auffassung mit Recht vorwerfen, ich hätte eine sehr niedrige Meinung vom Publikum, vom Volk, und es wäre unredlich, etwas mit geringer künstlerischer Qualität zu machen, wenn man es auch besser könne. Es wäre auch unredlich, die Interpretation von Dichtung auf leicht faßliche direkte Aussagen zu verkürzen und so künstlerische Texte nur als zufälliges Transportmittel für abstrakte Begriffe zu verwenden. Dies wäre jedoch ein Mißverständnis. Die wichtigste Funktion der Kunst, auch der Rezitation, besteht meines Erachtens gegenwärtig in der Schaffung von sozialer Phantasie, von produktiver Vorstellungskraft, die sich aus Erfahrungen in der Form von Erlebnissen entwickelt. Es ist nicht notwendig und auch nicht wünschenswert, daß Dichtung vom Rezitator auf den Begriff gebracht wird. Das wäre aufklärerische Penetranz, und die hat uns wenig genützt, aber viel geschadet. Es muß jedoch gesichert sein, daß die Dichtung als Ganzes und im Detail nacherlebbar wird, und das läßt sich nicht mit unklaren Stimmungen oder unbestimmten Gefühlen erreichen. Die Dichtung muß dem Hörer also - im Bild gesprochen -nicht nahegebracht werden, man muß sie vielmehr von ihm wegrücken, damit er sie überblicken und zuordnen kann. Notwendig ist, daß die geistigen Voraussetzungen geklärt und die Phantasie - falls es erforderlich ist - in jenen Spielraum, der durch die Dichtung vorgegeben ist, behutsam geleitet wird. Von einer optimalen Wirkung würde ich dann sprechen, wenn das Erlebnis des Hörers so tief und bewegend ist, daß er durch die Rezitation mitvermittelt zu jenem Denken und Handeln kommt, das uns immer nötiger wird.

Literatur

BRECHT, B. 1964a. Schriften zum Theater. Bd. 7. Berlin/ Weimar.

BRECHT, B. 1964b. Über Lyrik. Berlin/Weimar.

KRAFT, G. 1988a. Diskussionsbeitrag; in: X. Schriftstellerkongreß der DDR, Arbeitsgruppen, 184-187.

KRECH, E.-M. 1987a. Vortragskunst. Leipzig: VEB Bibl. Institut.

KRECH, E.-M. 1987b. Vortragskunst als Gegenstand der Sprechwirkungsforschung; in: E.-M. KRECH, J. SUTTNER, E. STOCK (Hrsg.). Ergebnisse der Sprechwirkungsforschung. Wiss. Beiträge der MLU Halle, 1987/19, 131-195.

MICKEL, K. 1988. Diskussionsbeitrag; in: X. Schriftstellerkongreß der DDR, Arbeitsgruppen, 156-163.

SCHMIDT, H.-H. 1987. Theoretische und methodische Probleme der Untersuchung von Rezitationswir kungen. Diss. B, Halle 1987.

WINKLER, Chr. 1958. Gesprochene Dichtung. Textdeutung und Sprechanweisung. Düsseldorf: Schwann.

Bin ich die Maus? Wer ist die Katze?

Frag-Würdiges zum Kommunikationsbegriff in der künstlerischen Praxis

Hans Martin Ritter, Berlin

Vorbemerkung

Auf der 17. Fachtagung der DGSS 1983 in Marburg habe ich mich zum erstenmal in der Diskussion der DGSS zu künstlerischen Fragen eingeschaltet und dabei Stellung bezogen gegen die Position Hellmut GEISSNERs, von der her der Begriff der "Ästhetischen Kommunikation" für die Sprechwissenschaft und Sprecherziehung geprägt wurde, - Stellung bezogen in doppeltem Sinn:

-gegen die Dominanz des "wissenschaftlichen Denkens" in Fragen künstlerischer Produktion

-gegen die Dominanz des Kommunikationsbegriffes bei der Bestimmung des küstlerischen Ereignisses und in Zusammenhang mit ihm.

Ich stellte dabei eine Oppositionn heraus zwischen Sprechwissenschaft als einer Theorie ästhetischer Kommunikation und einer (sprech-) künstlerischen Produktionstheorie und eine Opposition zwischen dem "Dialogischen" und "Monologischen" im künstlerischen Ereignis.

Der damalige Vortrag (RITTER, 1984) war nicht nur kritisch (oder gar polemisch) angelegt, sondern durchaus auch programmatisch. Er hat in verschiedener Hinsicht Fortsetzung, Erweiterung und Ausarbeitung von Teilaspekten erfahren (vgl. vor allem RITTER 1989). Die vorliegenden Ausführungen knüpfen unmittelbar an folgende Passage an:

"Das künstlerische Ereignis konstituiert sich - im Gegensatz zum rhetorischen aus dem Spannungszustand, den das "Dialogische" mit dem "Monologischen" eingeht. Ähnlich dem Tatbestand und darüber hinausgehend, daß Sprache nicht nur ein Medium der Kommunikation, sondern auch des Denkens ist, ist das künstlerische Ereignis neben dem Akt der ästhetischen *Kommunikation* eine hermetische, in sich geschlossene Welt, die den einbezieht, der sich auf sie einläßt, die sich aber nicht explizit oder dialogisch (diskursiv) rückversichert. Hier konstituiert sich auch kein gemeinsamer Sinn, sondern nur eine gemeinsame Situation der *Sinnsuche* oder des *Sinnspiels* (...). Die Selbstvergegenwärtigung von Sinn, von Bildern, von Rhythmen findet unabhängig und doch aufeinander bezogen in jedem Beteiligten statt - die Brücke ist das Sprechen. Der Sprechausdruck bzw. der körperliche Ausdruck insgesamt." (RITTER 1984, 126f.)

Es erscheint mir wichtig, zu betonen, daß hier schließlich auch wiederum Gedankengänge Hellmut GEISSNERs aus der Zwischenzeit Eingang finden - im Sinne eines "Symphilosopheins" in der Fachdiskussion - und zwar auch im Disput oder im Streit der Meinungen und "Positionen". (1)

Dickhäuterprobleme

In der Anfangsszene des "Danton" von Georg BÜCHNER findet sich ein kleiner Dialog über die Unmöglichkeit, sich dem anderen mitzuteilen - und dies sogar in dem vertrauten Verhältnis zweier Menschen, die sich lieben; es ist das Gespräch zwischen Danton und Julie:

JULIE: *Glaubst du an mich?*

DANTON: Was weiß ich! Wir wissen wenig voneinander. Wir sind Dickhäuter, wir strecken die Hände nacheinander aus, aber es ist vergebliche Mühe, wir reiben nur das grobe Leder aneinander ab, - Wir sind sehr einsam.

JULIE: *Du kennst mich, Danton.*

DANTON: Ja, was man so kennen heißt. Du hast dunkle Augen und lockiges Haar und einen feinen Teint und sagst immer zu mir: lieber Georg! Aber (er deutet ihr auf Stirn und Augen) *da, was liegt hinter dem? Geh, wir haben grobe Sinne. Einander kennen? Wir müßten uns die Schädeldecken aufbrechen und die Gedanken einander aus den Hirnfasern zerren.*

(...)

DANTON: Nein, Julie ich liebe dich wie das Grab.

JULIE: (sich abwendend) *O!*

DANTON: Nein, höre! Die Leute sagen, im Grab sei Ruhe, und Grab und Ruhe seien eins. Wenn das ist, lieg ich in deinem Schoß schon unter der Erde. Du sü-ßes Grab, deine Lippen sind Totenglocken, deine Stimme ist mein Grab-geläute, deine Brust mein Grabhügel und dein Herz mein Sarg. -

Den anderen kennen? ihn verstehen? an ihn glauben? Die Fremdheit, von der Danton spricht, ist existentiell, sie beruht auf der Ein-samkeit des Menschen, ge-rade in seiner und durch seine Körperlichkeit, und diese kommt in ihrem Ungenü-gen an sich selbst nur zur "Ruhe" in Momenten der Liebe oder im Tod, wo man mit dem anderen oder mit sich selbst *eins* ist. Die "groben Sinne", das wechselsei-tige "Reiben des Leders" signalisieren gleichsam nur Wunsch und Hoffnung nach Miteinander und Austausch. Was hinter den Augen, der Stirn, unter der Schädel-decke liegt, bleibt unbekannt, ungewiß oder doch ungefähr: die Gedanken und der Grund, aus dem sie aufsteigen. Und es ist nur ein kopfloser absurder Wunsch, sie einander aus den Hirnfasern herauszerren zu wollen.

Dieses resignative Modell menschlicher Mitteilungs(un)fähigkeit wäre im Alltag noch hinnehmbar, weil man sich entweder nichts Besonderes zu sagen hat oder weil die eigentlichen "Informationen" in eindeutigen Tatsachen oder Gegenstän-den zugleich erfahrbar werden. Es wird als kommunikatives Gefängnis überhaupt erst schmerzlich spürbar, wenn es die eigene Innenwelt ist, über die wir etwas "aussagen" möchten. Denn auch und gerade die Worte selbst sind es, die unter dem "Kassandrafluch" stehen, das, was sie eröffnen wollen, sogleich wieder zu ver-stellen. Die Vermittlungsposition des Wortes zwischen Wirklichkeit und Gedanke macht es zwar einesteils zu einem Bindeglied, macht aber zugleich auch eine dop-pelte Diskrepanz fühlbar: die zwischen Wirklichkeit und Wort und die zwischen Wort und Gedanken. So heißt es bei Robert MUSIL - fast wie in einem Kommen-tar zu dem kleinen Dialog zwischen Julie und Danton:

"Das Wort dient nur den unwirklichen Mitteilungen. Man spricht in den Stunden, wo man nicht lebt. Sobald wir sprechen, schließen sich Türen. (...) Meint: Die dünne Rinde des Rationalen, in der wir auf dem Irrationalen rudern. Die wahre Wahrheit zwischen zwei Menschen kann nicht ausgesprochen werden. Jede Anstrengung wird ihr zum Hindernis." (MUSIL, 1963: 128)

Gerade vor diesem "Irrationalen" steht das WORT immer wieder sprach- und "fassungslos" da, zumal dieses Irrationale sich, wenn auch in unterschiedlicher Weise, auf beiden Seiten findet: in der Wirklichkeit selbst und in den Gedanken oder jedenfalls in dem Grund, aus dem sie kommen: "dem motivierenden Bereich unseres Bewußtseins, der unsere Triebe, Bedürfnisse, unsere Interessen und Impulse, unsereAffekte und Emtionen umfaßt" (WYGOTSKI: 354). Für MUSIL ist die Verbindung des Gedankens mit seinem Entstehungsgrund andererseits geradezu das Kriterium des "lebendigen" Gedankens (gegenüber dem toten):

"Ein Gedanke wird erst in dem Momente lebendig, da etwas, das nicht mehr Denken, nicht mehr logisch ist, zu ihm hinzutritt, so daß wir seine Wahrheit fühlen (...). Eine große Erkenntnis vollzieht sich nur zur Hälfte im Lichtkreis des Gehirns, zur anderen Hälfte in dem dunklen Boden des Innersten, und sie ist vor allem ein Seelenzustand, auf dessen äußerster Spitze der Gedanke nur wie eine Blüte sitzt." (MUSIL 1978, 6: 1367, Die Verwirrungen des Zöglings Törleß)

Damit wird der Gedanke aber auch radikal wieder zurückverwiesen an seinen Ursprung und findet seine eigentliche Wirklichkeit vor allem in dem, der ihn gedacht hat. Im Leben, "auch im persönlichen Leben" - so MUSIL -

"ist das äußere Verhalten des Gemüts nicht mehr als eine vorläufige und ausdrucksarme Übersetzung des inneren , und das Wesen des Menschen liegt nicht in seinen Erlebnissen und Gefühlen, sondern in der zähen, stillen Auseinander- und Ineinssetzung mit ihnen" (MUSIL 1978, 9: 1718).

Eine wirkliche Mit-teilung, die über das Abliefern rudimentärer Teilelemente hinausginge, ist, so sieht es aus, unmöglich, und das Dialogmodell des "Danton" scheint bestätigt. Andererseits: das Wort hat immer zumindest die Möglichkeit, auch im anderen an den "dunkeln Boden des Innersten" zu rühren, aus dem es immer wieder als lebendiger Gedanke Wirklichkeit werden kann, allerdings: innere Wirklichkeit eines anderen. Ein Verstehen des anderen wäre damit überhaupt nur auf dem Umweg über sich selbst möglich, und ein Dialog wäre zunächst nicht - wie in der Geißnerschen Definition - eine "wechselseitige Verständigungshandlung" (GEISSNER 1988: 100), sondern vorab eine Verständigung des Sprechenden wie des Hörenden mit sich selbst. Das scheint mir gerade für eine Betrachtung von Prozessen "ästhetischer Kommunikation" von entscheidender Bedeutung. Ich bleibe zunächst noch auf der elementaren Ebene der Sprache und des

Sprechens und bewege mich hier gleichsam an der Hand des Vaters der Berliner Sprachwissenschaft Wilhelm von HUMBOLDT eine Strecke weiter.

Sprache als "Arbeit des Geistes" und als "Gleichzeitige Selbsttätigkeit aller"

Das Problem des Nichtverstehens durch Sprache, von BÜCHNER in dem zitierten Dialog Dantons mit Julie auf die Bühne gebracht, wird zu gleicher Zeit von HUMBOLDT für die Sprach- und Sprechwissenschaft umrissen:

"Erst im Individuum erhält die Sprache ihre letzte Bestimmtheit. Keiner denkt bei dem Wort gerade und genau das, was der andre, und die noch so kleine Verschiedenheit zittert, wie ein Kreis im Wasser, durch die ganze Sprache fort. Alles Verstehen ist daher immer zugleich ein Nicht-Verstehen, alle Übereinstimmung in Gedanken und Gefühlen zugleich ein Auseinandergehen." (1949: 36) (2)

Die Ursache wird von HUMBOLDT ähnlich geortet wie von MUSIL: er sieht die jeweilige "Sprache" - der Völker ebenso wie natürlich jedes einzelnen - "unzertrennlich mit der innersten Natur des Menschen verwachsen" und " aus unerreichbarer Tiefe des Gemütes hervorgehen" (ebd.: 37). Zugleich aber findet er in der Sprache eine Energie, die diesem "Nicht-Verstehen", diesem "Auseinandergehen" entgegenwirkt:

"Die Sprache, in ihrem wirklichen Wesen aufgefaßt, ist etwas beständig und in jedem Augenblick Vorübergehendes. (...) Sie selbst ist kein Werk (Ergon), sondern eine Tätigkeit (Energeia). (...) Sie ist nämlich die sich ewig wiederholende Arbeit des Geistes, den artikulierten Laut zum Ausdruck des Gedankens fähig zu machen." (Ebd.: 44)

Diese Arbeit des Geistes am artikulierten Laut versucht also zumindest *eine* Diskrepanz, die zwischen Wort und Gedanken, aufzuheben oder doch zu mindern, und sie korrespondiert dabei zugleich mit der "zähen stillen Auseinandersetzung- und Ineinssetzung" des Menschen mit "seinen Erlebnissen und Gefühlen" (von der MUSIL spricht) und dem Versuch, *sich* so *im Wort* zu artikulieren und - trotz allem - als Mensch mitzuteilen. Die Innenbewegung, die den Gedanken gebiert, und die Bewegungen nach außen verbinden sich in dieser "Arbeit des Geistes". Und dieser Prozeß spielt sich selbstverständlich nicht nur im Innern des Sprechenden, sondern auch im Hörenden ab: auch er *arbeitet*, findet sich in diesem Bewegungszusammenhang innerer und nach außen gerichteter Tätigkeit. Denn:

und Sprechen sind nur verschiedenartige Wirkungen der nämlichen Sprachkraft."
(Ebd.: 56)

Die gleichzeitige Selbsttätigkeit Sprechender und Hörender wird schließlich entscheidende Grundlage für die Entstehung innerer (geistiger) Welten oder Vorstellungsräume, die über ihre innere Abgeschlossenheit hinaus zugleich eine gemeinsame "geistige Schöpfung" bilden:

"Dasein der Sprache beweist aber, daß es auch geistige Schöpfungen gibt, welche ganz und gar nicht von einem Individuum aus auf die übrigen übergehen, sondern nur aus der gleichzeitigen Sebsttätigkeit aller hervorgehen können." (Ebd.: 36)

Dies wird sich als bestimmend für die künstlerische Praxis herausstellen. Es ist im übrigen nicht auf diese künstlerische beschränkt. Insoweit hat H.GEISSNER völlig recht:

"Hörende, genauer: Hörverstehende, sind nicht nur in Prozessen ästhetischer Kommunikation Ko-Produzenten von Sinn. Vielmehr können sie es auch dort nur sein, weil sie es potentiell immer sind." (1988: 102)

Sie sind es in den banalsten Mitteilungsvorgängen des Alltags, z.B. in folgendem Hinweis: "Wenn Sie dort aus der Saaltür kommen und rechts durch die Glastür gehen, finden Sie vor dem letzten Fenster einen Informationstisch." Die "geistige Schöpfung", die sich hier bei diesem Hinweis in uns vollzieht, ist für den unmittelbaren Gebrauch gedacht: sie ist überprüfbar an der Wirklichkeit, findet dort ihr Ziel und im Wiedererkennen der "geistigen Schöpfung" in der Sache und vor Ort letztlich und in der "Information" am Tisch ihren Sinn. Die Abstraktheit des Wortes wird an den Umständen, den "Sachen" wieder konkret.

Die poetische Wirklichkeit ist nicht so leicht zu fassen. Der poetische Text hat diese Situationsbindung nicht, ist "situationslos" oder "übersituativ" (GEISSNER, 1981: 185). Im Gegensatz zur Alltagshandlung des Sprechens, die dieser "geistigen Schöpfung" als Durchgangstation bedarf, um sich schließlich in der konkreten Situation und im sozialen Handeln der tatsächlichen "Gemeinsamkeit" des Denkens und des Gemeinten zu versichern, hat der poetische Text die Produktion der "geistigen Schöpfungen", der Vorstellungswelten und inneren Wirklichkeiten, zum alleinigen Gegenstand, zum Ziel. Nach Wolfgang ISER kann die Situationlosigkeit "als zentrale Antriebsenergie für die Situationsbildung des fiktionalen Textes verstanden werden" (nach GEISSNER ebd.). In der Tat: sie enthält einen entschei-

standen werden" (nach GEISSNER ebd.). In der Tat: sie enthält einen entscheidenden Produktionsimpuls. Allerdings kann die "geistige Schöpfung" des Sprechers wie Hörers als poetische *Wirklichkeit* nicht außer uns, sondern nur in der je eigenen Erfahrung und an ihr bestätigt, wiedererkannt und sinnfällig werden. Der poetische Text ist gekennzeichnet durch die "Behauptung" einer Situation, z.B.: "Das kleine Haus unter Bäumen am See/Vom Dach steigt Rauch" (BRECHT), die auf die innere Wirklichkeit dessen verweist, der diesem Text begegnet und den dieser Text dazu "zwingt", diese (seine) Wirklichkeit zu "produzieren": Der Sprecher, der den poetischen Text und seine Worte in den Mund nimmt, macht diese "Behauptung" zu seinem Gestus und gibt sie an den Zuhörer weiter. In jeweils ganz unterschiedlicher Weise und mit eigenem "Stoff" löst so der Text hier wie dort die "Arbeit des Geistes" am artikulierten Laut aus und mit ihr die "zähe, und stille Auseinander- und Ineinssetzung" des Menschen mit seinen "Erlebnissen und Gefühlen" und bindet dies gleichwohl aneinander in einer gemeinsamen "geistigen Schöpfung". Wie ist das möglich? Ich will versuchen, diese Frage mit einem kleinen Text von Franz KAFKA anzugehen und - ansatzweise - zu klären.

Variationen über "Eine kleine Fabel" von Franz KAFKA

Das in den Berliner Vortrag eingeschobene kleine praktisch-künstlerische Experiment stellte verschiedene Sprechfassungen der Fabel vor und variierte vor allem den Blickkontakt zum Publikum, d.h., die jeweilige Art, das Publikum insgesamt oder einzelne anzusehen und (oder) nicht anzusehen. In diesen Variatione des Blickkontaktes sind enthalten: die Veränderungen der Haltung zum Ort des Textes und zu seinen Vorgängen bzw. die der Mitteilungshaltung und der Einstellung zum Publikum. In bezug auf das Geschehen des Textes sind zugleich Fragen von Identifikation und Distanz berührt, und zwar sowohl des Sprechers selbst als auch des Zuschauers/Zuhörers. Es ist etwa von sehr unterschiedlicher Wirkung und Bedeutung,

-ob ich in den offenen Raum blicke - über das Publikum hinweg

-ob ich dies generell oder nur in bestimmten Momenten tue - beispielsweise in den Partien wörtlicher Rede - und in anderen - beispielsweise in den erzählenden Einfügungen - einzelne Zuschauer anblicke

-ob ich überhaupt jeden "Sinnschritt" mit einem Blickwechsel verbinde

-ob ich dies mit dem Sprechvorgang oder in den Sprechpausen tue

-ob ich den Zuschauer, wenn ich ihn anschaue, wirklich ansehe oder durch ihn
hindurch in den Vorgang oder die Situation der Geschichte hinein oder ob sich
das Geschehen des Textes für mich zwar in der Richtung auf das Zuschauerauge,
aber irgendwo auf der Strecke vor ihm abspielt

-ob der Anblick exemplarisch für alle gilt oder ob einer herausgehoben aus den
anderen oder gar "bloßgestellt" wird.

Diese Entscheidungen sind wichtig dafür, ob der Zuschauer das Geschehen, die
Bilder für sich, in seiner Vorstellung, produziert oder Urteile über das Geschehen
und Einstellungen zu ihm - dann ist seine Produktionskraft gewissermaßen geteilt
in Produktion von Vorstellungen und Meinungen. Sie sind auch wichtig für die
Frage, ob der Zuschauer Identifikation selbst aufbaut oder durch den Anblick
dazu "gezwungen" wird oder ob er gerade durch Anblick und Anrede an einer
Identifikation gehindert wird. Sie sind grundsätzlich wichtig als Signale an den Zuschauer dafür, wie weit der Sprecher *bei sich* und bei der*Sache* ist und wie weit *bei
ihm, dem Zuschauer.*

Das Experiment umfaßt vier Variationen. Selbstverständlich gäbe es weitaus mehr,
Variationen der gegebenen oder ganz neue Variationsansätze. Es ging mir auch
nicht um die Suche nach einer "richtigen" Sprechfassung, es wurde vielmehr unterstellt, daß alle Variationen für sich "richtig" sind bzw. sein können. Bei allen Variationen blieb der Text, aber auch Sinngliederung und Akzentuierung im wesentlichen unverändert. Zugrunde lag die folgende Textgestalt, die den (originalen) Prosatext bereits in einzelne "Sprechgesten" zerlegt:

"'Ach', sagte die Maus, 'die Welt wird enger mit jedem Tag.
Zuerst war sie so breit, daß ich Angst hatte,
ich lief weiter
und war glücklich,
daß ich endlich rechts und links in der Ferne
Mauern sah,
aber diese langen Mauern
eilen so schnell aufeinander zu,
daß ich schon im letzten Zimmer bin,

in die ich laufe.'-

'Du mußt nur die Laufrichtung ändern',
sagte die Katze
und fraß sie."

Variation 1

Zwei Haltungen werden zugrunde gelegt: der Blick in den Raum, in die Vorstellungswirklichkeit (der "Maus"), der Blickwechsel auf *einen* Zuschauer erfolgt mit der Anrede der "Katze". Dem entspricht die gestische Wendung von der Haltung der "Maus" zur Haltung der "Katze". Die epischen Textteile werden in den Tonfall der "Rede" einbezogen.

These: Die Identifikation des Sprechers mit der "Maus" und seine Blickfixierung auf einen imaginären Ort zwingen den Zuhörer - oder legen ihm nahe (je nach dem "zwingenden" Vermögen des Sprechers), selbst die Vorstellungswirklichkeit aufzubauen, sich zu identifizieren. Der fehlende Anblick des Sprechers gibt ihm den Raum frei. Der (überraschende) Blickwechsel, der exemplarische Anblick eines Zuschauers im Gestus der "Katze" fixiert - mit einem deutlichen Moment der "Aggression" (nicht nur durch den besonderen Gestus, sondern auch durch das "Machtgefälle" Bühne-Zuschauerraum) - den Zuschauer in der Situation der "Maus". Die Identifikation erfolgt weniger auf der "Fabelebene", sondern in der eigenen emotionalen Assoziationswelt: der Zuschauer baut für sich die eigentliche (gemeinte) Seite der "Metapher" auf. "Katze" und "Maus" tragen jeweils sehr "persönliche Gesichter".

Variation 2

Zwei Haltungen liegen zugrunde: der erste Teil der Fabel ("Maus") wird einem, der zweite Teil ("Katze") einem anderen Zuschauer zugesprochen. Der Blickwechsel erfolgt an der gleichen Stelle. Der erste Zuschauer wird in erzählendem (mitteilendem) Gestus angesprochen (der epische Einschub dominiert die wörtliche Rede). Der Gestus der "Katzenrede" bleibt (und dominiert die epischen Textteile). Kleine Variante: ein Rückschwenk mit dem Blick zum ersten Zuschauer vor dem Schlußtext "und fraß sie" als gestische Erinnerung an die erste

schauer vor dem Schlußtext "und fraß sie" als gestische Erinnerung an die erste Haltung oder auch ein doppelter Schwenk des Blickes nach dem "Schlußpunkt" - zurück zum ersten und wieder zum zweiten Zuschauer.

These: Der erzählende Gestus des Anfangs mit dem "exemplarischen" Anblick läßt dem Zuschauer (bzw. den Zuschauern insgesamt) einen gewissen Spielraum der Distanz, den Blick auf das Geschehen von außen. Anblick und Anrede verhindern eine ungebrochene Identifikation, sie wird zurückgenommen zugunsten einer "Betrachterperspektive". Diese "vorsichtige" Distanz wird mit der individuellen Fixierung des zweiten Zuschauers für diesen restlos aufgehoben. Der erst Zuschauer - und mit ihm alle übrigen - werden zum Betrachter des zweiten (als "Maus"). Verstärkt wird das durch den Rückschwenk des Blickes und einmal mehr durch die abschließende Fixierung des Blickes auf den zweiten Zuschauer. Die "unfreiwillige " Identifikation wird durch den gemeinsamen Druck (bzw. Blick) aller verschärft, die damit einen Teil des "Katzengestus" übernehmen. Das zynische Moment der Fabel wird verstärkt erfahren, und zwar aktiv-passiv unterschiedlich. Das Publikum wird emotional geteilt. Vor allem der zweite Zuschauer (aber in anderer emotionaler Mischung auch alle anderen) produzieren verschärft an der zweiten, unbenannten Schicht der "Metapher", ihrer eigenen.

Variation 3

Eine Haltung ist dominierend: Die Fabelwird durchgehend in Sinnschritten erzählt. Mit jedem Sinnschritt erfolgt ein Blickwechsel (immer neue Zuschauer, Variante: eine bestimmte Anzahl, vorzugsweise wenige).

These: Der Zuschauer erhält weniger Raum, sich selbst eine emotional zusammenhängende Vorstellungswirklichkeit aufzubauen, er bleibt Betrachter von "Aspekten". Der Charakter der "Fabel" als Exempelgeschichte tritt hervor: die "Maus" bleibt eher Maus, die "Katze" Katze. Der Zuschauer arbeitet weniger an der ihm selbst zugehörigen "Metaphernschicht", als an rational bestimmten Übertragungsmöglichkeiten, er denkt nach, sucht die Lehre, er kann "lachen". Dies ist bereits der Fall, wenn in einer Variante die Fabel in "sauber getrennten" Haltungen der "Mitteilung" - die epischen Textteile mit Blick ins Zuschauerauge, die wörtliche Rede identifizierend mit Blick in die Vorstellungswirklichkeit - erzählt wird: die Ausstellung von Haltungen schiebt sich in den Vordergrund, in der Folge eine "Objektbetrachtung" ("Tiere") und eine nachdenkliche Distanz.

Variation 4

Zwei Haltungen liegen zugrunde: Die Fabel wird insgesamt im Tonfall der (spielenden) "Katze" erzählt, und zwar zur Seite, der Blick fixiert auf einen Punkt in der Nähe, z.b. auf dem Pultrand, einen Gegenstand der Vorstellung, kombiniert mit einem "spielenden Finger" und einer minimalen "Tötungsaktion" am Ende, in der der Finger diesen Punkt "erreicht". In den Sprechpausen erfolgen kleine Seitenblicke in das Publilkum, das als eine Gruppe "Gleichgesinnter" aufgebaut wird:

These: Dieses vielleicht stärkste Bild des zynischen Aspektes der Fabel bietet Möglichkeiten der Identifikation und Distanz, vor allem auch der Distanz oder gar Abwehr gegen den Sprechenden. Es erzeugt das unangenehme Gefühl der Anbiederung in Zusammenhang mit dem Aspekt des Quälens, zugleich bekommen eigene zynische Grundgeschichten ihre "Chance".

Diese widersprüchliche Erfahrung ist auch gegeben, wenn die ganze Fabel in einer Haltung, diesem sich allmählich aufbauenden "Katzenton", unmittelbar ins Gesicht eines (unterstellt) gleichgesinnten Publikums gesprochen wird. In beiden Fällen ist weniger die innere Wirklichkeit der Fabel als die ausgestellte Haltung des Sprechers - vor dem Hintergrund dieser Wirklichkeit - Zielscheibe der Wahrnehmung und der Emotionen des Zuschauers - und erst auf diesem Umweg die eigene Erfahrungswirklichkeit. Die Wirklichkeiten der Fabel und der persönlichen "Metapher" treten dagegen eher in den Hintergrund.

Produktionprozesse

Im Umgang mit dem Text der "Kleinen Fabel" findet zwischen Sprecher und Zuhörer ohne Zweifel "Kommunikation" statt: es findet die Übermittlung eines Wortlauts statt, ein Austausch von Körpersignalen, und es finden vor diesem Hintergrund höchst unterschiedliche Bewegungen in dem Dreieck Sprecher - Textort/Textsituation - Zuhörer/Zuschauer statt. Es entstehen aber zugleich auch - in Zusammenhang mit diesen Prozessen - höchst unterschiedliche innere Wirklichkeiten. Der Textort, die Textsituation, die dieser Text da "behauptet", wird jedesmal neu, aber von beiden Seiten anders und unter anderen Aspekten aufgebaut. "Katze" und "Maus" erscheinen mit wechselnden Gesichtern. Der Kontakt zwischen Sprecher und Zuhörer/Zuschauer ist dabei zwar ein wesentlicher Faktor:

die Distanzen im Raum, die Zuwendung, Abwendung, die Blicke, die Isolierung einzelner oder die "Kumpanei" mit Gruppen, vor allem die emotionale Behauptung, gelegentlich Herausforderung oder Provokation, das "Psychische Material" aber (BENN, Probleme der Lyrik) ist das je eigene. Der Weg vom Wortlaut zum Gedanken bis in den "dunklen Boden des Innersten" oder umgekehrt wird jeweils einzeln gegangen und ist in seinem Wesentlichen nicht kommunikabel. Es handelt sich dabei also auch nicht eigentlich um eine "Koproduktion von Sinn" (GEISSNER, s. o.) oder nur in einem "oberflächlichen" Sinn, sondern die Partner - Sprecher und Zuhörer/Zuschauer - produzieren ihren eigenen, individuellen Sinn oder sind auf der Suche nach ihm - allerdings: gemeinsam und aufeinander verwiesen.

Im Grunde wiederholt sich hier ein Prozeß, der sich bereits zwischen Autor und Leser bzw. Sprecher abgespielt hat, wenn auch die Mittel, mit denen sich die Partner jeweils gegenübertreten, nicht völlig die gleichen sind. Denn auch der Autor produziert diese (seine) inneren Wirklichkeiten so für sich im Wortlaut: "Er belädt sich mit Wirklichkeiten" (BENN) und geht so "mit seinem Dasein zur Sprache" (CELAN). Zugleich sind seine Worte "unterwegs: sie halten auf etwas zu (...) auf etwas Offenstehendes, Besetzbares, auf ein ansprechbares Du vielleicht, auf eine angesprochene Wirklichkeit" (CELAN). In diesem Sinn also ist auch das "Ausgesprochene" "unterwegs", ausgerichtet auf eine "ansprechbare Wirklichkeit", und in eben diesem Sinn lädt es der Zuhörer mit seinen eigenen Wirklichkeiten auf, wenn es bei ihm ankommt. STANISLAWSKI hat diesen Augenblick der "Übergabe", diesen Übergang sehr einfach und treffend markiert: "Zuhören bedeutet in unserer Sprache, das vor uns zu sehen, wovon man spricht; sprechen dagegen heißt nichts anderes als Vorstellungesbilder zeichnen." (STANISLAWSKI: 66) Ausgelassen ist hier nur, daß das, was *wir* sehen, wenn einer spricht, etwas *anderes* ist, als die Vorstellungsbilder, die *er* zeichnet.

Daß es "unsere" Gefühle und Gedanken sind, die auf der Bühne oder im "Wort" erscheinen (oder auch in einem Bild oder in einer Musik), weiß schon Jean PAUL. In seiner kleinen Schrift "Über das Immergrün unserer Gefühle" heißt es:

"Wenn der Gegenstand entwich und ihm dann nachstarb die begeisterte Stunde (...), so tritt die Kunst zu uns und weckt das Gestorbene auf.(...) Und dem Menschen, welcher große Stunden des Lebens dunkel in der Brust trägt, aber ohne die Kraft, sie wieder zu beleben und zu erleuchten, wiederholt sie die Gestalten, die ihn ergriffen, die

Töne, die er nie vergessen wollte, und die Erde und den Himmel, welche nur einmal *so für ihn dagestanden. "*

Und der Schauspieler Rolf BOYSEN schreibt: "Sprache ist (...) nicht nur intellektuelle Verbindung zwischen Zuschauer und Bühne. Sie ist auf die Bühne gebrachtes Fleisch und Blut des *Zuschauers* "(Theater heute 11/1988: 11). Bei Manfred WEKWERTH erscheint dieser Gedanke für den Theatervorgang systematisch reflektiert: Für ihn ist Theater vor allem auch ein "Spiel" des *Zuschauers*, als eine besondere Form des Produzierens:

"Die Vorgänge auf der Bühne werden für ihn zu seinen Vorgängen, die er gleichzeitig am inneren Modell in seinem Kopf und an ihren gegenständlilchen Entsprechungen auf der Bühne spielt." (WEKWERTH: 102)

Der Zuschauer legt seine eigenen Erfahrungsbilder in die Vorgänge auf der Bühne ein und versucht so zu einer produktiven (individuellen) Sinnbalance zu kommen. Das ist auf der elementaren sprachlichen Ebene (in Anlehnung an HUMBOLDT) "die Arbeit des Geistes, den artikulierten Laut (den ich höre) zum Gefäß meiner Gedanken zu machen, oder das "Ergon" vor mir neu in "Energeia" zu verwandlen. Das ist darüber hinaus auf der künstlerischen Ebene die "zähe, stille Auseinander- und Ineinssetzung" mit meinen "Erlebnissen und Gefühlen" in dem Wortlaut, den ich höre, oder auch an dem Vorgang auf der Bühne, den ich sehe.

Das Paradox des Verstehens im Kunstakt

"Dichtung darf nicht erscheinen wie gesprochen, sie muß erscheinen wie vorhanden", sagt DÖBLIN (3). Für mich ist die Wahrheit dieses Satzes unmittelbar gebunden an die inneren Wirklichkeiten, für die die Worte stellvertretend stehen, die sie aber nicht *sind*. Das Eigentümliche dabei ist, daß Dichtung - wenn überhaupt - immer zugleich als doppelte Wirklichkeit "vorhanden" ist. Diese doppelte Wirklichkeit entsteht zwar miteinander verbunden und aufeinander bezogen, ist aber in zwei unabhängigen Welten etabliert, wie zwei Räder, die über eine (kommunikative) Achse laufen. Der Zwischenbereich als Ort der Vergewisserung aneinander wird aufgebaut durch die kommunikativen Momente des künstlerischen Prozesses selbst: die "Übergabe" des Wortlauts, die Korrespondenz der Blicke usw. In diesem Zwischenbereich scheinen diese beiden Welten immer wie-

Linien immer wieder spürbar.

Hellmut GEISSNER hat in seinem Saarbrücker Vortrag (GEISSNER 1988: 104 ff) den Begriff des "Zwischen" als Ort des Miteinanders (nach BUBER) in die Diskussion gebracht, ein "Ort", der sozusagen nur im Vollzug existiert - als "Prozess der wechselseitigen Teilhabe und Teilnnahme". Hier gibt es für mich eine deutliche Berührung (wenn auch GEISSNER diesen Begriff eher rhetorisch definiert). Zwar ist Dichtung als innere Wirklichkeit nicht in diesem "Ort" *vorhanden* und geht letztlich nicht von dort aus. Aber dieses "Zwischen" ist eine Voraussetzung für ihre Entstehung und ihr schließliches *Vorhandensein*. Die Intention zum Miteinander (zu "Teilhabe" und "Teilnahme") muß in diesem Zwischenbereich immer mitgegeben sein, immer neu signalisiert werden, oder der Impuls zur Produktion einer inneren Wirklichkeit im Zuhörer bleibt aus, der Wortlaut der Dichtung bleibt leer.(4)

Durch den Begriff des "Zwischen" ist in verwandelter Form auch das "Dialogische" in den künstlerischen Prozess wieder einzubringen, das ihm zunächst mangelt. Mit dem signalisierten "Einverständnis", daß Sprecher wie Zuhörer/Zuschauer an der gleichen (nicht derselben) *Sache* "arbeiten" (im Sinne Wilhelm von HUMBOLDTs) ereignet sich in diesem "Zwischen" der stumme Dialog der jeweiligen "inneren Rede", mit der beide Partner immer von neuem den Wortlaut des poetischen Textes in ihre je eigenen Gedanken, Vorstellungen und Gefühle auflösen, mit der sie auch ihren Widerspruch, ihre intellektuelle oder emotionale, ihre sachliche oder ästhetische Abwehr artikulieren und mit der sie schließlich auch zwischen äußerer, sich *ereignender*, und innerer, sich *gestaltender* Wirklichkeit für sich vermitteln. Das *Paradox des Verstehens* oder auch des *produktiven Dissens* liegt in der Verborgenheit dieses Dialogs und des in ihm eingelegten *Einverständnisses* und der so scheinhaften Entstehung eines gemeinsamen inneren Ortes und Sinns einerseits und andererseits der Unvereinbarkeit und Unvergleichbarkeit der jeweiligen innereren Wirklichkeiten, die da produziert werden, und ihres jeweiligen individuellen und subjektiven Sinns. Die "geistige Schöpfung" im Sinne HUMBOLDTs, die aus der "gleichzeitigen Selbsttätigkeit" aller Beteiligten hier entsteht, ist aber in jedem Fall beides: der *verborgene Dialog*, die Etablierung des "Zwischen", und die Produktion der jeweiligen inneren Wirklichkeiten oder Welten - hier wie dort.

Anmerkungen

(1) Die Wahl der Thematik ist im übrigen nicht unbeeinflußt von dem jüngsten, Mißverständnisse und Mißdeutungen fast suchenden Reflex auf meinen damaligen Vortrag (PTOK 1989). In dem Begriff der "Besessenheit", der dort (meinen) künstlerischen Praxisformen angehängt wird, scheint mir über das Persönliche hinaus die Angst der "Wissenschaft" vor der "Kunst" und ihren "irrationalen" Produktionselementen sich zu artikulieren - wie es natürlich auch die Angst der "Kunst" vor der "Wissenschaft" gibt und ihre eben dies "Irrationale" ausgrenzende oder gelegentlich diffamierende Neigung. Aber immerhin: auch solche halb- oder mißverstehenden Beiträge können schließlich zu einer Weiterführung des "Dialoges" führen

(2) Auch Hellmut GEISSNER geht in seinem Saarbrücker Vortrag (GEISSNER 1988: 101) auf diese Formulierung HUMBOLDTs ein. Bezeichnenderweise gibt er diesem "Nicht-Verstehen" aber kein besonderes Gewicht, hält es wohl nur für eine vorübergehend das Verstehen trübende und im Dialog aufhebbare "Diskrepanz". Jedenfalls setzt er unter rhetorischen Aspekten die Gewichte anders. In der "ästhetischen Kommunikation" aber hat die Tatsache des "Nicht-Verstehens" durch Sprache und Sprechen grundlegende - und die ästhetischen (um nicht zu sagen: künstlerischen) Prozesse erst eigentlich konstituierende Bedeutung.

(3) So zitiert in zwei Ansprachen bei der Verleihung des Alfred-Döblin-Preises in der Berliner Akademie der Künste 1987 (Begrüßungsrede von Hans Bender und Laudatio von Friedrich Christian Delius), vgl. auch Bericht des "Tagesspiegel" vom 24. April 1987.

(4) In dem Beispiel, auf dem Manfred WEKWERTH seinen provozierenden Gedanken aufbaut, einem fünfzehnminütigen szenischen "Experiment", stellt sich ein Schauspieler mit dem Auftrag, "nichts zu tun", auf die Bühne. Die Zuschauer, in Unkenntnis dieser besonderen Spielregel, folgen der üblichen "Konvention" des Theaters: Sie unterstellen, daß ihnen etwas Bestimmtes, "Sinnvolles" vorgestellt wird. Scheinwerfer, aufgehender Vorhang, der Bühnenrahmen, der alles, was in ihm erscheint, zum "Bild" macht, die Konfrontation Bühne-Zuschauerraum überhaupt unterstützen diese Annahme. Und sie "produzieren" folgerichtig "ihre" Geschichte. Nach einigen Brüchen im Gesamtverhalten der Zuschauer ("Stille", "brüllendes Gelächter", "angespannte Stille über zehn Minuten") kommen im Anschluß an das "Experiment" im abschließenden Austausch die unterschiedlichsten

Vorstellungen, Deutungen, die "Geschichten" der Zuschauer "zu Wort" (vgl. WEKWERTH: 96ff.,auch RITTER 1987 und 1990).Es ist zu vermuten, daß die begrenzte Dauer des Experiments und das Bühnenarrangement gerade noch hinreichten, um dieses "Zwischen" (im Sinne Hellmut GEISSNERs) und damit die Produktionsaufforderung glaubhaft zu machen und wirksam zu halten. Für eine gewisse Zeit reicht offensichtlich sogar die "Unterstellung" dieser Intention zum Miteinander (zu "Teilhabe" und "Teilgabe") aus, und selbst bei einer Irritation dieses Einverständnisses ist der Zuschauer/Zuhörer zunächst immer noch einmal bereit, einen neuen Weg der Produktion innerer Wirklichkeit zu gehen, jedenfalls so lange er den Glauben daran nicht verliert, da *er* als Mensch mit "seinen Erlebnissen und Gefühlen" gemeint ist.

Literatur

BENN, G. 1989. Probleme der Lyrik; in: Gesammelte Werke 1. Stuttgart: Klett-Cotta, 494-532.

BOYSEN, R. 1988. Machen Sie Platz für den Ausdruck! - Der Beruf des Schauspielers - Erinnerungen und Reflexionen; in: Theater heute, 11/1988.

CELAN, P. 1988. Ansprache anläßlich der Entgegennahme des Literaturpreises der Freien Hansestadt Bremen (1958); in: Der Meridian und andere Prosa. Frankfurt/M.: Suhrkamp, 37- 39.

GEISSNER, H. 1981. Sprechwissenschaft. Königstein: Scriptor.

GEISSNER, H. 1988. communicare est participare; in: Gutenberg (Hrsg.), Kann man Kommunikation lehren? (= Sprache und Sprechen 19). Frankfurt/M.: Scriptor, 99-109.

HUMBOLDT, W. v. 1949. Über die Verschiedenheit des menschlichen Sprachbaus (1836). Darmstadt: Claassen und Roether.

MUSIL, R. 1963. Aus den Tagebüchern. Frankfurt/M.: Suhrkamp.

MUSIL, R. 1978. Gesammelte Werke. Reinbek: Rowohlt.

PAUL, J. 1978. Über das Immergrün unserer Gefühle; in: Sämtliche Werke II/3. München: Hanser, 926-932.

PTOK, G. 1989. Zur Theorie und Praxis des Dichtungssprechens - Gedanken und Anmerkungen zu Hans Martin Ritters und Norbert Gutenbergs Versuchen auf der Arbeitstagung in Vechta; in: Ockel (Hrsg.), Freisprechen und Vortragen (= Sprache und Sprechen 20). Frankfurt/M.: Scriptor, 127- 137.

RITTER, H. M. 1984. Der Text als Partitur oder Vom Buchstaben zum Ballett interagierender Subsysteme; in: Berger (Hrsg.), Sprechausdruck (= Sprache und Sprechen 13). Frankfurt/M.: Scriptor, 123-135.

RITTER, H. M. 1989. Dem Wort auf der Spur. Köln: Prometh.

RITTER, H. M. 1990. Prozesse - Produkte; in: Spiel- und Theaterpädagogik - Ein Modell. Berlin: Hochschule der Künste, i. E. Auch in: Korrespondenzen, Lehrstück - Theater - Pädagogik, 5/1988.

RITTER; H. M. 1987. Handeln und Betrachten (1975); in: Handeln und Betrachten. Beiträge zu einer Theorie der Spiel- und Theaterpädagogik (= Theaterpädagogik 6). Berlin: Hochschule der Künste, 10-13.

STANISLAWSKI, K. S. 1981. Die Arbeit des Schauspielers an sich selbst. Die Arbeit an sich selbst im schöpferischen Prozeß des Verkörperns. Berlin (West): Verlag Das Europäische Buch.

WEKWERTH, M. 1974. Theater und Wissenschaft. München: Hanser.

WYGOTSKI, L. S. 1971. Denken und Sprechen. Frankfurt/M.: Fischer.

Kunst-Werk Kommunikation
Eine Interpretation zu Martin Heidegger

Isaac E. Catt, Chico, USA.
Übersetzung Thomas v. Fragstein

Kunst-Werk Kommunikation

Es ist bemerkenswert, daß in der ersten systematischen Darstellung von Kommunikation als "geisteswissenschaftlicher" Disziplin die Poetik neben die Rhetorik gestellt worden ist. Dabei hat Aristoteles auf die enge theoretische Verwandtschaft von Kommunikation und Kunst hingewiesen. Heute wird die Vorstellung, daß Kommunikation auch ästhetischen Zielen dient, im allgemeinen bereitwillig akzeptiert. Die umgekehrte Behauptung jedoch bedarf einer genaueren Rechtfertigung. Die Aufgabe, die ich mir in dieser Abhandlung gestellt habe, ist zu untersuchen, ob Kunst kommunikativen Zielen dient.

Dazu berechtigt mich meine Überzeugung, daß an praktische Rhetorik nicht gerade übermäßig hohe künstlerisch Ansprüche gestellt werden. Das ist zum Teil sicher auf die Allgegenwart von Kommunikation zurückzuführen. Wir scheinen einigermaßen einverstanden mit dem Gedanken, daß nicht jede rhetorische Tätigkeit künstlerische Höhen erreichen muß, aber wir sind unbefriedigt, wenn Kunst nicht mit uns kommunizieren kann. Vielleicht sind unsere Erwartungen an die Rhetorik deshalb geringer, weil sie vergleichsweise selten ihren Offenbarungs-Charakter entfaltet. Von Rhetorik und Kunst ist die zweite historisch schwerer beladen mit unseren kulturellen Erwartungen. Die eingehende Lektüre einer Reihe großer Dichter, so etwa COLRIDGE, SHELLEY, ELLIOT oder FROST, zeigt deren gemeinsamen Glauben daran, daß Kunst eine bedeutende Verantwortung für das Offenbaren von Wahrheit trägt. Philosophen stimmen dem zu. Nehmen wir zum Beispiel Martin HEIDEGGERs Untersuchung über HÖLDERLIN, in der er das historische Bewußtsein eines ganzen Kulturkreises anhand der Geschichtlichkeit eines einzelnen Dichters darstellt. Ein ständig wiederkehrendes Thema ästhetischer Diskussion ist die ernste Sorge, daß Kunst eines Tages ihre zentrierende kulturelle Kraft zur Offenbarung von Wahrheit verlieren könnte. Angesichts dieses Problems fragte HEIDEGGER:

"Ist die Kunst noch eine wesentliche und eine notwendige Weise, in der die für unser geschichtliches Dasein entscheidende Wahrheit geschieht, oder ist die Kunst das nicht mehr?" (HEIDEGGER 1950: 67)

Für den sprachbewußten und philosophisch denkenden Leser bleibt das eine bedrängende Frage. Sie kann zudem nicht ein für allemal beantwortet werden. Wenn ich ihr nun nachgehe, muß ich die Beziehung von Kunst zur zeitgenössischen Kultur betrachten, über unser Verständnis in einem narzistischen Zeitalter und die kommunikativen Möglichkeiten von Kunst im gegenwärtigen Zusammenhang der westlichen (U.S.A.-) Kultur nachdenken. Meine Methode ähnelt dabei der von Richard LANIGAN (1988) vorgeschlagenen *Kommunikations-Phänomenologie*.

In der ersten Phase meines dreistufigen hermeneutischen Vorgehens werde ich darlegen, wie Künstler oftmals als gesellschaftliche Außenseiter aufgefaßt werden, die von den allgemein akzeptierten Wegen menschlicher Kommunikation abweichen. In der zweiten werde ich dann diese Beschreibung auf ihre paradigmatische Basis zurückführen, indem ich die gängige Erklärung einer ganz persönlichen künstlerischen Sprache von einem narzistischen Verständnis des Kunstwerks und des Wirkens von Kunst ableite. Ich werde drittens die philosophischen Interpretationen Martin HEIDEGGERs und seines Schülers Ernesto GRASSI (1980) benutzen, um die Bedeutung des Wirkens von Kunst erneut zu bestätigen. Dies wird mit Hilfe von GRASSIs Unterscheidung zwischen "rationaler" und "rhetorischer" Sprache geschehen, so komme ich zu einer Deutung von Kunst als unserer tiefsten Form von Kommunikation.

Kunst und zeitgenössische Kultur

Die Bedeutung der Debatte über Ästhetik der Sprachleistung, die HEIDEGGER begonnen hatte, wurde auch von dem nordamerikanischen Pragmatiker John DEWEY (1958) erkannt. Er stellte fest, daß "die Unterschiede zwischen der englischen, französischen und deutschen Sprache Barrieren darstellen, die überschritten werden, wenn die Kunst spricht" (335). Mit anderen Worten: Kunst ist also eine tiefer gehende Form von Kommunikation, die über die gewöhnliche Sprache hinausreicht.

In der Alltagswelt wird der bloße Austausch von Nachrichten unkritisch als Kommunikation akzeptiert; ästhetische Beziehungen spielen im Normalbewußtsein keine Rolle. HEIDEGGER und DEWEY aber zeigen eine tiefe Wertschätzungfür die komplexen gegenseitigen Beziehungen von Kunst und Kommunikation. HEIDEGGER erkannte besonders gut die zeitgenössischen Vorurteile in der Einschätzung der kommunikativen Beziehung zwischen dem Kunstwerk (Kunst als Objekt, als Ware), den Bewahrenden von Kunst (Kunstpublikum), den Künstlern (Kunst Produzierenden) und dem Werk von Kunst (dem transzendenten schöpferischen Prozeß). In der Hegelschen Tradition der Dialektik der Arbeit begriff HEIDEGGER die Aufgabe der Kunst als Offenbaren von Wahrheit, einer Wahrheit, die"die Unverborgenheit des Seienden als des Seienden" (67) darstellt. Er nahm an, daß Wahrheit für uns im Kunstwerk erscheint und darin zu uns als Kunst spricht. Wahrheit wird als dialektische Synthese von Frage und Antwort als möglich angenommen. Wo dieser Prozess wirklich stattfindet, so wie ihn Kunst sinnbildlich darstellt, wird Wahrheit (Aletheia) offenbart. Solche Wahrheit ist ein Akt des Zeigens (des "Entbergens") von Seiendem. "Die Wahrheit ist die Wahrheit des Seins" (67).

Aus ähnlicher Einsicht erklärt DEWEY:

"Anleitung zur "Lebenskunst" ist mehr als die Vermittlung von Wissen darüber. Es handelt sich um eine Sache von Kommunikation und um Teilhabe an den Werten des Lebens mit Hilfe der Vorstellungskraft, und Kunstwerke sind das persönlichste und wirksamste Mittel, um Menschen dabei zu helfen Lebenskunst zu erlangen" (336).

Wir möchten die Hypothese aufstellen, daß Kunst und Künstler heute nicht mehr als ernsthaft zur Kultur Beitragende betrachtet werden, wie es den Dichtern, wie es HEIDEGGER und DEWEY noch vorschwebte. (Das Erscheinen dieses Phänomens wurde in Don McLEANS Pop-Hit "American Pie" metaphorisch vorweggenommen). Wir möchten annehmen, daß die Künstler von der Gesellschaft beiseite geschoben worden sind und als besondere und gänzlich fremd gewordene Erscheinung des modernen Lebens aufgefaßt werden. Müßten wir da nicht zu einer negativen Beantwortung von HEIDEGGERs Frage gelangen? Mit anderen Worten: wenn Künstler und ihr Werk vom normalen Leben einer Gesellschaft ferngehalten werden, müssen wir dann nicht daraus schliessen, daß Kunst nicht länger diese "wesentliche" und "notwendige" Funktion der Vermittlung von Wahrheit innehat, die den Philosophen so beschäftigt hat? Und wenn dem so ist, was geschähe, sollten uns die Worte ausgehen? Könnten wir uns auf Musik, Malerei und

Skulptur verlassen, um uns zu erkennnen? Wir wären dazu sicher nicht in der Lage, hätten wir bis dahin Kunst und Künstler in solchem Maße aus unserem Kommunikationssystem verbannt, daß wir uns nicht einmal mehr vorstellen könnten, daß sie eine zentrale Rolle beim Umgang mit den allgemeinen Werten des Lebens spielen.

Die vollkommene Entfremdung der (und von) Kunst würde durch zwei aufeinander bezogene Erscheinungen bewirkt. Erstens müßte die Kultur die Gebrauchsdefinition von Kommunikation als dem bloßen Austausch von Nachrichten allgemein anerkannt haben, also z.B. DEWEYs "Anleitung zur Lebenskunst" in Bits zerlegt haben. Es wäre nicht schwer zu beweisen, daß das schon geschehen ist. Zweitens müßten Künstler als unerheblich oder doch zumindest als nebensächlich für eine Teihabe an den allgemeinen Werten des Lebens angesehen werden. Es könnte natürlich bahauptet werden, daß etwas anderes als die Kunst die Rolle der "für unser geschichtliches Dasein entscheidenden Wahrheit" übernehmen könnte. Letztlich aber, so scheint es, würden wir diesen Verlust erleiden, den Verlust "unserer persönlichsten und wirksamsten Mittel, um Menschen dabei zu helfen, Lebenskunst zu erlangen".

Es ist nicht meine Absicht, das gänzliche Vergehen der Kunst zu verkünden. Ich beschränke mich auf die Behauptung, daß es Hinweise gibt, nach denen Kunst keine wesentliche kommunikative Funktion zugesprochen wird. Trotz HEIDEGGERs Warnung, daß Kunst und Künstler sich nicht nur auf unseren Genuß beziehen und ausschließlich als dessen Gegenstand existieren, ist unsere Auffassung von Künstlern heutzutage vor allem von der Ideologie des Individualismus bestimmt. Ein Kunstwerk wird normalerweise als ein Gut angesehen, das man besitzen kann, wird wirtschaftlich beurteilt und zu einer Ego-Erweiterung seines Besitzers. Gleichzeitig neigen wir zu dem Gedanken, daß Künstler kategorisch von anderen Menschen verschieden sind. Folglich werden beide, das Produkt und die Produktion, vereinnahmt von der Ideologie des isolierten Subjekts. Kunst wird zum reinen Mittel, zur gängigen Währung, um soziale Unterschiede zu markierene: von Reichtum, Status, Kunstgeschmack oder von inneren Neigungen.

Zahlreiche filmische und literarische Porträts haben Küstler als gesellschaftliche Randexistenzen gezeigt. Ob wir nun Somerset MAUGHAMs Schilderung von Gauguin, Irving STONES van Gogh-Roman, der Bild-Essay des Look-Magazine über Picasso, Enthüllungen jüngsten Datums über Wyeths mysteriöse heimliche Liebschaft oder Boulevardberichte über Hollywood-Darsteller aufgreifen - Künstler werden im allgemeinen als Menschen gezeichnet, denen unsere Kommunikationsnormen und -praktiken fremd sind. Künstler befinden sich interessanterweise im klassischen "double-bind". Ein renommierter Literaturwisseschaftler (Richard HUGO, 1979), dessen Werk als Lehrbuch von Studenten benutzt wird, beschreibt Schriftsteller als verurteilt zu relativer schöpferischer Impotenz in genauer Proportion zu ihrem Grad an Lebensglück. Von Künstlern aller Art wird erwartet, daß sie ein Leben endloser Widersprüche führen.

Wie aber beeinflußt nun die übliche Wahrnehmung von Künstlern deren Selbstwahrnehmung? Ich muß dazu sagen, daß die schöpferischen Akte nicht als Mittel zum Annehmen seiner selbst aufgefaßt werden dürfen; künstlerische Vorstellungskraft kann man mit diesem Wertmaßstab nicht angemessen beurteilen. Wirklich glücklich zu sein und sich selbst annehmen zu können bedeutet, Ich und Welt in Ordnung zu finden. Wenn man sich so sieht, lähmt das angeblich den Sinn für die Kunst und die Inspiration. Daß beides, Ich und Welt, als nicht in Ordnung empfunden werden, soll nicht unbedingt nötig sein, die Diskrepanz dagegen zwischen "gutem" Ich und "böser" Welt oder umgekehrt gilt als wichtigste Antriebskraft für schöpferischen Ausdruck. Der romantische Mythos besagt, daß Künstler leiden müssen. Diese Perspektive dokumentiert sich ebnfalls deutlich, wenn auch widerstrebend geäußert, in der Anschauung eines marxistischen Sozialkritikers wie Russell JACOBY. JACOBYs jüngste polemische Bilanz "Die letzten Intellektuellen" gibt Einblick in seine eigene romantische Sehnsucht, wenn er von der Geschichte der späten New-Yorker Bohème-Kultur spricht. Mangelnde soziale Anpassung wird als Grundvoraussetzung künstlerischer Betätigung angesehen.

Wenn auch wahrscheinlich kaum zu dokumentieren ist, wie weit sich Künstler wiederum aufgrund der Ideologie ihrer eigenen Entfremdung erst so entwickeln, hat zumindest *ein* bedeutender Künstler die notwendige psychologische Erklärung einer so verstandenen künstlerischen Existenz geliefert. Frank Avray WILSON, ein in Frankreich lebender Künstler, ist ein international anerkannter abstrakter Maler. Er ist auch schon als "kompetenter Biologe" bezeichnet worden - im Klappentext seines Buches "Kunst als Offenbarung". Theoretisch gehört er zwei Welten an, der wissenschaftlichen und der künstlerischen, und er hat ausführlich über die Beziehung zwischen beiden geschrieben. Vor allem aber illustriert WILSON mit seiner Auffassung des "schöpferischen Impulses" an Beispielen die gesamte Kultur. Er beschreibt ihn als

"...stark und manchmal überwältigend; der eigentliche Schaffensakt ist gewöhnlich

angstbeladen und sogar quälend, weil Kreativität und die damit verbundenen Anlagen von einer Stauung und Verdrängung der emotionalen Funktionen herrühren" (WILSON 1981: 52).

Aus phänomenologischer Sicht ist es nicht angebracht, an der Richtigkeit von WILSONs Erfahrung und an der "Richtigkeit" seines Bewußtseins zu zweifeln. Doch kann seine bewußte Erfahrung nicht von dem soziokulturellen Bedingungsgefüge getrennt werden, das in sein Lebem hineinwirkt. Seine Gefühlserfahrung kann eine Empfindung der Leere sein, die zur Notwendigkeit von Selbstdarstellung führt. Die Verallgemeinerung seiner psychologischen Theorie ist jedoch möglicherweise weniger plausibel als ihr nicht bewußtes soziales Paradigma. Er psychologisiert Kunst, indem er auf romantische Weise ihre "natürliche" wissenschaftliche Basis mythologisiert. "Schöpferische Menschen", fährt er fort,

"haben eine ungewöhnliche psychische Struktur ... infolge der Selektion spezifisch menschlicher Eigenheiten während unserer langen Entwicklungsgeschichte, ... aber im Künstler erreicht der schöpferische Impuls fast einen Grad von Paranoia, so alles beherrschend, daß man vermuten könnte, es bestehe da eine Abweichung in den X- und Y-Chromosomen ... Die Diagnose weist auf starke sexuelle Unreife und emotionale Blockade hin, beim Mann offensichtlich als psychogene Impotenz ausgeprägt und bei der Frau als Beeinträchtigung ihrer Stillfähigkeit - eine recht ernste Anomalie beim Säugetier." (57 f.)

Was also ist nun für den Akt der kreativen Äußerung verantwortlich? WILSON schließt auf die Folge der von ihm beschriebenen Bedingungen, nämlich auf

"... eine beträchliche Frustration, die wiederum zu dem verzweifelten Versuch führt, durch das Kunstobjekt eine nach außen gewendete Form der Kompensation zu finden. Abgeschwächt kommt derselbe Prozeß beim Kunstliebhaber vor und das sicher nicht selten. In Freudscher Terminologie hieße das: Frustration ist unbedingt destruktiv, aber das genetische Sexualmuster hält "Tadel" für Abweichungen bereit; sie äußern sich als Schuldgefühle, Frustrationen und Neurosen." (58)

Unter Berufung auf eine Verbindung von Thesen FREUDs und JUNGs hat sich WILSON mit der sexuellen Seite künstlerischer Erfahrung auseinandergesetzt. Er stellt den Künstler als eine verzweifelt Liebe suchende Person dar, die jedoch ein unzulänglich Liebender ist. Während der Künstler nach dem "Erhabenen" trachtet, wird er oftmals "abtrünnig" - ein Widerspruch, der in seiner biologischen Ausstattung angelegt ist. Wieder begegnen wir hier der Auffassung, daß notwendiges Leiden des Künstlers Quelle seines schöpferischen Impulses sei. Daß der Künstler in dieser Situation gefangen ist, wird, bei aller persönlicher Qual, wiederum als sozialer Vorteil gesehen. WILSON hat das so formuliert:

"Es gibt kein Entkommen aus dieser Situation, die paradoxerweise durchaus vorteilhaft ist, weil es ohne sie keine Kunst gäbe. Sobald ein Künstler seine sexuellen Probleme und Neurosen bwältigt hat, ist die Möglichkeit gegeben, daß er aufhört, Künstler zu sein. Bei wirklich großen Künstlern müssen animus und anima bis zur Qual überentwickelt sein, um sicherzustellen, daß der Künstler zu einem Außenseiterdasein verdammt ist." (137 - Hervorhebung I.C.)

So also steht es um Kunst und Kultur der Gegenwart, denn man wird das verallgemeinern dürfen. Jedenfalls wäre es ein klarer Fehler, die Zeichen zu ignorieren, die auf einen möglichen Verlust der Kunst deuten - der Kunst als eines symbolischen Mittels zur Kommunikation und als vereinigender Kraft gesellschaflicher Lebenskultur. Phänomenologisch wird, das läßt sich nicht anders verstehen, dem Leben des Künstlers Anomalität unterstellt. Bei WILSON scheint eine vorbewußte Entscheidung stattgefunden zu haben, die psychische Struktur des Künstlers zu untersuchen - auch auf die Gefahr hin, daran nicht gerade Gefallen zu finden. Könnte die Entscheidung dieses Kritikers vielleicr ganz der allgemein geltenden Kulturideologie entsprechen? Genau so ist es.

Wie Kunst in einem narzistischen Zeitalter "verstanden" wird

Heutzutage wird Kunst von den Autoritäten der zeitgenössischen Kultur besser verstanden als erklärt. Die Welt des "gesunden Menschenverstandes" wird bestätigt von positivistischen oder neopositivistischen Paradigmen, die sie ihrerseits längst anerkannt hat. Tatsächlich ist der Anspruch, mit dem sich der typische Sozialwissenschaftler vom Nicht-Fachmann zu unterscheiden behauptet, recht schwach gegründet. Wir können uns allenfalls auf seine Skepsis dem gegenüber beziehen, was der Laie schon als selbstverständlich erwiesen betrachtet, auf seine Haltung nämlich zu Alltagserfahrung. Der Soziologe setzt sein Vertrauen in unmittelbar Gegebenes aus und weiß nichts mit Gewißheit, solange es nicht hypostasiert und verifiziert worden ist. Nichtsdestoweniger wird merkwürdigerweise das "wissenschaftliche" Leben damit verbracht zu beweisen, was Laie und Soziologe gleichermaßen zuvor bereits vermutet hatten. Mit anderen Worten: die Lizenz für die Anerkennung des gesunden Menschenverstandes wird von der Sozialwissenschaft erteilt, ob der Laie nun mag oder nicht. Ebenso kann aber auch jeder beliebige Alltagsmensch nicht selten das Fachurteil der Sozialwissenschaft in allen Stücken vorwegnehmen. Beide erklären, um vorherzusagen. Beide laufen Gefahr, die ausschlaggebenden Differenzierungen hinwegzurationalisieren. Gesunder Menschenverstand, oder was Phänomenologen lieber "natürliche Haltung" nennen, basiert theoretisch auf der Entsprechung zwischen Wörtern und der Realität, die sie zu beschreiben suchen. Das pseudowissenschaftliche Kunstverständnis etwa wird als wissenschaflich aufbereitete Wahrscheinlichkeit außer Frage gestellt. Die Voraussetzungen dafür sind dem Blick entzogen. Daß Erklärungen von künstlerischer Erfahrung zu psychologischen Rationalisierungen werden, überrascht in einer narzistischen Kultur kaum (LASCH, 1978). Das Nachdenken über solche Beschreibungen von Aufgabe und Wirken der Kunst läßt erkennen, in welchem Maß dieses Nachdenken selbst ideologisch eingeschränkt ist. Die Darstellungen setzen ihre eigenen Schlußfolgerungen voraus. In einer Kultur, die zur individualistischen Sichtweise tendiert, werden einzelne Untersuchungsgegenstände als Beweis benutzt, ohne daß sie auf Typisches bezogen würden und vice versa. Sozusagen monadische Erfahrung bürgert sich ein. Die kulturell abgeleitete, aber heimliche Prämisse von WILSON und anderen besagt, daß Künstler und deren Produktionen abnorm sind und weiter, daß ihr Verhalten und ihre biologische Natur diese Prämisse bestätigen. Die Beziehung zwischen dem, was der Wissenschaftler sieht und seiner eigenen Stellung im soziokulturellen Bezugsfeld bleibt unberücksichtigt. Vom Wissenschaftler wird erwartet, daß er die Dinge als Einzelphänomene interpretiert. Was die Sache noch schlimmer macht: Der Maßstab für Normalität, nach dem der Künstler als "abnorm" beurteilt wird, wird nie genannt. Der Grund dafür ist, daß er einfach als selbstverständlich vorausgesetzt wird. Der Glaube der heutigen ideologischen Sichtweise von Kunst ist, daß die Interpreten ausreichend kompetent in ihrer eigenen Kultur seien, um Abnormität beim Sehen oder Lesen als solche zu deuten. Das Phänomen der "Einbürgerung" versteht unter "eindeutig" genau das, was nicht wirklich verstanden wird; als unzweifelhaft gelten die zweideutigsten aller Begriffe und als feststehend, was in besonders vielen Erscheinungsformen auftritt. Deshalb muß die Aufmerksamkeit des Betrachters zerstreut werden; in gleicher Weise macht sich der geschickte Taschenspieler die "Kunst der Ablenkung" zunutze. Nur daß in diesem Fall die undifferenzierte und offenbar unangreifbare Strömung der Kultur dafür verantwortlich ist.

Nehmen wir, im Gegensatz zu den theoretisch unkritischen Vertretern der üblichen wissenschaftlichen Haltung gegenüber der Kunst, Frank Avray WILSON als normal an. Nehmen wir wirklich einmal an, sein Verständnis sei einigermaßen repräsentativ. Was setzt seine Allerwelts-Ästhetik bei unserer Verständnisfähigkeit voraus? Diese Frage läßt die perspektivischen Gegebenheiten bei der Betrachtung von Kunst deutlich hervortreten. Sogleich werden wir uns der Erfahrungsstruktur der Wahrnehmung bewußt. Wir werden uns bewußt, daß Aussagen über Kunst und Künstler Teil unserer eigenen Wahrnehmung sind. Auch wird deutlich, und diese Erkenntnis dürfte uns wenig Freude bereiten, daß unsere eigenen Vorstellungen kulturelle Konzepte sind. Als Vertreter einer bestimmten Kultur lesen wir uns selbst aus dem heraus, was wir lesen (deuten). Der Narzismus des Künstlers ist unser eigener.

Die phänomenologische Reduktion erlaubt uns zu erkennen, daß unsere angenommene kulturelle Kompetenz narzistisch gedeutet werden muß, wenn nicht sogar buchstäblilch narzistisch ist. Narzismus, einst als Selbst-Liebe mythologisiert (OVID), wurde später von den Psychoanalytikern als Konzept benutzt, um verborgene Gefühle des Selbsthasses zu verstehen (KERNBERG, 1975 und 1978) und von Sozialphilosophen als Metapher für die Conditio humana (LASCH, 1978, DERBER, 1979). Heutzutage wird er als Kommunikationsproblem erkannt (CATT, 1986). Dieses Problem basiert auf der angeborenen Unsicherheit und dem daraus folgenden Verlangen nach zwischenmenschlichem Leben, die sich in der "Grenz-Bedingtheit" von Ich und anderen ausdrücken. Das mag anfangs als Komplizierung von etwas recht Einfachem erscheinen, doch das Komplexe kann nicht immer auf das Einfache zurückgeführt werden - auch das ist ein sehr bezeichnender Wunsch innerhalb der narzistischen Richtung.

So kurz und bündig wie möglich gedeutet, ist zwischenmenschliche Existenz nicht so sehr das Ergebnis eines mit einem anderen interagierenden Ichs als die Voraussetzung dafür: ihrer beider bewußtes Innesein und zwar ihrerselbst wie des jeweils anderen. Weil wir Teilhaber einer Kultur des Individualismus sind, denken wir normalerweise nicht so über zwischenmenschliche Kommunikation. Die Allerwelts-Vermutung wäre zweifellos, daß die Gesellschaft aus einer Summe von Individuen besteht. (Einige unserer recht kurzschlüssigen Theorien über Beziehungen stützen sich tatsächlich auf diese Additions-Annahme. Eine große Zahl von Beispielen findet man in den zahlreichen Veröffentlichungen zu zwischenmenschlicher Kommunikation, noch unter dem Niveau des empiristischen Umfelds, in denen sie explizit oder implizit als geschickte Fertigkeit bezeichnet wird. Eine so fehlgeleitete Einschätzung spricht für sich.) Wir stoßen, wenn man so sagen will, ständig mit der Lebenstatsache zusammen, daß gesellschaftliches Zusammenleben unserem persönlichen Dasein Bedingungen vorgibt. Das entspricht zwar unserer Erfahrung, dennoch aber ist unser Bewußtsein Teil der übergeordneten Kultur. Wir "wissen" (und sind auch in der Lage, das zu erklären), daß das Individuum zuerst kommt, weil in der Gesellschaft alles um uns herum die vorgefaßte Meinung von einem individuellen Bewußtsein bestärkt. Gleichzeitig holt uns aber unsere greifbare Lebenserfahrung aus unseren verschiedenartigen Kontakten mit andern immer wieder ein. Auf die Bedrohung der Gültigkeit des historisch "sedimentierten" Bewußtseins durch unmittelbare Erfahrung reagieren wir mit Angst. Die Welt des Ichs ist wahrscheinlich wie ein Verb, das zu einem Nomen geworden ist. All die offenstehenden Wege der Existenz, die unterschiedlichen Erfahrungen mit andern, die mannigfaltigen Möglichkeiten, sich in dieser Welt zu behaupten werden begrenzt auf das allgemein Angenommene. Recht bald werden die Mehrdeutigkeiten wahrhaft natürlicher Existenz der eindeutigen Gewißheit des Individualismus geopfert.

An dieser Stelle kommt die Psychoanalyse ins Spiel. Eine von FREUDs großen Entdeckungen war es, daß solche Verdrängungen, wie sie oben beschrieben worden sind, auf die eine oder andere Weise symptomatisch zu Tage kommen müssen. Nun sollten wir aber nicht, wie WILSON und andere es getan haben, davon ableiten, daß Künstler sich einzig und allein deshalb ausdrücken, weil ein psychisches oder biologisches Defizit in ihrer Persönlichkeits-Ausstattung vorhanden ist.

Die individualistische Interpretation verschleiert die Schwächen der Gesellschaft. JACOBY erinnert uns daran, daß "das Dasein von Unsicherheit an der Unsicherheit des Daseins liegt" (48). Für Narzisten wie uns schafft der Umgang mit den Grenzen unserer Existenz schlimme Unsicherheit; "schlimm" deshalb, weil wir nie gelernt haben mit wahren Beziehungen zu leben, sondern nur mit den Kunstgriffen eines irregeleiteten Individualismus. Unsere Kultur hat uns nicht beigebracht, die Unsicherheit einer Veränderung unserer eigenen Identität zu ertragen, wenn wir dem interpersonalen andern begegnen. Im Gegenteil - viel von dem, was beispielsweise als Kunst des Redens gelehrt wird, ist in Wahrheit eine Unterweisung in Selbstbehauptung. Die Anerkennung und Schätzung von Unsicherheit und Flüchtigkeit der eigenen Identität in Gegenwart anderer bleibt einzig ganz besonderen Orten und Gelegenheiten vorbehalten.

Kunst wird von der zeitgenössischen Kultur erklärt, aber in ihr mißverstanden. Erklärungen des künstlerischen Geists und Temperaments resultieren aus narzistischen Deutungen. Der herrschende Sprachgebrauch erlaubt solch unkritische

Übertragungen; in einer narzistischen Epoche sind sie zu erwarten. Es bleibt zu erörtern, ob es nicht eine Deutungsmöglichkeit gibt, die Kunst und Kommunikation so einschätzt, daß sie das symbolische Potential von Kunst nicht verdunkelt, sondern erhellt.

Kunst-Werk Kommunikation

Die narzistische Deutung, zu der wir offenbar verurteilt zu sein scheinen, verneint die kommunikativen Qualitäten der Kunst. Gibt es eine Möglichkeit, über diese Deutungsweise hinauszukommen? Die Antwort ist Ja, soweit wir kritisch und phänomenologisch vorgehen. Von diesem theoretischen Ansatz aus ist klar, daß "natürliche Haltung" und narzistische Auffassung ein- und dasselbe sind. Beide bestehen sie im "Ausschluß von Zweifel", wovor uns Alfred SCHUTZ (zit. in: ROCHE, 1973: 13) gewarnt hat. Deutlich kontrastiert damit die phänomenologische Position, die ein "Aussetzen des Glaubens" kennzeichnet. Im Gegensatz zum Rationalismus, wie er in der anderen Auffassung impliziert war, versucht diese, die Gegenstände der Wahrnehmung als unmittelbar erfahrbar zu begreifen. Wie MERLEAU-PONTY es so treffend beschrieben hat, geht es da um die Welt, die unseren abstrakten Schematisierungen vor-geht und auf die Wissenschaft nur reagieren kann (MERLEAU-PONTY, 1962). HEIDEGGER erklärt sinngemäß, daß das Vorurteil jedes Nachdenken hemme.

Die Interpretationsmöglichkeiten sind im vorgefaßten narzistischen Rahmen erheblich eingeschränkt. Erstens interpretiert der Betrachter das Objekt, in diesem Fall Kunst, als Produkt. Das heißt, sie wird zum Kunstobjekt. Wie jede andere Ware besitzt sie einen Tauschwert und ihre eigene hermetische Integrität. Ihre Beziehung zum Künstler oder Interpreten ist kein Thema mehr für genauere Betrachtung. Ihre "Botschaft" hat dann gar nichts zu tun mit der symbolischen Bedeutung der Kunst in Kultur und menschlicher Zivilisation. Was da einen festgesetzten Tauschwert hat, ist nur zufällig Kunst; es könnte stattdessen jedes beliebige Objekt sein. Die metaphorische Vorstellung, daß Kunst "spricht", ist dieser materialistischen Sichtweise fremd.

Zweitens könnte das Erzeugnis der Kunst als Wirkung angesehen werden, deren Ursache der Künstler ist. Das führt recht unmittelbar zu einer Deutung, nach der Kunst der nach außen gewendete Anteil der Psyche ihres Schöpfers ist. Man kann dann z.B. sagen, daß die "Sternennacht" die sichtbare Manifestation eines kranken van GOGH sei und ein weiterer Beweis seines dunklen inneren Selbst ja in seiner Selbstverstümmelung liege. (Don McLEANs song "Vincent" bietet, in scharfem Kontrast dazu, eine wirkliche Auslegung dieses Gemäldes und Deutung des Künstlers). Zumindest erkennt diese Alternative an, daß eine gewisse Beziehung zwischen Produkt und Produzierendem besteht, wenn sie auch nur auf sehr oberflächliche Weise verstanden wird. Wissenschaftliche Unterstützung für diese Art narzistischer Deutung gibt es heute. Zum Beispiel argumentiert Heinz KOHUT, eine der führenden psychoanalytischen Kapazitäten auf dem Gebiet des Narzismus:

"Es gibt Menschen mit einem sehr hoch entwickelten, schöpferischen Narzismus, Menschen, für die Objektliebe keine große Bedeutung zu haben scheint. So gibt es z. B. große Künstler, die eine ungeheure Fähigkeit besitzen, ihr Innenleben abzubilden" (zit. nach MOSS 1976: keine Seitenzählung).

Unter solchem Vorzeichen drücken Künstler und Interpret des Künstlers dem Werk den Stempel ihrer eigenen Persönlichkeit auf. Das Werk wird buchstäblich zum Abbild des Künstlers, so wie der Rezipient ihn sieht. Solch eine Position legitimiert grundsätzlich die "Psychologisierung" anderer. Hier spricht der Künstler zwar, aber vor einem Spiegel und in einen leeren Raum, und so kann die künstlerische Aussage nicht über das hinausgehen, was Künstler oder Interpret über künstlerische Absichten zu wissen vorgeben.

Drittens könnte das Werk alles auf einmal bedeuten. Dem Belieben des Rezipienten wird phantasievolle Interpretation überlassen, wobei das eigentliche Werk seine Konturen verliert. Das ist der Fall, wo der Rezipient unbewußt sich selbst interpretiert. Praktisch jedes Kunstwerk wird zu einer Projektion der Psyche seines Rezipienten, seiner Stimmung oder seiner konzeptionellen "Beschränktheit". In höheren Fachsemestern werden die Studenten gegen diese Tendenz durch eine Lektion über das "Gesetz des Instruments" geimpft. Es geht da um das Problem, das entsteht, wenn man einem Kind einen Hammer gibt - worauf dann alles zum Nagel wird, was in Sicht kommt. Ob es sich nun um eine leere Wand oder um die Mona Lisa handelt, das Ergebnis wird eine sehr ähnliche "Deutung" sein. Ebenso tendieren bei der Entdeckung eines psychologischen Konstrukts wie des "Narzismus" alle Persönlichkeiten dazu, in kürzester Zeit alles unter narzistischen Gesichtspunkten zu sehen. Der letzte Punkt bezieht sich auf eine einzigartige Selbst-Widerlegung in neuerer psychoanalytischer Literatur (ROTHSTEIN, 1980). Während uns diese Ironie theoretisch betrachtet noch recht witzig erscheint, ist die

Subjektivierung von Kunst leider ein absolut übliches Phänomen (GADAMER, 1960: 39-161). In diesem Szenario kann Kunst nicht kommunizieren; der Gegenstand der Wahrnehmung bedient so nur den vorgefaßten Ausdrucksrahmen des Rezipienten. Solange narzistische Deutung eine angemessene Interpretation der ästhetischen Dimension des Lebens ausschließt, bleibt ihre kommunikative Potenz noch gänzlich unerschlossen. Die Kommunikations-Hermeneutik dagegen verspricht einen anderen Weg der Deutung:

Die narzistische Ästhetik ist ein Beispiel für das, was Ernesto GRASSI unter "rationaler Rede" versteht, der er die wirklich "rhetorische Rede" entgegensetzt. GRASSI war als Student HEIDEGGERs etwas unzufrieden. Er versuchte zu zeigen, daß als historische Wurzeln von HEIDEGGERs Werk auch die frühen römischen Rhetoriker wie die der italienischen Renaissance berücksichtigt werden sollten. Deshalb machte er sich an die Wiederentdeckung CICEROs und VICOs und leistete eine Interpretation ihrer Hauptwerke.

GRASSIs bedeutendster Beitrag zum hermeneutischen Verständnis ist wohl seine Unterscheidung zwischen "rationaler" und "rhetorischer" Rede. Im allgemeinen wird Rhetorik als Kunst der überzeugenden Argumentation angesehen, und die Unterweisung darin besteht normalerweise in der Entwicklung der traditionellen Techniken der Überzeugungsrede. GRASSI aber erklärt:

"'Rhetorik' ist nicht die Kunst oder Technik äußerer Überzeugung, sie kann es auch nicht sein: das ist eher das Sprachvermögen, das die Grundlage rationalen Denkens bildet" (29).

Rationale Sprache basiert auf dem Deduzieren aus vorgegebenen Prämissen, aber sie kann nie über die Prämissen hinausgehen, die ihre Voraussetzung darstellen. GRASSI zeigt, daß diese "Urprämissen" nicht ableitbar sind. Menschliche Sprache hängt nicht nur und nicht einmal primär von rationaler Deduktion ab, sondern eher von intellektueller Erkenntnis (63). Deshalb ist "die Grundlage menschlicher Geschichtlichkeit und Gesellschaft nicht der rationale Prozeß des Denkens, sondern der imaginative Akt" (65). Entgegen der vorherrschenden Sichtweise der narzistischen Kultur, die den Akt der Vorstellung als irrational darstellt, ist der "nicht-rationale Charakter der Prinzipien", auf denen rationales Denken aufbaut,

"... keineswegs identisch mit Irrationalität; die Notwendigkeit und allgemeine Gültigkeit im nicht-rationalen Charakter der archai werden in gleicher Weise oder in höherem Maß sinnfällig wie die Allgemeingültigkeit und Notwendigkeit, die im Dedukti-

onsprozeß wirken und auf dem Fundament strikter Logik beruhen" (26).

Weiterhin

"... ist es allein der indikative Charakter der archai, *der eine Beweisführung überhaupt erst möglich macht. Indikative oder allusive Sprache liefert das Netzwerk, in dem der Beweis Gestalt gewinnt und wirklich werden kann"* (20).

Eine solche, erst wahrhaft rhetorische Rede stellt sich metaphorisch, bildhaft dar; sie ist figurativ und imaginativ. Während rationale Rede der Selbstbestätigungs-Tendenz der narzistischen Sichtweise von Kunst entspricht, ist die rhetorische Rede ganz klar mit den hermeneutischen Möglichkeiten ästhetischer Erfahrung verknüpft. Die rationale Sprache der zeitgenössischen Kultur verunglimpft unwissentlich die künstlerische Phantasie, indem sie Kunstgegenstände zu verkäuflichen Waren degradiert, Künstler zu Außenseitern macht und künstlerische Werke als Spiegel eines narzistischen Publikums behandelt. Genau so, wie rationale Rede nur begrenzte Schlußfolgerungen erlaubt, so fällen narzistische Theorien vorgefaßte Urteile und beschränken ernsthaft den Spielraum künstlerischer Interpretation. Narzistisch rationale Rede ist "zutiefst monologisch" (GRASSI: 113). Im Gegensatz dazu entfaltet Kunst, als rhetorische Sprache betrachtet, "die Macht originärer Bilder als Quelle jeder wirklichen Philosophie" (35). GRASSIs Konzeption rhetorischer Rede hilft uns erkennen, daß Phantasie und Scharfblick - sowohl der Künstler als unser selbst - "als Mitschöpfer immer die individuellen und historischen Traditionen haben, deren Teil sie sind" (SCHRAG, 1980: 114).Wir möchten nun auf HEIDEGGERs Frage zurückkommen:

"Ist die Kunst noch eine wesentliche und eine notwendige Weise, in der die für unser geschichtliches Dasein entscheidende Wahrheit geschieht, oder ist die Kunst das nicht mehr?" (a.a.O.)

Diese Abhandlung hat gezeigt, daß die tiefe Bedeutung der Kunst, die HEIDEGGER und DEWEY im Sinn hatten, in der modernen Kultur gefährdet ist. Für beide hat Kunst aufgrund ihres kommunikativen Potentials offenbarende Kraft. Darum wird Kunst als die tiefste Form symbolischer Kommunikation betrachtet. Eine Kultur, die narzistisches Deuten des Ichs in den Kunstwerken verdinglicht, kann nicht länger als solche bezeichnet werden, in der Kunst entscheidend für unser geschichtliches Dasein ist. Kunst ist nicht länger von dieser Art.

Ernesto GRASSI weist jedoch mit seinem hermeneutischen Verständnis die Wurzeln von Kunst und rhetorischer Rede in der Vorstellungskraft nach. Deshalb ist immer noch Hoffnung, daß Kunst als Kommunikation verstanden wird. Dadurch kann der Narzismus überwunden werden und dadurch können wir zum Konsens kommen, daß Kunst unsere tiefste Form von Kommunikation darstellt.

Bereits in HEIDEGGERs Abhandlung über die Kunst spüren wir sein unausgesprochenes Verständnis für den Gedanken, daß Kommunikation Aufgabe und Werk der Kunst ist. HEIDEGGER verstand in vollem Umfang die wechselseitige Beziehung zwischen Kunst, Künstler, Kunstwerk und den Bewahrenden von Kunst. Für ihn ist das Werk der Kunst unterscheidbar vom Kunstwerk. Er sprach von der Notwendigkeit, den dem modernen Subjektivismus innewohnenden Fehler zu erkennen, der sogleich "das Schöpferische ... im Sinne der genialen Leistung des selbstherrlichen Subjekts" (63) mißdeutet. Er setzte unseren psychologisch beeinflußten Vorurteilen seine eigene Art von Humanismus entgegen. Er behauptete:

"Gerade in der großen Kunst ... bleibt der Künstler gegenüber dem Werk etwas Gleichgültiges, fast wie ein im Schaffen sich selbst vernichtender Durchgang für den Hervorgang des Werkes" (29).

Wahrheit als *aletheia* ist weder alleiniges Eigentum der Künstler noch der Rezipienten und Deuter von Kunst. HEIDEGGERs Hermeneutik widersetzte sich dem Rationalismus und seinem narzistischen Begleiter. Für ihn sind die vorgefaßten Meinungen der "natürlichen Haltung" widerlegt durch das, "was im Werk am Werk ist" (27). Er macht weiter deutlich:

"Zum Geschaffensein des Werkes gehören ebenso wesentlich wie die Schaffenden auch die Bewahrenden. Aber das Werk ist es, was die Schaffenden in ihrem Wesen ermöglicht und aus seinem Wesen die Bewahrenden braucht. Wenn die Kunst der Ursprung des Werkes ist, dann heißt das, sie läßt das wesenhaft zusammengehörende am Werk, Schaffende und Bewahrende, in seinem Wesen entspringen" (58).

Narzistische Deutung ist nicht geeignet zum Bewahren von Kunst, da sie uns auf unsere privaten Erfahrungen zurückwirft. Die Hermeneutik der Kunst, so wie eine kritische Phänomenologie sie nutzt, macht uns fähig zum Überschreiten unserer individuellen Vereinzelung und bringt uns in Verbindung mit "der im Werk geschehenden Wahrheit" (54). Wenn Kunst ihr Ziel Kommunikation erreicht, überwindet sie unseren Individualismus:

"Die Bewahrung des Werkes vereinzelt die Menschen nicht auf ihre Erlebnisse, sondern

*rückt sie ein in die Zugehörigkeit zu der im Werk geschehenden Wahrheit und gründet
so das Für- und Miteinandersein als das geschichtliche Ausstehen des Da-seins aus
dem Bezug zur Unverborgenheit"* (55f.)

Literatur

CATT, I. 1968. Rhetoric and Narcissism: A Critique of Ideological Selfism. Western Journal of Speech Communication 50, 242- 253.

DERBER, C. 1979. The Persuit of Attention. New York: Oxford UP.

DEWEY, J. 1958. Art as Experience. 16th ed. New York: Capricorn.

GADAMER, H.-G. 1960. Wahrheit und Methode. Tübingen: Mohr.

GRASSI, E. 1980. Rhetoric as Philosophy. University Park. The Pennsylvania State UP.

HEIDEGGER, M. 1950. Der Ursprung des Kunstwerkes; in: Holzwege. Frankfurt: Klostermann, 7- 68.

HUGO, R. 1979. The Triggering Town. New York: Norton.

JACOBY, R. 1975. Social Amnesia. Boston: Beacon.

JACOBY, R. 1987. The Last Intellectuals. New York: Noonday.

KERNBERG, O. 1975. Borderline Conditions and Pathological Narcissism. New York: Jason Aronson.

KERNBERG, O. 1978. "Why Some People Can't Love." Psychology today, June 1978, 55ff.

LANIGAN, R. 1988. Phenomenology of Communication. Pittsburgh: Duquesne.

LASCH, CH. 1978. The Culture of Narcissism. New York: Norton.

MERLEAU-PONTY, M. 1962. Phenomenology of Perception. (Trans. Colin Smith.) London: Routledge and Kegan Paul.

MOSS, D. 1976. Narcissism, Empathy, and the Fragmentation of Self. <u>Pilgramage Vol. 4</u>

OVID. 1898. <u>Metamorphoses. Book III.</u> (Trans. Henry T. Riley.) London: George Bell and Sons.

ROCHE, M. 1973. <u>Phenomenology, Language and the Social Sciences.</u> London: Routledge and Kegan Paul.

ROTHSTEIN, A. 1980. Psychoanalytic Paradigms and Their Narcissistic Investments, <u>Journal of the American Psychoanalytic Association. 28,</u> 386-388

SCHRAG, C. 1980.<u>Radical Reflection and The Origin of The Human Sciences.</u> West Lafayette: Purdue UP.

WILSON, F.A. 1981. <u>Art as Revelation,</u> Fontwell, Sussex: Centaur.

Tatort: Sprache

Krimi der Vermittlung

Hermann Treusch, Berlin

Tatort: Sprache. Im Anfang war das Wort. Am Anfang war die TAT. Wer ist der Täter?

In diesem Moment: ich. Wir haben alle (freiwillig) eine Situation geschaffen, die einen Sprechenden (mich) vor oder in die Menge etlicher Hörender stellt. Zwar tragen die Hörenden die Verantwortung, daß sie zu welch frühgerückter oder fortgeschrittener Stunde immer die Ohren offen halten; ein eher physischer Prozeß. Aber wer trägt die Verantwortung, daß Ihnen meine Worte nicht zum einen Ohr hinein und dann wer weiß wohin hinausgehen?

Wer ist der Täter? Ich weiß, auch hier und heute wären Sie es gern; aber Sie sind es nicht. Maximal sind Sie dem Täter auf der Spur. Wem aber? Dem Schreiber dieser Sätze, mir? Dem Sprecher dieser Sätze, mir? Aber wenn ich erkrankt wäre, würde ein anderer dieselben Sätze laut vortragen. Oder sind Sie sich selbst beim Hören auf der Spur? Sie haben doch mindestens einen von mir gehörten Satz schon schon jetzt kommentiert. Sie haben sich einen Subtext gebildet. Da ich das weiß, reagiere ich mit einem unvermuteten, neuen Satz, da ich Sie aus der Bahn werfen oder in eine völlig neue schleudern will. Ahnen Sie, daß Sie jetzt schon widersprechen möchten?

Ich weiß, daß Sie wissen, daß ich weiß, was ich Ihnen sagen will. Weil Sie mir ja mitteilen wollen, daß Sie wissen, daß ich weiß, was Sie wissen von dem , was ich über Sie weiß. Sehen Sie, der Krimi über Verdächtigungen geht schon los. Wer ist der Täter, wer das Opfer? Wer sind *die* Täter und *die* Opfer?

Beginnen wir mit der Frage nach dem Schauplatz. Jede so wie diese gestaltete Vortragssituation setzt oder stellt einen Referierenden vor ein Auditorium. Damit stellt sie ihn *vor* seine Zuhörenden. Er hat einen *Vorteil*. Er hat Macht. Vielleicht hat er auch Angst vor seinen potentiellen Opfern, Ihnen! Vielleicht ist er berauscht von den vielen Möglichkeiten, die er zu haben glaubt. Noch kann der Referent, ich, die Waffe, das Tötungsinstrument aussuchen. (Sofern die Sprache allein nicht schon tödlich ist. Wie heißt es bei Hölderlin? "Das tödlich faktische Wort". Aber davon später.)

Wenn ich auch nur eine rhetorische Waffe schon jetzt ausgepackt und deutlich vor Sie hingelegt habe, müßten Sie schon jetzt gegen den Überzeugungstäter, den Vortragenden, gegen mich, eine Gegenwaffe schmieden. Denn Sie wollen ja nicht wortlos Opfer werden oder bleiben. Die Situation droht zu kippen. Das Opfer? Sie und Sie, zum Beispiel (ich greife mir bewußt mit dem ausgestreckten Zeigefinger einige von Ihnen heraus), werden zum potentiellen Täter. Nämlich an mir. Auch wenn ich glaube zu wissen, was Sie zwar schon wissen, aber noch nicht tun.

Da unsere bürgerlich-rechtliche Grundauf-Gesellschaft aber den permanenten Mord ausschließt (und auch die Friedensbewegung soweit vorangekommen ist, daß ihre Sprache, ihre Vokabeln, ihre verbalen Waffen immer friedfertiger werden, - der böse Ausdruck dafür hieß vor 20 Jahren: befriedet - aber es herrscht ja Ruhe im Land) da also nicht gemordet wird, stellen wir uns die Tat immer wieder nur vor; fast sehnsüchtig. Und ein Grundzug des zweideutigen Denkens und Handelns und Sprechens ist der preußisch geschulte, verbale kategorische Imperativ eines unserer Ur-Täter, Immanuel KANTs: "Handle so, daß die Maxime deines Willens jederzeit zugleich als Prinzip einer allgemeinen Gesetzgebung gelten könne", oder könnte. Ich drehe diesen Handlungsbefehl um in das deutsche Sprichwort: Was Du nicht willst, was man Dir tu, das füg' auch keinem andern zu. - Da haben wir doch den Krimi.

Sie wollen nicht, daß ich Ihnen zufüge, was Sie mir nicht zufügen dürfen, da Ihre Position mir gegenüber durch Sitzen und Zuhören so einseitig definiert ist. Sie sind *verschwiegene* Täter.

Das Kantsche *muß* oder *müssen*, das gewaltigste deutsche Hilfszeitwort, löst bei mir eine Erörterung der Hilfszeitwörter aus, die im Lexikon manchmal auch noch ganz anders definiert werden. Denn ich will Ihnen gegenüber wieder in die Verfolgerposition kommen als in meinen Worten Verfolgter. Also die Hilfszeitwörter, kurz HZW's. Ich *muß* sprechen. Ich *darf* sprechen. Ich *soll*, ich *kann* ... Die HZW's vermindern oder bestärken das Tätigkeitswort, in diesem Fall das Sprechen. Behauptung: in die deutschen HZW's geht geltendes Recht ein. Aber welches?

Ich war vor einigen Jahren bestellter Zeuge in einem Arbeitsgerichtsprozeß. Ein Regisseur hatte gegen unseren gemeinsamen Intendanten eine versprochene und nicht gegebene Inszenierung eingeklagt. Als die Arbeitsrichterin mich fragte, ob der Intendant nun gesagt habe, der Regisseur *solle* eine Inszenierung machen, oder er *dürfe* eine solche machen, ließ ich zu Protokoll geben: jedes Gericht legt ein Hilfszeitwort anders aus; denn daß der Regisseur eine Inszenierung machen *kann*, hatte er mit früheren Arbeiten bewiesen, daß er *darf*, sagt nichts über die Bezahlung aus; wenn er *sollte*, so wäre das nur die verschlüsselte Vorformulierung von *müssen* gewesen und damit nur die kategorische Aufforderung zur Tat, aber nicht deren praktisch-vertragliche Absegnung; und daß der Regisseur inszenieren *mag* und *will*, war ihm und uns schon immer klar.

Da haben wir *einen* Tatort in der Sprache. Im Hilfszeitwort festgedachtes geltendes Recht. Rechtlichmachung. Im HZW: Gewalt. Das Hilfszeitwort, zur Hilfe vor das Verb, das Zeitwort, das Tätigkeitswort gesetzt, macht die Tätigkeit (per Recht) zum Krüppel. Dies ein winziges Beispiel vom Tatort, unserer Sprache.

Da an jedem Tatort ein Krimi stattgefunden hat oder soeben stattfindet, nehme ich nun mein Tatort-Protokoll auf: wenn dem allem so ist, und wer zweifelt noch daran, so geht vom Überzeugungstäter in die Sprache (auch) Gewalt ein. Nun lassen wir den Täter als Opfer liegen und fragen auch nicht nach seinen Motiven, die setzen wir voraus. Sondern fragen, wie können wir die Tat und den Täter am Tatort (also im Sinne dieses Referats) in der Sprache auffinden und nachstellen, die Tat wiederholbar machen?

Der Krimi geht weiter. Denn die Suche muß nun eine der Bloßlegung der Motive und ihrer Aufklärung, ihrer Vermittlung sein. Ich bin beim Sprechenden, der die Denk- und Schreibart eines anderen entschlüsselt. Den Toten, das Tote neu belebt. Erweckt. Er wird zunächst Kommissar sein müssen. Er wird Details zusammentragen, Indizien. Bei dem jungen Goethe mag es ein verschleiernder Konjunktiv sein oder ein langer Gedanke, der von vielen Kommata, Gedankenstrichen und Ausrufezeichen unterbrochen und weitergetrieben wird. Bei Kleist wird eine wildwuchernde Naturmetapher über eine zweite in eine Körpermetapher hineinstolpern oder aufgerichtet reiten. Bei Musil wird buchhalterisch das Gegenteil gegen das Hauptteil aufgelistet. Hölderlin wird sich verstecken, aber warum?

Der Kommissar meint: Goethe hat in seinem Liebesgedicht "Es schlug mein Herz geschwind zu Pferde", als er wieder einmal Friederike von Sesenheim allein auf der Bank vor ihres Vaters Pfarrhaus zurückließ und sich mit dem Pferd davonmachte, Goethe hat überschwenglich den Reitrhythmus in sein Gedicht und dessen syntaktischr Bewegung genommen; aber was und wer wird da geritten? Kleist bestürmten die Metaphern derart, daß er die konkrete Situation verschwieg. Weshalb sich Kleists Stücke so schwer bebildern lassen - sie sind optisch in der Sprache vorweggenommen. Musil war persönlich ein Detektiv. Mit verhaltenspsychologischer Akribie (ein Vor- und Mit-Freud) listete er auf; ich höre den Zettelkasten. Und Hölderlin schrieb das "tödlich faktische Wort". Seit er im Turm zu Tübingen saß, glauben wir seine Texte nicht mehr zu verstehen. Aber wir verstehen sie, nur nicht in einem realen Zusammenhang. Die Literaturgeschichte wollte uns lange weismachen, Hölderlin sei über 20 Jahre seines Lebens verrückt gewesen. Nun gibt es Bertaux, und manche von uns haben mit Freud gelernt, zwischen den Zeilen zu lesen. Was wäre, wenn Hölderlin, janusköpfig wie Brecht (dessen dialektisches Denken ja nur die Kopfwendung während des Gedankens war, was er und wir dann fälschlicherweise den Verfremdungseffekt nennen), wenn der Januskopf Hölderlin unter den Zeilen, zwischen den Silben, neben der Metapher, in der Beschwörung, ein weiteres mitgesagt hätte?

Hölderlin in "Anmerkungen zur Antigonae":

"... deswegen die gefährliche Form, in den Auftritten, die, nach griechischer Art, notwendig faktisch in dem Sinne ausgehet, daß das Wort mittelbarer faktisch wird, indem es den sinnlicheren Körper ergreift; nach unserer Zeit und Vorstellungsart, unmittelbarer, indem es den geistigeren Körper ergreift. Das griechisch-tragische Wort ist tödlich faktisch, weil der Leib, den es ergreift, wirklich tötet. (...) Und so ist wohl das Tödlichfaktische, der wirkliche Mord aus Worten, mehr als eigentümlich griechische und einer vaterländischeren Kunstform subordinierte Kunstform zu betrachten."

Wollen wir als Kommissare einer kleinen detektivischen Aufgabe nachgehen; lesen wir drei oder vier Zeilen eines späten Hölderlingedichts: Vom Abgrund nämlich haben / wir angefangen und gegangen / dem Leuen gleich, in Zweifel und Ärgernis. Ich stelle meine Recherche vor: dem Löwen gleich zieht es mich, zweifelnd wie Brecht und in Ärger, vom Abgrund weg. Ein aktiver, positiver Gedanke. Der Ärger richtet sich gegen die Zustände hier und jetzt. Der Löwe wird zum Täter werden, nicht zum Opfer.

Ich kenne Hölderlin-Interpretationen von sprechenden Kollegen, da wabert schon akustisch ein milder Wahnsinn. Naturlyrik vom Neckar. Man kann sein Empedoklespfeifchen schmauchen. Aber der tanzte auf einem Vulkan.

Vom Abgrund (lustvoll auskostend zu sprechen)
nämlich (hart feststellend, weil gerade dort)
haben wir (ich und Sie, hoffentlich)
angefangen(bei Brecht heißt es, das Chaos war die schönste Zeit)

Das Ganze auf Punkte zu sprechen, als positive Behauptung. Obwohl es bei Hölderlin ohne Punkt weitergeht:

und gegangen (also vorausschreitend)

Als Sprechender bekommt man das heraus, indem man 'angefangen' und 'gegangen' trotz des dazwischen gesprochenen Punkts absolut gleichwertig als Serie spricht, auf '...angen'. Dann folgt die Gleichsetzung von *wir* und *dem Leuen gleich* Ein kraftstrotzender Vergleich von uns mit dem König der Tiere. Vielleicht kann man beim Sprechen etwas vom Schwung des Löwenganges mitteilen. Und trotzdem diesen Fürsten zweifeln lassen. *In Zweifel.* Während er unterwegs ist. Und er ärgert sich. Oder wir uns. *Und Ärgernis* Ärger, weil wir noch nicht weiter sind. Der vor dem Ärger gezweifelt hat, wird sich über das Richtige ärgern.

Zwischenbemerkung:
Die Dialektik der Aufklärung ist auch eine der Vermittlung. Das setzt eine eigene Sicht von Welt voraus; nicht objektive, sondern subjektive Sicht. Sie werden es aus meinen Sätzen schon herausgehört haben. Ich bin der Meinung, daß eine öffentlich sprechende Person gleich welchen Berufs, ob Kanzler oder Komiker, sich politisch äußert, selbst mit dem Refrain des Weissen Rössl.

Es kann Ihnen nicht entgangen sein, daß ich einen wissenschaftlich haltbaren Beweis nicht liefern wollte. Es sollen Indizien zusammengetragen werden, wieviel Gewalt in der Sprache und im Sprechenden angehäuft ist. Den Prozeß zum Gegenstand führen Sie!

Ein letztes Mal zum Krimi der Vermittlung.

Was ist eine Dichtung? Eine Platte oder ein Ring, der Druck zusammen- oder zurückhält.

Die Dichtung dichtet. Sie dichtet aber nicht nur ab. Sie ver-dichtet. Sie läßt zu, daß sich der Innendruck verstärkt, ohne sich nach außen zu verflüchtigen. In diesem Sinne ist der Autor, der Literat, der Weltdurchleuchter, der Urtäter - ein Dichter. Ein Verdichter, er komprimiert, er schafft eine Verdichtung, eine Kompression. Man muß sich das so vorstellen: ein Dichter hat mehrere Beschreibungsmöglichkeiten eines Tatbestands, auch mehrere eines Gefühlsbestands, vielleicht auch einige über das Wetter oder seine persönliche Verköstigung. Und diese seine Bestände komprimiert der Dichter in Metaphern oder Gedankenstriche oder einem Seufzer (ha!). Die komprimierten Teile sperrt er zusammen in eine Zeile oder eine Strophe. Es entsteht ein gedichtetes Gefäß, in dem wie in einer Bombe der Überdruck des Hineingesteckten arbeitet und natürlich irgendwann wieder herausdrängt.

Die Aufgabe des Interpreten, des Sprechers ist es, diese Bombe zum Platzen zu bringen. Er ist dazu verurteilt zu zünden, Lunte zu legen, und wehe ihm, wenn die Bombe nicht explodiert, oder er die einzelnen Teile falsch vermengt entläßt oder den Druck frühzeitig ventiliert, die wunderbaren Teilchen verwirrt einzeln durch den Raum flattern läßt und eine flaue Verpuffung anrichtet. Der Krimi der Vermittlung hat zwei Seiten. Der Nachfolge-Täter muß dem Haupttäter, dem Dichter, auf der Spur sein. Aber er muß auch sich auf der Spur sein, Hand und Hirn kontrollieren, um die Bombe im rechten Augenblick zu zünden.

Da aber Bombenlegen und Morde in diesem unseren Lande verboten sind... ist die Denkkultur, die Phantasie, die Sprachkultur herabgekommen zu Wunderkerzen, die wir schauspielernd zu Tropfwachs entzünden. Hölderlin hat Bomben gelegt. Wer begreift sie sprechend als Gefahr, als Tatwerkzeug. Wir *sind* die Täter.

"Ach! Der Menge gefällt, was auf den Marktplatz taugt!" oder die Kunst, Verse zu sprechen.

Rudolf Rösener, Münster

Weder Sprechwissenschaft und Literaturwissenschaft noch die im Bereich des gesprochenen Wortes künstlerisch Tätigen bringen der Frage nach dem Sprechen von Versen sonderliches Interesse entgegen. Im Grunde ist sie in keiner Weise relevant. So begegnen wir dem gesprochenen Vers in unterschiedlichen Erscheinungsformen, jeweils bestimmt von der literarischen und literaturwissenschaftlichen Kenntnis oder Unkenntnis, vom geistigen Niveau und den Absichten eines Sprechers. Diesen Absichten treten uns zwischen "Information" durch versgebundene Rede und "Ankommen"-Wollen entgegen. Matthias WIEMANN, einst ein namhafter Sprecher und Schauspieler soll über seine Rezitation gesagt haben: "Ach wissen Sie, es interessiert mich nicht, ob ich Hexameter oder Alexandriner spreche, wenn die Leute feuchte Augen bekommen, weiß ich: ich war gut" . Diese Einstellung zum Sprechen von Versen ist immer noch kennzeichnend für vieles, was Land auf Land ab rezitiert wird, und so vernehmen wir denn versgebundene Rede aus einem Feld, das umstellt ist von der Forderung nach "strukturalem Sprechen" aus "ästhetischer Distanz" (GEISSNER, 1979: 37), von einer Position des "Gestischen Sprechens" (RITTER, 1989: 139) und einer Position, die vom Dichtungssprechen die Erscheinungsweise der "Heraus-forderung" oder " Provokation" (v.FRAGSTEIN, 1988:96) fordert, um nur drei Beispiele zu nennen. Besetzt wird dieses Bild vorwiegend vom "Selbstsprecher" (WINKLER, 1962: 382), wie Christian WINKLER ihn nennt, der seine "Sprechkunst" als Äußerung "gewonnen aus Einfühlung, zielend auf nichts als Einfühlung" (GEISSNER, 1979: 42) versteht. Und der sich in der Kundgabe subjektiver Empfindungen und Meinungen durch ein literarisches Kunstwerk gefällt und gelegentlich wie auch immer ankommen will.

Dieses Benutzen des literarischen Kunstwerks um "anzukommen" führt zu Ergebnissen wie diesem: Einige Sprecher des Zauberlehrlings von GOETHE steigt bei den Versen: "Immer neue Güsse bringt er schnell herein, Ach und hundert Flüsse stürzen auf mich ein..." auf einen Stuhl, wohl um zu zeigen, daß er Angst hat, nasse Füße zu bekommen. Ein Jokus für Hörer und Sprecher. Mit Sprechkunst hat das nichts zu tun. Hier wird GOETHES Ballade umfunktioniert in eine Burleske, als sei sie ein Stück von Hans SACHS. "Der Menge gefällt, was auf dem Marktplatz taugt."-

NIETZSCHE wendet sich bereits gegen den Selbstsprecher, den von ihm so genannten "subjektiven Künstler":

"Weil wir den subjektiven Künstler nur als schlechten Künstler kennen, und in jeder Art und Höhe der Kunst vor allem und zuerst Besiegung des Subjektiven, Erlösung vom "Ich" und Stillschweigen jedes individuellen Willens und Gelüstens fordern, ja ohne Objektivität, ohne reines interesseloses Anschauen nie an die geringste wahrhaft künstlerische Erzeugung glauben können." (NIETZSCHE, 1955: 66)

Dieser Typ des Selbstsprechers bewegt sich heute zwischen dem Rezitationsstil von Will QUADFLIEG und dem Stil des sogenannten "Rezitheaters" von Lutz GÖRNER. Beide haben ihr Publikum, beide ihre Wirksamkeit. Will QUADFLIEG mit mehr als 50 Schallplatten, Lutz GÖRNER mit unserer Studentenschaft, die ihm an allen Universitäten - man kann wohl sagen - zu Füßen liegt.

Wenn Renate KÜHN darauf hinweist, daß die Sprechkunst des 20. Jahrhunderts eine des 19. zu bleiben droht, so hat sie so unrecht nicht (vgl. KÜHN, 1986). Durch die Rezitationsweisen so mancher Sprecher klingt immer noch der Stil von KAINZ, MOISSI und WÜLLNER hindurch. Dies wird und kann sich kaum ändern, wenn die, die Dichtung sprechen, nicht mehr von Dichtung wissen und ihrem Tun unreflektiert mit wohlklingender Stimme freien Lauf lassen. Dies wird sich kaum ändern, wenn die, die Dichtung sprechen, nicht sachkundige Kenntnis nehmen.

Wo gibt es die? Unter Publizisten? - Nein. Unter Deutschlehrern, die Literaturwissenschaft studiert haben? - Nein.

Wo aber sonst? Vielleicht unter denen, die sich mit Sprecherziehung beschäftigen? - Aber das ist heute nicht unser Thema.

Lassen Sie uns über einiges Grundlegende zum Sprechen von Versen nachdenken, das wohl in den letzten Dezennien durch die Dominanz anderer

Aspekte zu wenig gesehen und beachtet wurde, im Grunde aber - wie so manches - nichts Neues unter der Sonne ist.

Was ist ein Vers? - Nun ja ein Stück Rede. Ein Stück Rede, wie es sich in einer Gedichtzeile darstellt, unterscheidet sich bei näherer Betrachtung von der Prosa durch die Tatsache, daß es eine rhythmische Ordnung hat. Somit können wir feststellen, daß ein Vers, wollen wir ihn klarer definieren, ein Stück rhythmisch geordneter Rede ist. Was aber ist Rhythmus? Dieser Frage sollten wir ein wenig ausführlicher nachgehen, bevor wir zum Vers zurückkehren. Suchen wir nach Phänomenen, die wir als rhythmische ansprechen, so stoßen wir immer wieder auf Beispiele aus den Bereichen von Natur und Kunst. Wir sprechen von Tanzrhythmen, die ins Blut gehen und meinen damit dann sowohl den Rhythmus der Musik, doch als den Drang, uns nach diesem Rhythmus zu bewegen. Wir sprechen aber auch vom Herzrhythmus, vom Rhythmus der Tages- und Jahreszeiten, vom Arbeitsrhythmus und so fort. Ohne Mühe ließen sich weitere Beispiele finden: Die Bewegung eines Dirigenten vollzieht einen Rhythmus, der vom Orchester akustisch verlebendigt wird, und da sind wir dann wieder beim Tanz. Machen wir die Bewegung des Dirigenten visuell faßbar, was ja ohne Mühe technisch möglich ist, so nimmt unser Auge im Nachvollzug dieses entstandenen Liniensystems Rhythmen wahr, und damit ist es nur noch ein kleiner Schritt zur Malerei und Architektur. Die Kompositionselemente eines Gemäldes haben genau so eine rhythmische Ordnung wie die Spannungen seiner Farbelemente Farbelemente zueinander, nur daß diese rhythmischen Ordnungen über das Auge weniger ins Blut gehen als über das Ohr.

Aus diesen Überlegungen wird einsichtig, daß auch Architektur rhythmischen Ordnungsgesetzen unterliegen kann. Gewiß nicht sogenannte moderne Architektur, mit Lineal und Zirkel erstellt in großen, rechteckigen Klötzen, jedoch sollten sie nach seinem Architekturwillen einen romantischen oder gotischen Dom durch das Mittelschiff zum Altar hin betreten, geleitet von den rhythmischen Ordnungen der Pfeiler, der Rund- oder Spitzbögen. Gelegentlich nehmen wir sie in besonderer Weise wahr, wenn sie uns durch den Kirchenraum in der Abfolge Pfeiler, Säule, Säule geleiten... -

Ich möchte im Zusammenhang dieser Überlegungen auf eine Deutung des Orpheusmythos von GOETHE hinweisen:

"Ein echter Philosoph sprach von der Baukunst als einer erstarrten Musik und mußte dagegen manches Kopfschüttelns gewahr werden. Wir glauben diesen schönen

*Gedanken nicht besser nochmals einzuführen, als wenn wir die Architektur eine
verstummte Tonkunst nennen. Man denke an den Orpheus, der, als ihm ein großer
wüster Bauplatz angewiesen war, sich weislich an dem schicklichen Ort niedersetzte
und durch die belebenden Töne seiner Leier den geräumigen Marktplatz um sich her
bildete. Die von kräftig-gebietenden, freundlich lockenden Töne schnell ergriffenen,
aus ihrer massenhaften Ganzheit gerissenen Felssteine mußten, indem sie sich enthu-
siastisch herbeibewegten, sich kunst- und handwerksgemäß gestalten, um sich sodann
in rhythmischen Schichten und Wänden gebührend hinzuordnen. Und so mag sich
Straße zu Straßen anfügen! An wohlschützenden Mauern wird's auch nicht fehlen. Die
Töne verhallen, aber die Harmonie bleibt. Die Bürger einer solchen Stadt wandeln
und weben zwischen ewigen Melodien; der Geist kann nicht sinken, die Tätigkeit nicht
einschlafen, das ,Auge übernimmt Funktion, Gebühr und Pflicht des Ohres, und die
Bürger am gemeinsten Tage fühlen sich in einem ideellen Zustand: ohne Reflexion,
ohne nach dem Ursprung zu fragen, werden sie des höchsten sittlichen und religiösen
Genusses teilhaftig. Die Bürger dagegen in einer schlecht gebauten Stadt, wo der Zufall
mit leidigem Besen die Häuser zusammenkehrte, lebt unbewußt in der Wüste eines
düsteren Zustandes; dem fremden Eintretenden jedoch ist es zumute, als wenn er
Dudelsack, Pfeifen und Schellentrommeln hörte und sich bereiten müßte,
Bärentänzen und Affensprüngen beiwohnen zu müssen."* (GOETHE, 1953: 474)

Es scheint, als würden wir sowohl im Bereich des Naturhaften als auch im Bereich
der Künste rhythmischen Phänomenen begegnen.

Was ist Rhythmus? Vergleichen wir die aufgezeigten rhythmischen Phänomene
miteinander, so zeigen sich folgende Gemeinsamkeiten: Sie sind an Verlauf in der
Zeit gebunden und lassen offenbar in einem annähernd gleichen Abstand
bestimmte Phänomene wiederkehren, wiederkehren mit unterschiedlicher
Heftigkeit in den Akzentelementen oder manchmal wird gar ein in einem
bestimmten zeitlichen Abstand zu erwartendes Akzentelement überhaupt nicht
erfüllt.

Daß uns Rhythmus "ins Blut" geht, haben wir schon festgestellt. Gemeint ist damit,
daß wir geneigt sind, uns in rhythmische Phänomene, die auf uns einwirken,
einzuschwingen, und tanzhaft nach ihnen zu bewegen, den Rhythmus, der durch
die Musik als akustisches Phönomen auf uns einwirkt, in Rhythmus als
Bewegungsphänomen umzuwandeln. Dem Rhythmus ist ein Zwingendes zu eigen,
dem wir uns kaum zu entziehen vermögen und das uns am heftigsten im Tanz
entgegentritt, vom erotischen Lambada bis hin zum Tanz als kultische Feier, der in

Rausch und Ekstase übergehen kann und als ein "Sicheinordnen" in rhythmische Ordnungsgesetze der Schöpfung zu vestehen ist.

Was ist Rhythmus? - Damit wir wieder zu der Frage nach unserer Kunst Verse zu sprechen zurückkehren können, greife ich eine Definition von Jost TRIER auf, die mir nach unseren vorausgegangenen Überlegungen einsichtig zu sein scheint. Jost TRIER sagt: "Rhythmus ist die Ordnung im Verlauf gegliederter Gestalten, die darauf angelegt ist, durch regelmäßige Wiederkehr wesentlicher Züge ein Einschwingungsstreben zu wecken und zu befriedigen." (TRIER, 1949: 136)

Rückblickend dürfen wir feststellen, daß offenbar der Rhythmus ein entscheidendes, wenn nicht das entscheidende Kriterium des Künstlerischen ist. Es ist sein entscheidendes Formelement und verwirklicht sich akustisch in der Musik, als Bewegungselement im Tanz, als Spannungsstruktur im Bild, in der Plastik und Architektur und wiederum als akustisches Element in der von ihm gefügten Ordnung des sinntragenden Wortes, im gesprochenen Vers. Wobei anzumerken ist, daß in fast allen Frühkulturen Tanz, Musik und Worte eine Einheit bilden: Der Tänzer tanzte und sang während seines Tanzes zur Musik. In einem gemeinsamen Rhythmus waren alle und alles miteinander verbunden. Beim Karneval kann man das ja heute noch erleben: Ganze Straßenzüge singen und tanzen nach einem gemeinsamen Rhythmus.

Aus der Tatsache, daß die kosmische Ordnung als eine rhythmische verstanden werden kann, wird begreiflich, daß in einzelnen geistesgeschichtlichen Perioden der Künstler sich als Schöpfer verstand, der durch seine rhythmischen Formkräfte seinen künstlerischen Kosmos schaffte, ut alter deus, wie ein anderer Gott.

Ein Tänzer realisiert Rhythmus durch Bewegung. Wer Verse spricht, tut etwas ähnliches, er realisiert Rhythmus durch das Wort, man könnte sagen, er läßt die sinntragenden Worte durch sein Sprechen tanzhaft in Erscheinung treten. Wer Verse spricht, verschmilzt den Rhythmus als ein naturhaft sinnliches Phänomen mit dem Wort als einem geistigen Phänomen und verlebendigt in dieser Verschmolzenheit durch sein Sprechen neue Aussageebenen.

Wie die wissenschaftliche Interpretation diesen Schmelzpunkt eines Gedichtes als seinen Herzpunkt in ihrer analysierenden Darstellung auszuloten sucht, so sollte ein Sprecher danach streben, in Kenntnis aller faßbaren Gesetzmäßigkeiten das Gedicht in seiner Einheit aus Rhythmus und Wort, Inhalt und Form komplex transparent zu machen.

Wenn NIETZSCHE in seiner Abhandlung "Die Geburt der Tragödie aus dem Geiste der Musik" am Anfang feststellt:

"Wir werden viel für die aesthetische Wissenschaft gewonnen haben, wenn wir nicht nur zur logischen Einsicht, sondern zur unmittelbaren Sicherheit der Anschauung gekommen sind, daß die Fortentwicklung der Kunst an die Duplizität des Appolinischen und des Dionysischen gebunden ist" (NIETZSCHE, 1955: 47),

so zielt er auf dies Phänomen der Verschmolzenheit vom Wort als einem geistigen und Rhythmus als einem sinnlichen Ereignis.

Bei ADORNO findet sich dieser Gedanke wieder in seiner "Aesthetischen Theorie" aus dem Jahre 1970, wo er am Ende feststellt: "Solche konstitutive Beziehung des Subjekts auf Objektivität vermählt Eros und Erkenntnis." (ADORNO, 1970: 490)

Wir hatten bereits festgestellt: Dem Rhythmus ist ein Zwingendes zu eigen, dem sich der Hörer kaum zu entziehen vermag. Dies Zwingende kann den Charakter des Magischen erreichen und schafft eine völlig andere Kommunikationssituation als sie im Bereich rhetorischer Kommunikation gegeben ist. Wer Verse spricht, schafft über die Sinnvermittlung der Worte mit ihren möglichen emotionalen Wirksamkeiten hinaus, in der Verlebendigung durch den Rhythmus, kraft des Einschwingungsstrebens, das dieser weckt, ein Miteinander zwischen Vers - Sprecher und Hörer, das man als tanzhaft bezeichnen kann. Da bedarf es keiner marktgerechten Verpackung mehr, um der Menge zu gefallen. Die Kunst Verse zu sprechen, setzt Kenntnis über alle faßbaren Gesetzmäßigkeiten voraus und fordert die Fähigkeit, die vielschichtigen Elemente der intelligiblen und und emotional-sinnlichen Ebene in einer dem Werk angemessen stimmigen Polyphonie situationsbezogen zu konstituieren. Dies fordert nicht nur eine elastische modulationsfähige Stimme, deren Klangkomponenten Kommunikation zu schaffen in der Lage sind - sie ist als handwerkliche Grundvoraussetzung zu verstehen - es fordert die Fähigkeit, sich in seinen geistigen, physischen und psychischen Gegebenheiten auf eine Redesituation einzulassen. Je differenzierter ein Text in all seinen Ebenen geistig und körperlich erfaßt ist, umso selbstverständlicher wird die Stimme in ihrem Tempo, ihrer Dynamik, ihrem Intonationsverhalten und ihrer Klangfarbe einer zentralen Gestaltabsicht gehorchen.

Wer diese Fähigkeit beherrscht, realisiert im Sinne NIETZSCHEs die Duplizität des Appolinischen und Dionysischen, vollzieht im Sinne ADORNOs die

"Vermählung von Eros und Erkenntnis" (ADORNO, 1970: 490). Auf dieser Ebene darf das Sprechen von Versen als Kunst verstanden werden.

Sie erinnern sich an GOETHEs Deutung des Orpheusmythos: Orpheus, der mit den Klängen seiner Leier die Felssteine in rhythmische Schichten und Wände ordnet. Was tut ein Sprecher anderes? Ist er nicht als ein Jünger des Orpheus zu verstehen, der wie Orpheus die Steine nach den Klängen seiner Leier, sinnerfüllte Worte nach den Bauplänen eines Dichters in rhythmische Ordnungen fügt und in diesem Tanz der Worte im Sinne ADORNOs die "Vermählung von Eros und Erkenntnis" vollzieht?

Literatur

ADORNO, Th. W. 1970. Ästhetische Theorie. Frankfurt.

FRAGSTEIN, T. v. 1988. Sprech-Kunst-Erziehung; in: GUTENBERG, N. (Hrsg.), Kann man Kommunikation lehren? (= Sprache und Sprechen Bd 19). Frankfurt/M.: Scriptor, 73-96.

GEISSNER, H. 1979. Sprechwissenschaftliche Vorüberlegungen zu einer Theorie der ästhetischen Kommunikation; in: HÖFFE, W. (Hrsg.) Gesprochene Dichtung heute? (=Sprache und Sprechen Bd. 19).Kastellaun, 29-48.

GOETHE, J. W. 1953. Hamburger Ausgabe. Bd 12. Hamburg.

KÜHN, R. 1986. Prolegomena zu einer Theorie und Geschichte der Sprechkunst; in: Slembeck, E. (Hrsg.) Miteinander Sprechen und Handeln. Festschrift für Hellmut Geißner. Frankfurt/M: Scriptor, 189-202.

NIETZSCHE, F. 1955. Die Geburt der Tragödie aus dem Geiste der Musik. Stuttgart: Kröner Taschenbuch Bd. 70.

RITTER, H. M. 1989. Gestisches Sprechen; in: OCKEL, E. (Hrsg.), Freisprechen und Vortragen (Sprache und Sprechen Bd. 20).Frankfurt/M. Scriptor, 139-152.

TRIER, J. 1949. Rhythmus; in: Studium Generale. H.3.S. 139-141.

WINKLER, C. [2]1962 . <u>Deutsche Sprechkunde und Sprecherziehung</u> (1954) Düsseldorf.

"Richtigkeitsbreite?" Zur Problematik von Beurteilungskriterien sprechkünstlerischer Leistungen

Wernfried Hübschmann, Regensburg

Mit der Frage nach einer kritischen Bewertung eines künstlerischen Ereignisses begibt man sich auf schwankenden Boden. Von allen Seiten schallt einem entgegen, daß die Bewertung von Kunst sich fixierbaren Kriterien überhaupt entziehe oder zumindest zurückverwiesen sei an die Autonomie des selbstbewußten Subjekts, an dessen spontanes Urteilungsvermögen, seine Empfindungen, sein Gefühl, an das, was wir "Geschmack" zu nennen gewohnt sind - und über den läßt sich angeblich nicht streiten. Die Grundstimmung unserer Zeit, die jedem alles erlaubt und unsere Sinne durch die Inflation der Eindrücke abzustumpfen und einzuschläfern droht, kommt dieser landläufigen Auffassung noch entgegen.

Aber wenn das Sprechen von Dichtung mehr sein soll als ein Tummelplatz pädagogischer Experimente, die in der späteren Berufspraxis der Schüler/Schülerinnen und Studenten/Studentinnen letztlich redundant sind, wenn also die Sprechkunst vielmehr als eine Hochform sprachlich-sprecherischer Gestaltung anerkannt wird, dann ist auch die Frage nach möglichen Bewertungsmaßstäben und einem kritischen Instrumentarium nicht nur legitim, sondern zwingend notwendig. Die Suche nach Maßstäben impliziert die Suche nach den Wurzeln. Und die Sprechkunst ist eine der kräftigsten Wurzeln der sprechkundlich-sprecherzieherischen Tradition.

Vilma MÖNCKEBERG schreibt eingangs ihres 1946 erschienenen Buches "Der Klangleib der Dichtung":

"Der Laie und Anfänger geht unbelastet an das Sprechen von Dichtung. Er glaubt, daß Liebe zur Dichtung, durchgebildete Mittel und Ausdrucksfähigkeit ihn (zum Sprechen der Dichtung) befähigen und berechtigen. Er spricht, was ihn selbst anspricht und spricht das wieder aus, was ihn angesprochen hat, also sich selbst. Er gibt, wenn er Dichtung spricht, seine Auffassung und gesteht auch andern eigene Auffassung zu. Für

ihn ist Dichtung Objekt, an dem er schaffend mitgestaltet. Es kann aber auch geschehen, daß beim nahen Umgang mit Dichtung - und welch näheren könnte es geben, als sie in den Mund zu nehmen und ihr den eigenen Atem zu leihen - die Rollen wechseln. Die Dichtung wird Subjekt, der Sprecher wird Objekt. Der Sprecher sieht plötzlich die Dichtung als Ding an sich, das von seiner Auffassung ganz unberührt geblieben ist, das sich ihm hinter dieser Auffassung geradezu entzogen und verborgen hat. Er beginnt zu entdecken, daß hinter den tausend möglichen Auffassungen eine mögliche Endfassung steht, nämlich die, die der Dichter seinem Geschöpf selbst mitgegeben hat. Er merkt, daß Dichtung nicht Vorlage für eine persönliche Ausdeutung, nicht Anlaß zu privater Gefühlsentfaltung, nicht Text ist, der einer Klangkomposition durch den jeweiligen Sprecher bedarf, sondern ein Organismus, mit eigenen Gesetzen, fertiggeformte Gestalt, bis ins Letzte durchkomponierte Klangfigur; als solche allerdings auf das Medium einer Person angewiesen, um als hörbare Wirklichkeit in Erscheinung zu treten." (MÖNCKEBERG, 1946: 7)

Für unsere Suche nach möglichen Kriterien zur Beurteilung sprecherischer Leistungen - wobei "Leistung" hier allgemein sprechkünstlerische Tätigkeit meint - ist damit bereits einiges geklärt:

1. Die "Rollenverteilung" zwischen Text und Sprecher liegt nicht von vornherein fest; beide können Subjekt, beide auch Objekt des Prozesses sein, eigentlich sind sie gleichberechtigte "Partner".

2. Hinter tausend Möglichkeiten wartet eine "wirkliche" Möglichkeit, die (sprecherisch betrachtet) aus einer vagen Auffassung eine konkrete "Fassung" macht, d.h. eine durchgestaltete, in sich stimmige INTERPRETATION.

3. Die einmal gefundene "Fassung" steht immer wieder neu zur Disposition, d.h. sprechkünstlerische Interpretation ist ein prinzipiell offener, unabschließbarer Prozeß, der in Text und Sprecher arbeitet.

Einspruch muß allerdings erhoben werden hinsichtlich der "Rolle" des Dichters, wie Vilma MÖNCKEBERG sie, noch in der positivistischen Tradition stehend, formuliert. Hintergrund ist das literaturwissenschaftliche Phantom der "Erlebnisdichtung", die im jungen GOETHE ihren angeblichen Ur- und Idealtypus hat. Aber sowenig wir einen Ich-Sprecher wollen, sowenig kann uns an einem Ich-Schreiber gelegen sein. Zu Recht sagt Irmgard WEITHASE:

len, droht die Gefahr des Theatralischen: Verwandlung des Sprechers in den sprechen-
den Dichter." (WEITHASE, 1980: 13)

Wenden wir uns wiederum dem Sprechen unter phänomenologischem Blickwinkel
zu. Schwierigkeiten bereitet zunächst die Tatsache, daß das Ergebnis künstlerischen Sprechens so flüchtig ist wie der Atem selbst. Sprechkunst ist eine Augen-
blickskunst, sie findet in der Regel vor Zuhörern statt und ist auf diese angewiesen; insofern ist die Sprechkunst erstens der Bühne verwandt, der szenischen Darstellung, und zweitens besteht die engste Verbindung zur Musik, insbesondere zum
Liedgesang. Beide Darstellungsformen beziehen ihre charakteristische Eigenart
aus der fruchtbaren Beschränkung auf die Stimme als primäres und zentrales Ausdrucksmittel - eine den ganzen Körper einbeziehende Sprech- bzw. Stimmdidaktik
vorausgesetzt. Der Flüchtigkeit des Ereignisses scheint Einhalt geboten durch die
Schallaufzeichnungen. Doch ist das Kunstwerk im Zeitalter seiner technischen
Reproduzierbarkeit zugleich in seiner Einmaligkeit und Unwiederholbarkeit be-
droht, wie Walter BENJAMIN deutlich gemacht hat[1]. Und reproduzierbar ist ja
immer nur das Kunstwerk als "Objekt", niemals das Kunsterlebnis des Einzelnen.

Im Falle der Sprechkunst darf nichts darüber hinwegtäuschen, daß das wichtigste
Beurteilungsorgan das Ohr des Hörenden ist, die Fähigkeit, differenzierend und
qualifizierend wahrzunehmen, eine Fähigkeit, die durch den Primat des Visuellen
in unserer Kultur längst keine Selbstverständlichkeit mehr ist. Damit scheint die
Frage nach möglichen Beurteilungsmaßstäben erneut ins subjektive Belieben zu-
rückgestellt. Dem ist jedoch zum Glück nicht so, denn Sprechen ist mindestens
zweiwertig, d.h. "jemand" sagt "etwas", und dieses Etwas liegt in Gestalt eines Textes bereits vor. Dieser Text ist die "Regieanweisung" für den Sprecher, auf ihn muß
er hören, ihm allein ist er verantwortlich, nicht dem Dichter, denn dieser ist seiner-
seits der Sprache verantwortlich. Durch den Text hindurch, durch dessen Wider-
stände und Abgründe hindurch spricht der Einzelne und hofft, die schon Hörenden und von den noch nicht Hörenden "erhört" zu werden. Verständigung über das
Verstandene ist hierbei nur im Maße der je-individuellen Selbstverständigung.
Kommunikation ist nicht schon vorhanden, sondern ereignet sich erst, wenn die
Beteiligten ihren Ich-Tunnel auf ein Gemeinsames hin je von neuem durchschrit-
ten haben, d.h. dieser Weg zur Kommunikation, der noch nicht die Kommunikation selbst ist, entzieht sich der "Machbarkeit" des Subjekts. Er kann gelingen, aber
auch mißlingen. Ohne existentielles Risiko entsteht keine Kunst - sondern
höchstens ästhetische Spielerei. Dies gilt auch für die Sprechkunst.

Im Falle der Sprechkunst ist nicht die Subjektivität des Sprechers als solche interessant, nicht, daß er dieses fühlt und jenes meint. Auch der Text "an sich" ist nicht Gegenstand unserer Betrachtung - denn ohne Leser oder Sprecher "gibt es" ja streng genommen den Text gar nicht. Spannend und unserer Aufmerksamkeit wert ist allein, was zwischen Sprecher und Text geschieht, selbst dann, wenn niemand sonst zuhört. Es ergibt sich jeweils eine klar konturierte Sprech-"Situation". Aus ihr allein können (situativ variable) Bewertungsmaßstäbe und Hinweise auf die "Richtigkeit" des Gesprochenen erwachsen. Jedes gesprochene Wort ist "gerichtet", es verweist auf etwas außerhalb von ihm Liegendes, das in der Subjektivität des sprechenden und hörenden Menschen nicht aufgeht, auch nicht, wenn man subjektive Potenzen durch "Intersubjektivität" zu vervielfachen sucht. Die Polyvalenz des Prozesses ist in der Sprechhandlung selbst angelegt, denn der Umkehrschluß gilt ebenso: auch mit Publikum kann man unter Umständen "ins Leere" sprechen oder gegen eine Wand.

Damit steht uns deutlilch das Problem der Kommunikation vor Augen. Was in "ästhetischer Kommunikation" Kommunikation ist, findet zwischen Menschen statt (Sprecher/Hörer). Aber an dem, was "ästhetische Kommunikation" meint, hat noch anderes teil, das durch den Terminus nicht oder nur unzureichend erfaßt wird. Hellmut GEISSNER unternimmt, indem er der "rhetorischen Kommunikation" (B. FRANK-BÖHRINGER) eine "ästhetische" zur Seite stellt, den ehrenvollen Versuch, unter sprechwissenschaftlichen Vorzeichen die antike Einheit von Rhetorik und Poetik wiederherzustellen. Doch dies geschieht unter der vorgegebenen Oberhoheit des Rhetorisch-Kommunikativen, dem in unserem Falle das Ästhetische (das nicht identisch ist mit dem "Künstlerischen") nur adjektivisch beigegeben wird. Doch die Sprechkunst ist eben kein Sonderfall der "Rhetorischen Kommunikation", sondern ein eigengesetzlicher Handlungsraum, in dem "Kommunikation" etwas ganz anderes bedeutet als in allen anderen Teilbereichen, um die sprechwissenschaftliche Theorie und sprechpädagogische Praxis bemüht sind[2]. Dies bedeutet: So wie das dichterische Kunstwerk nicht ableitbar ist aus der Sprache des Alltags, so ist die Sprechkunst kein Derivat des alltäglichen (phatischen) Sprechens. Sprachlichkeit ist keine "Eigenschaft" des Menschen, sondern das Eigene des Menschen selbst, durch das er wird, was er ist, nämlich Mensch.

In der Alltagskommunikation ist das Sprechen funktional. Das künstlerisch gestaltende Sprechen oder der Weg dorthin ist jedoch dadurch gekennzeichnet, daß er jeglicher "Funktion" entbehrt. In der sprechkünstlerischen Arbeit wird das Sprechen als ontologischer Vorgang zum "Gegenstand" seiner selbst. Das Sprechen von Dichtung ist auf befreiende Weise "zweck-los". Darin liegt nicht zuletzt sein pädagogischer Wert. Freilich ist es damit nicht zum "Selbstzweck" geworden. Kein "l'art pour l'art"! Der Sinn der Sprechkunst besteht vielmehr gerade in der grundsätzlichen Abwesenheit der Zwecke, welche Gestaltungs- und Entfaltungsräume eröffnet für die Augenblicke der Freiheit, die weißen Flächen vorbehaltloser Freude an der körperlich-sinnlichen Erfahrbarkeit des Sprechens. Es gibt hier kein apriorisches "Woraufhin" wie im rhetorischen Zusammenhang, als dessen Prototyp nach Hellmut GEISSNER das Gespräch figuriert. "Gespräch, als Prototyp der Kommunikation, ist als mündliche Kommunikation die intentionale, wechselseitige Verständigungshandlung mit dem Ziel, etwas zur gemeinsamen Sache zu machen, bzw. etwas gemeinsam zur Sache zu machen" (GEISSNER, 1981: 45). In GEISSNERs "Sprecherziehung" heißt es dazu ergänzend: "Miteinandersprechen, nicht jedoch 'Sprechen', ist folglich Ausgangs- und Zielpunkt von Sprechwissenschaft und Sprecherziehung" (GEISSNER, 1982: 11). Dies ist eine den künstlerischen Gesichtspunkt des Sprechens ausgrenzende Position, die nicht unwidersprochen bleiben kann. Nicht nur die sozialwissenschaftlichen Aspekte des Miteinandersprechens, sondern auch das "Sprechen selbst" gehört in den sprechwissenschaftlichen Reflexionszusammenhang. Im Falle der Sprechkunst kann die Sprechwissenschaft nicht "selbstreflexive Sozialwissenschaft" (GEISSNER) sein, sondern muß "selbstreflektive Kunstwissenschaft" zu werden versuchen. Was gefordert ist, ist eine Ästhetik des Künstlerischen Sprechens im Rahmen sprechwissenschaftlicher Theoriebildung - ausgehend vom Phänomen, nicht vom Zwang zur Systematik.

Sehen wir uns die Situation "Dichtungssprechen" noch genauer an. Das Gegenüber des Sprechenden ist in allererster Hinsicht die Sprache selbst, d.h. der Text, der zum Sprecher spricht bzw. schon gesprochen hat, bevor bzw. indem dieser ihn, den Text, zu anderen weiterspricht. Was die "sprechende Sprache" (wie Vilma MÖNCKEBERG sie faßt) dem Sprecher sagt, von sich her ihm zeigt, das tritt mit dem Sprecher in der Gemeinsamkeit des Sprachlichen ins Gespräch ein. Dies allein könnte bezüglich des Sprechens von Dichtung zur Not mit "ästhetischer Kommunikation" umschrieben werden. Tritt aber ein Sprecher vor ein Publikum, handelt es sich zunächst und in erster Linie um eine rhetorische Situation. Was im Verhältnis zwischen Sprecher und Hörer über die Rhetorizität der Situation hinausgeht, ist als gemeinsam Geschaffenes besser mit dem Terminus einer situativen "Konkreativität" zu fassen. Freilich: Jede deskriptive Terminologie kommt "zu spät". Sie ist kaum mehr als das Echo des Ereignisses. Gleichwohl besteht kein

Grund, den traditionellen Begriff "Sprechkunst" modernistisch der Omnipräsenz des Rhetorischen unterzuordnen oder ganz zu opfern. Was mit "künstlerischem Textsprechen", mit "Rezitation" oder Vortragskunst inhaltlich gemeint ist, sollte auch weiterhin unter dem verbindlichen Begriff "Sprechkunst" zusammengefaßt werden.

Nun ist aber eine jederzeit jedermann zugängliche Erfahrung, daß die Qualität eines Konzertes, einer Theateraufführung, einer Rezitation vom Publikum und diversen äußeren Faktoren konkreativ mitentschieden wird. Es ist daher sinnvoll, alle Momente, die sprechkünstlerisches Geschehen konstituieren, im Begriff der "Situation" zusammenzuführen. Dieser Begriff ist zunächst so klein, daß er ungeeignet scheint, die Brücke zu einer brauchbaren Kriteriologie, nach der wir ja suchen, zu schlagen. Der Sinn einer Konzeption von situativen Angemessenheit liegt in der klaren Verabschiedung abstrakter, vorgefaßter Kriterien zugunsten der jeweiligen Betrachtung aller in einer Situation gegebenen oder sich ergebenden Faktoren: Sprecher, Hörer, Text, Jahreszeit, Tageszeit, Anlaß, Ort, Wetterlage usf., wobei noch zu berücksichtigen ist, daß alle Einzelmomente ihrerseits im permanenten Wandel begriffen sind. Der Umschlag von konturlosen "Umständen" in eine lebendige, schöpferische "Situation" in unserem Sinne wird von Vilma MÖNCKEBERG in dem bereits zitierten Abschnitt angesprochen, wenn es heißt: "Der Sprecher sieht plötzlich die Dichtung als Ding an sich das von seiner Auffassung ganz unberührt geblieben ist, das sich ihm hinter dieser Auffassung geradezu entzogen und verborgen hat" (MÖNCKEBERG, 1946: 7). Dichtung und Sprecher, beide können entweder Subjekt oder Objekt sein. Damit sind die praktischen Grenzen der Subjekt-Objekt-Relation für den sprechkünstlerischen Prozeß in den Blick gerückt. Deswegen die Umdeutung des Situationsbegriffs zum Ausgangspunkt der Frage nach den Kriterien.

Über diesen Umweg erhält auch der Terminus "Richtigkeitsbreite", der auf Richard WITTSACK zurückgeht (WITTSACK, 1930: 405) und zuletzt von Irmgard WEITHASE (WEITHASE, 1980: 196) aufgegriffen wurde, unvermutet neues Gewicht und ein neues Gesicht[3]. Die hermeneutisch-heuristische Hilfs-Konstruktion "Richtigkeitsbreite" erscheint, auf den Punkt der situativen Je-Konkretion des künstlerischen Sprechakts gebracht, nun als "Richtigkeitstiefe". Aus dem subjektivistischen "So oder so oder vielleicht auch anders" wird ein gleichsam von Augenblick zu Augenblick wanderndes "So und nicht anders". Die horizontale Betrachtungsweise wird in eine vertikale gewendet und damit ontologisch nicht im "Subjekt", sondern im Menschen verankert.

Die Beurteilung einer sprechkünstlerischen Leistung durch den Sprecher selbst oder durch den kritischen Hörer oder geschulten Lehrer gewinnt aus dieser, den unwiederholbaren Augenblick begreifenden Grundhaltung ihre Kriterien und ihre Berechtigung zur Kritik. Offen bleiben muß freilich zunächst, wer zur Kritik berechtigt sein soll und welche Befähigungen vorauszusetzen sind. Eigene sprechkünstlerische Erfahrung, hohe Sensibilität und die pädagogische Grundhaltung, jeden auch noch so unvollkommen anmutenden Versuch ernstzunehmen, sind freilich unabdingbar, wenn von den potentiellen Kritikern und den Kriterien die Rede ist. Dieses Dilemma hat schon Erich DRACH gekannt und beschrieben: "Wer gänzlich unmusikalisch ist, wird kaum wagen, in musikalischen Dingen mitzureden. Sprechen aber kann jeder, und deshalb glaubt hier jeder, zu Urteil und zu eigener Tätigkeit ohne weiteres befähigt zu sein." (DRACH, 1932: 154)

Nun lassen sich in einem nächsten Schritt innerhalb des aufgezeigten kategorialen Rahmens sogar konkrete Kriterien nennen, denn die Gefahr, sie zu Schablonen, Klischees oder Rezepten zu degradieren, ist fürs erste gebannt. Ich nenne einige Kriterien: Stimmigkeit, Texttreue, physische und psychische Präsenz, Lebendigkeit, Präzision des Ausdrucks, bildhaftes, zeigendes Sprechen, rhythmische Spannung, Konsequenz der Interpretation, Balance von Zeit-, Text- und Persönlichkeitsstil. Diese Kriterien (und viele weitere sind denkbar) machen ein bewegliches, offenes Instrumentarium aus, das von Situation zu Situation zu neuer, lebendiger Maßstäblichkeit umgeschmiedet werden kann und muß. Dies bedeutet auch, daß die jeweilige Form und Formulierung der Kritik nicht feststeht, sondern der Verantwortung des Lehrenden obliegt, der zugleich immer auch "Schüler" der jeweiligen Situation ist.

Nur so, indem die Sprechkunst im Augenblick ihr Bleibendes erkennt, entgeht sie der Gefahr penibler Beckmesserei auf der einen Seite und auf der anderen Seite der heute epidemischen subjektivistischen Beliebigkeit, die vor der Herausforderung des Textes letztlich kapituliert. Daß jeder/jede von uns denselben Text "anders" spricht, ist ein Gemeinplatz. Entscheidend ist, daß wir bereit sind, uns von den Texten, die wir sprechen, auch verändern zu lassen. Dichtung ist kein "Material", das erst zu formen wäre, sondern lebendige Form, angewiesen auf unsere, den Willen des Werks achtende Gestaltung.

Gesprochene Dichtung ist im Glücksfall etwas, das uns die Sprache verschlägt und sich jeder Beurteilung zu widersetzen scheint. Ein eigentümlich "hermetisches" Phänomen, das es uns unmöglich macht, direkt im Anschluß an ein großartiges

Konzert, eine gelungene Theateraufführung, eine gute Lesung etwas Vernünftiges über das Gehörte zu sagen. Aber diese "Hermetik" bedeutet nicht Unzulänglichkeit, Abgeschlossenheit und Unverständlichkeit, sondern vielmehr eine "Erschlossenheit" (M. HEIDEGGER), deren adäquater Ausdruck das Schweigen ist. Auch das Schweigen muß in unserem Zusammenhang als (nonverbale, aber dennoch sprachliche) Beurteilungsmöglichkeit einbezogen werden. Sprech-Erziehung beinhaltet, so befremdend es auch klingen mag, sowohl Hör-Erziehung als auch - bisweilen - so etwas wie Schweige-Erziehung.

Halten wir fest: Vorgefaßte Maßstäbe kann es nicht geben. Der Maßstab ergibt sich mit der Sache. Primär ist der Ausdruckswille, an niemanden gerichtet, ohne Gegenüber. Wenn nichts gegenübersteht, wenn Sprecher, Text und Hörer in der Situation "aufgehen", ist der Ausdruckswille in allem, ist die Situation "konkreativ", nicht nur der Sprecher. Die Selbstverständlichkeit des Einleuchtenden, das spannungsvolle Ruhen in sich selbst, ist das Idealbild jeder Kunst, so auch der Sprechkunst. Eine Methodik der Sprechkunst im Sinne eines theoretischen Systems ist nicht denkbar. Als "Methode" erweist sich von Mal zu Mal derjenige Weg, der sich aus der konkreten Arbeit des Einzelnen ergibt. Wir müssen uns der Tatsache stellen, daß es zwar Beurteilungskriterien "gibt", daß sie aber nicht festliegen, nicht systematisierbar sind, sondern daß sie sich in einem offenen, kreativen Prozeseß "ergeben" und jeweils neu interpretiert werden müssen. "Vollkommenheit" ist keine menschliche Kategorie. Wohl aber Vollständigkeit.

Am Ende unserer Überlegungen befinden wir uns wieder am Ausgangspunkt. Aber vielleicht erkennen wir ihn jetzt ein wenig genauer.

Anmerkungen

(1) Siehe BENJAMIN, Walter, Das Kunstwerk im Zeitalter seiner technischen Reproduzierbarkeit, in: W.B., Illuminationen. Ausgewählte Schriften, Frankfurt: Suhrkamp 1961, S. 148-184 (entstanden 1935)

(2) Siehe zu diesem Problemkreis auch den Beitrag von v. FRAGSTEIN, Thomas, Sprech-Kunst-Erziehung. Über einige Schwierigkeiten der Vermählung sachlicher Fakten wissenschaftlicher Erkenntnis mit künstlerischen Erfordernissen, in GUTENBERG, N. (Hrsg.), Kann man Kommunikation lehren?, Frankfurt/M.: Scriptor 1988 (Sprache und Sprechen; Bd. 19), S. 89-97

(3) Wichtige Literaturhinweise zum Begriff der "Richtigkeitsbreite" verdanke ich Herrn Dr. Geert Lotzmann, Heidelberg

Literatur

DRACH, E. 1932. Was ist Sprecherziehung?; in: Rufer und Hörer, 2, 151-154.

GEISSNER, H. 1981. Sprechwissenschaft. Theorie der mündlichen Kommunikation. Königstein: Hain-Scriptor.

GEISSNER, H. 1982. Sprecherziehung. Methodik und Didaktik der mündlichen Kommunikation. Königstein: Hain-Scriptor.

MÖNCKEBERG, V. 1946. Der Klangleib der Dichtung. Hamburg: Claasen und Goverts.

WEITHASE, I. 1980. Sprachwerke - Sprechhandlungen. Über den sprecherischen Nachvollzug von Dichtungen. Köln/Wien: Böhlau.

WITTSACK, R. 1930. Dichtung als gelautete Ausdruckskunst; in: Monatsschrift für höhere Schulen, 29, 401-418.

Dichtungssprechen - Über den Wert der Sprechkunst

Geert Lotzmann, Heidelberg.

Einleitung

Es scheint mir grundsätzlich notwendig, nicht nur *Inhalte* und *Ziele* eines Studienganges bzw. einer Teildisziplin zu formulieren, z.b. die in der 'Sprechkunst', sondern zugleich nachdem *Sinn* einer solchen Unternehmung zu fragen. Hierbei soll Sinn als "Sinngehalt" verstanden werden, d.h. als "Gehalt an Sinn, den eine Sache dadurch erhält, daß ihr ein Sinn beigelegt oder als in ihr immanent gegeben entdeckt wird" (SCHISCHKOFF, 1978: 552). Bei diesem Verständnis ist der "Sinn eines Gegenstandes, eines Prozesses, einer Entwicklung durch die Ausrichtung auf ein anzustrebendes Ziel gegeben." (KLAUS/BUHR 1971: 982)

Nach den Erkenntnissen der Ethik setzt Sinn bzw. Sinngehalt wiederum einen "sinnverleihenden Akt" voraus, durch den der Mensch eine Sache zu seiner eigenen Person, seinen Erlebnissen und Erfahrungen in Beziehung setzt. "Durch den 'sinnverleihenden Akt' erhält die Sache zugleich einen erhöhenden Wert" (SCHISCHKOFF, 1978: 552). Wenn wir also nach dem Sinn der Beschäftigung und Auseinandersetzung mit einer bestimmten Sache fragen, so kommen wir nicht umhin, gleichzeitig die Frage nach dem *Wert* und nach der Wertung einer Sache zu stellen. Mein Thema, als Frage gestellt, würde also lauten: Worin besteht der Wert der Sprechkunst als Teidisziplin des Studienganges Sprechwissenschaft und Sprecherziehung?

Exkurs

Gehalt im literaturwissenschaftlichen Verständnis ist eine Bezeichnung "für alle in einem Kunstwerk enthaltenen Dimensionen, die für den Rezipienten wertvoll werden und sich in der Wirkung entfalten" (TRÄGER, 1986: 178). In Relation zu Inhalt und Form wird der Gehaltbegriff also übergreifend verwendet und umfaßt mehr als der sogenannte Ideengehalt oder die sogenannte Aussage. "Den Gehalt auszuschöpfen bedarf es der Betätigung der intellektuellen, wertenden, emotionalen und sensitiven Vermögen des Rezipienten, der eigene Erfahrungen in dieser Auseinandersetzung einbringen muß (TRÄGER, 1986: 178).

Formale Begründung

Warum ich mir die Frage nach dem Wert der Sprechkunst stelle, möchte ich zunächst formal begründen, ehe ich auf eine Erörterung des Begriffes *Wert* eingehe und schliesslich versuchen werde, den *Wert der Sprechkunst* zu diskutieren. Diese öffentliche Fragestellung unterstellt selbstverständlich, daß sowohl Lehrende als auch Studierende und sprechkünstlerisch Tätige sich diese Frage immer wieder selbst gestellt und eine Antwort gesucht haben, die Auseinandersetzung mit der Sprechkunst als sinnvoll erscheinen läßt. Das meint allerdings eine Antwort, die sich nicht damit zufrieden gibt, sprechkünstlerisches Lehren, Lernen und Tätigsein nur als Möglichkeit der sogenannten Selbstverwirklichung zu begreifen und zu realisieren. Die vordergründig-zeitaktuelle Fragestellung "Was bringt mir das?" ist hier also ganz und gar nicht gemeint.

Ich nenne nun einige aktuelle Beobachtungen, die mich zur Frage nach dem Sinn und Wert der Sprechkunst veranlaßt haben:

1. Es steht immer noch eine zeitbedingt notwendige Grundsatzdebatte über das *Selbstverständnis* unserer Disziplin aus. Dazu gehört die Fragestellung nach dem Sinn und Wert der Sprechkunst. Die beiden Tagungen 'Mündliche Kommunikation in der Schule'(1977) und 'Mündliche Kommunikation in Studium und Ausbildung'(1979) haben im Prinzip nur *Inhalte* reflektiert (BARTSCH, 1982; LOTZMANN, 1982). Was vor allem aussteht, ist die kritische Auseinandersetzung mit der *Geschichte* der Sprechwissenschaft und Sprecherziehung und damit auch der Geschichte der Entwicklung der Sprechkunst ab der letzten Jahrhundertwende.

2. Der Teildisziplin *Sprechkunst* haben sich nach 1948 - der ersten Nachkriegstagung - lediglich zwei Fachtagungen zugewandt, davon eine nur partiell (HÖFFE, 1973; HÖFFE, 1975), also zwei Tagungen in 40 Jahren!

3. In den bis Herbst 1989 erschienen 21 Bänden der Reihe 'Sprache und Sprechen' findet man nicht einen einzigen Beitrag, der sich explizit mit der Frage nach dem Wert der Sprechkunst befaßt. Eine Ausnahme findet sich im Vorläufer von 'Sprache und Sprechen', in der vor allem von Christian WINKLER zwischen 1951 und 1959 herausgegebenen vierbändigen Reihe 'Sprechkunde und Sprecherziehung'. Band II (GENTGES/WINKLER 1955) enthält einen Beitrag von M.-H. KAULHAUSEN mit dem Titel 'Die Bildungswerte des Dichtungssprechens'(KAULHAUSEN; 1955: 87- 95).

4. Bei Durchsicht der bekanntesten Monographien bzw. Sammelbände, die seit 1945 in der BRD erschienen sind, - ich nenne einige Autoren bzw. Herausgeber in alphabetischer Reihenfolge: BERTHOLD (1985), GEISSNER (1965), HÖFFE (1967), KAULHAUSEN (1959), LOCKEMANN (1952), RITTER (1986, 1989), TROJAN (1954), WEITHASE (1980), WINKLER (1958) - habe ich keinen Nachweis gefunden (siehe auch LOTZMANN 1989), an dem die Reflektierung des *Wertes* der Sprechkunst festzumachen wäre. Das Gegenbeispiel findet man in den Publikationen der DDR. Hervorzuheben sind vor allem drei Autoren: E.-M. KRECH (KRECH,1987), E. QUALMANN (QUALMANN, 1982: 192-237), O. PREU / U. STÖTZER (PREU / STÖTZER, 1988: 171-239).

Bei E.-M. KRECH ist zu lesen:" Die Kunst stellt eine besondere Art der geistigen, der ästhetischen Aneignung der Wirklichkeit dar. Ergebnis dieser Aneignung ist das künstlerische Bild, die sinnlich-konkrete, emotional-rationale Widerspiegelung von Erscheinungen, Prozessen und Beziehungen in Natur und Gesellschaft in ihrer Bedeutung für den Menschen, die Widerspiegelung der ästhetischen Beziehungen des gesellschaftlichen Menschen zur Welt. Der spezifische Charakter des künstlerischen Bildes ermöglicht dabei jene Polyfunktionalität der Kunst, die Ausdruck des totalen Bezuges ist, den Kunst (und nicht zuletzt gerade auch die Literatur) zu allen Seiten des menschlichen Lebens besitzt." (KRECH, 1987: 16ff.)

Dieser hier eindeutig formulierte gesellschaftliche Stellenwert der 'Vortragskunst', der eine Wertung der Literatur voraussetzt und auch über den *Wert* der Sprechkunst Entscheidendes aussagt, verweist auf ein Verständnis von Dichtung (Literatur), das einer ihr innewohnenden, verändernden Kraft entspricht. "Sie vermag, Wertorientierungen zu vermitteln, Ideale auszubilden, aktive schöpferische Haltungen auszulösen sowie Interessen und Bedürfnisse nach weiteren kommunikativen Begegnungen mit Kunstwerken zu entwickeln, zu fördern, zu befriedigen und erneut hervorzurufen. Sie wirkt anregend wie entspannend, bildend wie unterhaltend, erkenntnisfördernd wie ästhetischen Genuß bereitend und vermag so die Persönlichkeit in differenzierter wie intensiver Weise zu bereichern und damit zur Humanisierung des menschlichen Lebens beizutragen." KRECH,1987: 17)

Das ist eine klare Aussage über Wert und Ziel von Sprechkunst auf einem gesellschaftlichen Hintergrund, von dem aus das hohe Ideal der "Humanisierung des menschlichen Lebens" anscheinend nur als theoretisches Postulat verkündbar ist.

5. Eine Überprüfung der Sprechkunst-Lehrangebote - soweit mir die Unterlagen zugänglich waren - an den 'Prüfstellen der DGSS' zwischen 1985 und 1989, also über einen Zeitraum von fünf Jahren, ergab, daß die 'Sprechkunst' - von ganz wenigen Ausnahmen abgesehen - nicht einmal an den Schaltstellen sprecherzieherischer Lehre und Praxis überzeugend vertreten wird. Die wenigen Lehrangebote - wenn überhaupt vorhanden - sind, interpretiert man die Titel richtig, dann oft noch rein theoretischer Natur. In diesem Zusammenhang darf nicht unerwähnt bleiben, daß sich wiederum nur an den meisten 'Prüfstellen' fast das gesamte sprechwissenschaftlich- sprecherzieherische Lehrangebot primär an 'Hörer aller Fakultäten' richtet; studiengangsspezifische Lehrangebote sind - aus welchen Gründen auch immer - möglicherweise nicht realisierbar. Es ist dabei selbstverständlich völlig irrelevant, daß einzelne Sprecherzieher als Sprechkünstler in der Öffentlichkeit agieren. Meine Betrachtung des Wertes der Sprechkunst zielt auf die lehrende und prüfende Disziplin Sprechwissenschaft, die in ihrer Prüfungsordnung (Stand: 01.08.1989) 'Sprechkunst (Ästhetische Kommunikation)' zumindest als Wahl-Prüfungsfach ausgewiesen hat.

6. Radikal formuliert - die 'Sprechwissenschaftlichen Grundlagen' (Terminus der Prüfungsordnung) im Sinne des theoretischen Überbaus hier weglassend - stützt sich die moderne Sprecherziehung lediglich auf zwei Grundpfeiler, wobei der eine, die Sprechkunst, streng genommen nur auf dem Reißbrett steht, weil er, bedingt durch seine Abwählbarkeit, seine Stützfunktion verliert. Die Grundpfeiler sind - terminologisch-symmetrisch ausgedrückt - die 'Rhetorische Kommunikation' und die 'Ästhetische Kommunikation', also die Rhetorik und Sprechkunst. Sowohl 'Sprechbildung' als auch 'Sprechtherapie'

sind strenggenommen *Grundlagen*, die Zubringerdienste leisten. Beide haben korrigierende, verbessernde und stabilisierende Funktion. Bleibt - bei abgewählter Sprechkunst - die regina artium, die "Königin der Wissenschaften" als einziger Schwerpunkt, mit dem sich unsere Disziplin als Hochschulfach ausweisen kann (JENS, 1966: 19). Der Wert der *Rhetorik* in einer Gesellschaft, deren politischen Gegebenheiten die Möglichkeiten enthalten, frei zu denken und zu handeln, um dem Ziel der Mündigkeit der Bürger so nahe wie möglich zu kommen, ist evident. Der Wert der *Sprechkunst* in derselben Gesellschaft scheint zum Privatvergnügen degradiert und als kulturpolitisches Feigenblatt benutzt zu werden; jedenfalls ist mir schwerlich eine kulturpolitische Dimension erkennbar. Es bleibt dabei: Über Dichtung wird oft geschrieben, weniger oft darüber gesprochen; gesprochen wird sie fast nicht. Könnte das auch daran liegen, daß sich die Anwälte der lehrenden Sprechkunst selbst zu wenig Gedanken über den Sinn und den Wert dieser Disziplin machen?

Zum ästhetisch-literarischen Wertbegriff

Beda ALLEMANN schrieb 1957 in einem Essay "Über das Dichterische", in dem er das Gedicht in den Mittelpunkt seiner Betrachtungen stellt:

"Über das Dichterische zu sprechen ist ein Vorhaben nicht ohne Anmaßung, richtet es sich doch auf eines der ursprünglichen Geheimnisse der menschlichen Existenz. In seinem geglückten Dasein ist das Gedicht eine bezaubernde und in ihrer Gelassenheit erstaunliche, es ist die ergreifendste der Erscheinungen, die wir kennen, da es uns ergreift in einem mehr als nur empfindsamen Sinne" (ALLEMANN, 1957: 9).

Ich setze dieses Zitat deshalb an den Beginn der nun folgenden Auseinandersetzung mit dem *Wertbegriff*, weil über das *Dichterische* zu sprechen das Sprechen über den *Wert* des Dichterischen bzw. den Wert der Dichtung einschließt und weil das Vorhaben, über den Wert der *Sprechkunst* zu sprechen, wohl nicht weniger anmaßend ist. Aber um der Sache willen, d.h. konkret um der gleichberechtigten Akzentuierung der Sprechkunst im Verhältnis zur Redekunst im Kanon unserer Studienordnung willen, kann die Reflexion über Sinn und Wert der Sprechkunst nicht ausgeklammert werden, auch wenn das Wertproblem als wissenschaftliche Fragestellung - weil es mit konträren ideologischen Positionen der wertenden Subjekte konfrontiert ist - das umstrittenste in der Ästhetik ist und vermutlich deshalb oft ausgeklammert wird.

Es ist klar, daß wir den Wertbegriff im Rahmen unserer Bertachtung in ethischer Hinsicht einzubringen haben, d.h. im Sinne einer "besondere(n) Seite der Subjekt-Objekt-Beziehung, in der sich die Bedeutung von Objekten, Ereignissen, Prozessen, Qualitäten für das Leben der Menschen ausdrückt" (KLAUS/BUHR, 1971: 1152). Nach KLAUS/BUHR tritt das Wertproblem im gesellschaftlichen Leben in zwei Formen auf: "erstens als Wert im Sinne von bestimmten materiellen und geistigen Gütern, von Eigenschaften gesellschaftlicher Verhältnisse und Ereignisse, von ästhetischen und moralischen Eigenschaften und anderen Persönlichkeitsqualitäten und zweitens in der Form von Idealen, Leitbildern, Prinzipien menschlichen Verhaltens" (KLAUS/BUHR, 1971: 1152).

Da *Wert* und *Wertung* auch im ästhetisch-literarischen Bereich nicht zu trennen sind, ist davon auszugehen, daß es sich hierbei um eine Grunddimension aller ästhetischen und künstlerischen Beziehungen handelt, "da in der ästhetischen Aneignung stets die Objekte der produktiven wie rezeptiven Tätigkeit auf bestimmte (verschiedene) geistige Interessen und Bedürfnisse bezogen und an ihnen gemessen werden. Der Wert ist damit eine Bedeutungsrelation, welche in historisch determinierten Wertkategorien von dichotomer Natur in Erscheinung tritt..., die ihrerseits graduelle Abstufungen aufweisen" (TRÄGER, 1986: 571). Die historische Determiniertheit erfährt jede Generation an sich selbst bzw. ist mit ihr unmittelbar konfrontiert, indem zwar die Dichotomien wie "nützlich - schädlich, schön - häßlich, tragisch - komisch, erhaben - niedrig" usw. im Prinzip erhalten bleiben, ihre Qualitäten aber einer ständigen Veränderung unterliegen. "Denn Wertung ist ein ideologisches Verhältnis zwischen Subjekt und Objekt, in dem sowohl die objektiven Eigenschaften des Objekts als auch der nicht nur individuelle, sondern primär gesellschaftlich bestimmte Standpunkt des wertenden Subjekts sich niederschlägt" (SCHOBER, 1982).

Dieses Verständnis von Wertung und Wert - akzeptiert man vor allem seinen gesellschaftspolitischen Hintergrund - könnte Verständigungsgrundlage für unser Thema sein, wenn die Frage nach dem Wert der Sprechkunst dahingehend erweitert wird, ob die aktuelle Geringschätzung der Sprechkunst auch damit etwas zu tun hat, daß Faktoren, die den Wert einer Dichtung und damit letztlich der Sprechkunst nachvollziehbar und erlebbar machen, nicht mehr vorausgesetzt werden können.

Die Literatur-Sujets, die traditionsgemäß in den Sprechkunstunterricht einbezogen wurden, schlugen eine Brücke vom Barock bis zur Gegenwart. Aber entsteht nicht dort ein Vakuum, wo die Kontinuität in der Weise zerstört wird, daß z.b. die Dichtung der Klassik kaum noch Unterrichtsgegenstand ist, weil sie angeblich zur aktuellen gesellschaftlichen Realität keinen Bezug mehr hat - wegen ihrer angeblich antiquitierten Formen und Inhalte - und deshalb auch nicht mehr sprechbar sei? "Edel sei der Mensch, hilfreich und gut!", das hätte ja zu GOETHEs Zeiten schon nicht gestimmt. Ein anderes Beispiel: Ich denke, daß die subjektivistischen Hinein-, Heraus- und Umdeutungen, denen heute die Texte in besonders extremer Weise ausgesetzt sind und die geradezu zum ästhetischen Gesellschaftsspiel geworden sind, Verunsicherungen und Skepsis hervorrufen, die der Sprechkunst - versteht man sie nicht nur als Mittel zum Zweck, als Spielmaterial für das öffentliche Abreagieren individueller Probleme oder als Aufhänger zur Pflege des narzistischen Personenkults - nicht förderlich sein kann. "Er hat mir öfter Angebote gemacht. Aber ich hab ihm offen gesagt, daß... das, was er macht, nicht Shakespeare und noch nicht mal Beck's Bier ist... Das heutige Theater ist höchstens noch etwas für Schachfiguren." So ein bekannter Schauspieler über einen prominenten Regisseur.

Um keine Mißverständnisse aufkommen zu lassen: der weitgehende Konsensus, "daß Werte weder zeitlos gültige Wesenheiten mit invariabler Rangordnung" (TOPITSCH, 1971: 16-32) "noch bloß subjektive Einstellungen darstellen, daß kulturelle Werte vielmehr intersubjektiv geltende, gruppenspezifisch differenzierte Sinnvorstellungen repräsentieren, daß ihre Hierarchien interessenbestimmt sind, daß die Wertungen vielfach durch Normen geleitet werden" (HOFMANN, 1968: 67-81), wird nicht in Frage gestellt.

Konkret wäre weiter zu differenzieren:

1. Die Mystifizierung der Einheit von Interpretation und Wertung als Kunst ist ebenso in Frage gestellt worden wie das Dogma von der Werkimmanenz, daß jedes Kunstwerk einen absoluten ästhetischen Wert in sich selbst darstelle.

2. Die seit den 60er Jahren festzustellenden Bemühungen "die gesellschaftliche Vorgegebenheit von literarisch-ästhetischen Normen und Wertvorstellungen und deren historische Veränderlichkeit bewußter zu reflektieren" (LINDNER, 1973: 451) gehören heute zum unabdingbaren Arbeitsstil.

3. Das Ästhetische als produktives und rezeptorisches Vermögen wird weithin aus der Entwicklung individueller und gemeinschaftlicher Bedürfnisse bestimmt. Das bedeutet, daß bei Wertungen und der Wertbestimmung das gesellschaftliche Selbstverständnis als legitime Grundlage anerkannt wird. Daß sich daraus

für manche die Forderung nach einer allgemeinen ästhetischen Erziehung fast selbstverständlich ableitet, indem z.B. das kulturelle Erbe bzw. das Vorbild der klassischen Literatur bemüht wird, sei nur am Rande bemerkt. Ästhetische Normen und Wertungen werden von vornherein als Teil des historisch-gesellschaftlichen Wertsystems eingestuft.

Der Wert der Dichtung

Mit dieser Statusbeschreibung ist noch keine Antwort auf die notwendigerweise zu stellende Frage gegeben, was der *Wert* einer Dichtung überhaupt ist. Anders formuliert: Gibt es Kriterien, die diesen Wert bestimmen können? Ich folge hier mit aller Vorsicht Herbert SEIDLER, der in 'Die Dichtung' (SEIDLER, 1959: 325-341) folgende Kriterien anführt:

1. Der Weg zum *Wert* erschließt sich über das 'Werterleben', das meint die "ganz persönliche Werterfahrung" (326), bei der das Gefühl eine entscheidende Rolle spielt. Der Wert ist das, "was am Gegenstand uns dieses Erleben auslöst" (326). Der Wert ist kein konkretes Merkmal am Gegenstand, aber eine 'Wirklichkeit', d.h. etwas "Wirkendes und damit etwas existierendes." (326)

2. Dichtung ist für SEIDLER eine besondere Klasse von Wert, eine ästhetische. Dieser Wert geht über die Werte hinaus, die sich aus dem Sinn, dem Gehalt einer Dichtung ergeben, z.B. aus einem ethischen, religiösen, aber auch aus einem theoretischen. Vom ästhetischen Wert kann erst gesprochen werden, wenn das 'Werterleben' unser "Innerstes angesprochen" hat (326). Das Erlebnis des ästhetischen Wertes setzt allerdings "eine große Wertaufgeschlossenheit" voraus (326).

3. Nach SEIDLER bedeutet die "Begegnung mit einem Kunstwerk... eine Vertiefung des Menschen" (327); sie ist für ihn ein große Bereicherung. Aber dieses Werterlebnis, das ihn zum ästhetischen Wert führt, ist nicht "allen Menschen zugänglich" (328); er spricht von der 'Wertblindheit'. "Die innere Erfahrung ist für einen Wert das einzige Kriterium" (328).

4. Zum Werterlebnis führt nur Aufgeschlossenheit, die sich durch bestimmte Voraussetzungen ergibt. Genannt wird das "persönliche Ringen um die Werterfahrung" (329), die "Zeitlage", d.h. daß bestimmte Epochen bzw. Autoren oder Themen in bestimmten Zeiten zugänglicher sind als in anderen. Andererseits

hilft der Interpret bei der Erringung des Werterlebnisses, derjenige also, "der sich tief in die Zeit, aus der das Kunstwerk stammt und in die Struktur dieses Werkes einfühlt und der dann den anderen die Werte erschließt" (329).

5. Schließlich ist "intensive Bildungsarbeit" (329) gefordert, wenn der Wert einer Dichtung entdeckt werden soll. "Nur wer sich ums Kunstwerk ständig bemüht, wer lernt und immer wieder neue Erfahrungen sammelt und immer wieder strebt, ins Innere der Dichtung zu dringen" (329), wird dem Erkennen des Wertes eines Kunstwerkes näher kommen.

Zugegeben, daß es Gründe geben mag, die diesen Kriterien skeptisch gegenüber stehen, ihnen sogar widersprechen, indem sie als elitär, subjektiv oder als zeitkonträr aufgrund neuerer Erkenntnisse und Erfahrungen eingestuft werden.

Meine Position ist, und damit komme ich zur Frage nach dem Wert der Sprechkunst zurück: Dichtung als Gegenstand einer sprechwissenschaftlich determinierten Sprechkunst kann in ihrer ästhetischen und ethischen Zielsetzung niemals als Gebrauchswert, d.h. lediglich als "Gegenstand eines gesellschaftlich bedingten Bedürfnisses verstanden werden" (KLAUS/BUHR, 1971: 1151), wobei allerdings nichts gegen die sogenannte 'Gebrauchslyrik' à la Erich KÄSTNER und anderer einzuwenden ist. Sprechkunst, verstanden als Disziplin, die Dichtung vorrangig nach ihrem Gebrauchswert beurteilt - das meint oft nach ihrem Verkaufswert - würde einem reinen Nützlichkeitshandeln Vorschub leisten, das allein schon dem Berufsethos eines Sprecherziehers zuwider liefe. Insofern haben die Grundpositionen von SEIDLER aktuelle Bedeutung. Das Wissen um diese Grundpositionen kann auch in besonderer Weise das Auffinden der ästhetischen und ethischen Werte bei der sprechkünstlerischen Erarbeitung der literarischen Texte erleichtern. Dem künstlerischen Ausschöpfen sind aber zweifelsohne individuelle Grenzen gesetzt.

Sprechkunst als Wert? Ich kann als Sprecherzieher aufgrund meiner Lebenserfahrung, die, was die Begegnung mit Dichtung und Sprechkunst betrifft, bei dem Milan-Schüler Richard WITTSACK begann und nun in der zur Institution gewordenen Heidelberger Sprechkunstreihe 'Dichtung sprechen - Dichtung hören einen vorläufigen Abschluß findet, dem voll zustimmen, was SEIDLER und andere mit der "Vertiefung des Menschen" meinen. Diese 'Vertiefung' ist nicht meßbar, wie das Ringen um Werte nicht meßbar ist - und deshalb auch nicht wissenschaftlich definierbar. Aber diese 'Vertiefung' - bezogen auf Sprecher und Hörer - ist ablesbar an den Reaktionen einer denk- und gefühlskritischen Hörerschaft, die heute stärker denn je zu unterscheiden weiß zwischen sublimierter Selbstbetroffenheit und daraus resultierender Redlichkeit eines Rezitierenden und einer Einstellung, die Literatur möglicherweise nur noch als leicht zu konsumierenden Stoff der Unterhaltungsbranche versteht.

Sprechkunst und Schule

Bei Betrachtung meines Themas als Angehöriger der Gesellschaft, die in ihrer Satzung die "Erforschung, Lehre und Pflege... des künstlerischen Sprechens" verspricht, erhält der Wert der Sprechkunst für mich eine weitere Dimension. Die Geschichte unserer Disziplin ist geprägt von der Hinwendung zur *Schule*. Alle bedeutenden Vertreter sahen ihre vornehmste Aufgabe darin, den Schulunterricht, vor allem den Deutschunterricht in allen Stufen sprecherzieherisch und eben auch sprechkünstlerisch fördernd zu beeinflussen. Mir scheint, daß wir diese Aufgabestellung nicht mehr als eine der zentralen Aufgaben sehen. Und deshalb haben wir auch kein Recht, uns darüber zu beklagen, daß das Dichtungssprechen in dieser Institution kaum noch einen Stellenwert hat. Wer sich als Sprecherzieher immer mehr von den eigentlichen Erziehungs- und Bildungsinstitutionen abwendet, muß sich nicht wundern, wenn der Lehrer, der seine Hilfe erwartet und meist auch annimmt, statt selbst Dichtung zu sprechen oder sie mit der Klasse sprechend zu erarbeiten, als Surrogat eine Schauspieler-Sprechplatte auflegt. Erst wenn wir den Wert der Sprechkunst wieder in den Rang seiner kulturpolitischen und erzieherischen Bedeutung heben, sind wir glaubwürdige Vertreter dieser Teildisziplin. Lassen wir uns nicht von den künstlerischen Leistungen einzelner oder von Gruppenleistungen täuschen. Sie repräsentieren langzeitig und intensiv vorbereitete Programme. Entscheidend ist die Basisarbeit, die Arbeit mit den Studierenden in ständigen Seminaren und Übungen, damit sie später sprechkünstlerisch in alle Bildungsinstitutionen anregend und wegweisend ausstrahlen können. Wir haben mit der von uns reklamierten Sprechkunst einen gesellschaftlichen Auftrag.

Sprechkunst als Bildungsauftrag

Marie-Hed KAULHAUSEN schrieb 1954 im genannten Beitrag 'Die Bildungswerte des Dichtungssprechens':

"Das Dichtungssprechen beansprucht also... den Menschen in seiner Ganzheit als

fühlendes und denkendes, als sittliches und soziales Wesen. Wer im ästhetischen Bereich die Wesensbeziehung des Menschen zur Welt, das Verhältnis von Ich und Du nacherleben gelernt hat, der wird auch in der Wirklichkeit nicht nur Ehrfurcht haben vor allem, was lebt in Gottes Schöpfung... so wird man wohl mit Recht sagen: das... nachgestaltende Dichtungssprechen ist keine ästhetische Spielerei, sondern eine starke, nicht zu unterschätzende Hilfe bei der Bewahrung der menschlichen Lebenspolarität, bei der Bildung zu echter Humanität." (KAULHAUSEN, 1954: 95)

Übersieht man eine gewisse Pathetik, so muß man auch heute die unmittelbare Wechselwirkung von Kunst - hier Literatur bzw. Sprechkunst - und den Erziehungs- und Bildungsmaximen sehen, die den Menschen auf den Weg zu einer ihn durchdringenden Humanität bringen. Die Sprechkunst ist dazu eine Kraft. Setzen wir sie nicht voll und gezielt ein, könnte ihr das widerfahren, was Reiner KUNZE in seinem Gedicht 'Das Ende der Kunst' symbolisch und für uns in übertragenem Sinne so ausdrückt.

"Du darfst nicht, sagte die eule zum auerhahn
du darfst nicht die sonne besingen
Die sonne ist nicht wichtig

Der auerhahn nahm
die sonne aus seinem gedicht

Du bist ein künstler
sagte die eule zum auerhahn

Und es war schön finster"

Nachbemerkung

Ich hatte meinen Vortrag bewußt mit einer Rezitation begonnen. Gewählt hatte ich TUCHOLSKYs Prosatext 'Jemand besucht etwas mit seinem Kind' (TUCHOLSKY, 1975: 58f).

Die Frage, warum ich rezitiere, möchte ich unter anderem mit dem Verweis auf den Tucholsky-Text beantworten, der in seiner Aussage eine eindeutige Anti-Kriegshaltung dokumentiert. Dieser Text war Teil eines Rezitationsprogramms für den Heidelberger Internationalen Ferienkurs 1989 mit dem Titel: 'Nie wieder! - Krieg und Frieden in Gedicht und Prosa des 20. Jahrhunderts'.

In einer Rezension zu dieser Veranstaltung hieß es: "Dem erst etwas verspätet einsetzenden ... Applaus war anzumerken, welche Betroffenheit die Rezitation ... ausgelöst hatte"

Betroffen machen, das allein wäre für mich Grund genug, die sprechkünstlerische Lehre mit der sprechkünstlerischen öffentlichen Rezitation in Einklang zu bringen. Und meint *Betroffenheit* nicht zugleich Nachdenken und in der Folge Umdenken, wenn nicht gar anders handeln? Darin sehe ich vor allem den *Wert* der Sprechkunst.

Literatur

ALLEMANN, B. 1957. Über das Dichterische. Pfullingen: Neske.

BARTSCH, E. (Hrsg.) 1982. Mündliche Kommunikation in der Schule; in: Sprache und Sprechen 8. Frankfurt: Scriptor

BERTHOLD, S. (Hrsg.) 1985. Gedichte sprechen und interpretieren. Konzepte und Beispiele für den Deutschunterricht ab 5. Schuljahr. Bonn-Bad Godesberg: Dürrsche Buchhandlung.

GEISSNER, H. 1965. Schallplattenanalysen: Gesprochene Dichtung. Saarbrücken: Minerva

GENTGES, I. und WINKLER, Ch. (Hrsg.) 1955. Sprechkunde und Sprecherziehung II. Emsdetten: Lechte.

HOFMANN, W. 1968. Vom Werturteil in der Gesellschaftslehre; in: Universität, Ideologie, Gesellschaftslehre. Beiträge zur Wissenschaftssoziologie. Frankfurt: Suhrkamp.

HÖFFE, W. L. (Hrsg.) 1975. Gesprochene Dichtung - heute? Zur Theorie und Praxis ästhetischer Kommunikation; in: Sprache und Sprechen 7. Kastellaun: Henn.

HÖFFE, W. L. (Hrsg.) 1967. Sprechgestaltende Interpretation von Dichtung in der Schule. Beispiele aus der Grund- und Hauptschule. Ratingen: Henn.

HÖFFE, W. L. (Hrsg.) 1973. Ästhetische und rhetorische Kommunikation; in: Sprache und Sprechen 4. Ratingen/Kastellaun/Düsseldorf: Henn.

JENS, W. 1966. Von deutscher Rede. Bremen: Angelsachsen.

KAULHAUSEN, M.-H. 1955. Die Bildungswerte des Dichtungssprechens; in: I. GENTES und Ch. WINKLER (Hrsg.): Sprechkunde und Sprecher-ziehung II. Emsdetten: Lechte.

KAULHAUSEN, M.-H. 1959. Das gesprochene Gedicht und seine Gestalt. Göttingen : Vandenhoeck.

KLAUS, G. und BUHR, M. (Hrsg.) [8]1978. Philosophisches Wörterbuch II. Leipzig: Bibliographisches Institut.

KRECH, E.-M.. 1987. Vortragskunst. Grundlagen sprechkünstlerischer Gestaltung von Dichtung. Leipzig: Bibliographisches Institut.

KUNZE, R. 1976. Sensible Wege. Hamburg: Reinbek.

LINDNER, B. [2]1974. Probleme der literarischen Wertung; in: H.L. ARNOLD und V. SINEMUS (Hg.). Grundzüge der Literatur und Sprachwissenschaft. Bd.1: Literaturwissenschaft. München: dtv.

LOCKEMANN, F. 1952. Das Gedicht und seine Klanggestalt. Emsdetten: Lechte.

LOTZMANN, G. (Hrsg.) 1982 Mündliche Kommunikation in Studium und Ausbildung; in: Sprache und Sprechen 9. Frankfurt: Scriptor.

LOTZMANN, G. (Hrsg.) 1989. Deutsche Balladen von Bürger bis Brecht. Interpretationen von Walter WITTSACK anhand von Schallplattenaufnahmen verschiedener Sprecher. Regensburg: bvs.

PREU, O. und STÖTZER, U. [5]1988. Der Vortrag literarischer Werke; in: O. Preu und U. STÖTZER (Hrsg.) Sprecherziehung für Studenten pädagogischer Berufe. Berlin: Volk und Wissen.

QUALMANN, E. [3]1982. Sprechkünstlerische Interpretation; in H. STELZIG (Hrsg). Einführung in die Sprechwissenschaft. Leipzig: Bibliographisches Institut.

RITTER, H. M. 1986. Das gestische Prinzip bei Bertold Brecht. Köln: Prometh.

RITTER, H. M. 1989. Dem Wort auf der Spur. Köln: Prometh.

SCHISCHKOFF, G. [20]1978. Philosophisches Wörterbuch. Stuttgart: Kröner.

SCHOBER, R. 1982. Kommunikation und Bewertung literarischer Kunstwerke; in: Abbild - Sinnbild - Wertung. Aufsätze zur Theorie und Praxis literarischer Kommunikation. Berlin/Weimar: Aufbau. (zit. nach TRÄGER, 1986: 571).

SEIDLER, H. 1959. Die Dichtung. Wesen, Formen, Dasein. Stuttgart: Kröner.

TOPITSCH, E. 1971. Kritik der phänomenologischen Wertlehre; in: H. ALBERT und E. TOPITSCH (Hrsg.). Werturteilsstreit. Darmstadt: WBG.

TRÄGER, C. (Hrsg.) 1986. Wörterbuch der Literaturwissenschaft. Leipzig: Bibliographisches Institut.

TROJAN, F. 1954. Die Kunst der Rezitation. Eine Anleitung zu ausdrucksrichtigem Vortrag. Wien: Österreichischer Bundesverlag.

WEITHASE, I. 1980.Sprachwerke - Sprechhandlungen. Über den sprecherischen Nachvollzug von Dichtung. Köln/Berlin: Böhlau.

WINKLER, Ch. 1958. Gesprochene Dichtung. Textdeutung und Sprechanweisung. Düsseldorf: Schwann.

Das Gedicht - Zufluchtsstätte oder Quelle der Inspiration (1)

Jaakko Lehtonen, Jyväskylä, Finnland

Die Rezitation oder Lesung von Gedichten erhielt in Finnland schon während der ersten Hälfte unseres Jahrhunderts eine feste Position im Programm der Versammlungen sowohl von Fabrikarbeitern der Städte, als auch von Bauern und Landarbeitern auf dem Lande.

Im Laufe der Jahre bekamen die Rezitationen auch einen schlechten Nebengeschmack: Noch in den fünfziger und sechziger Jahren waren die Veranstalter von Tanzfesten, Zirkus und ähnlichen Vergnügungen, die nicht der Volksbildung dienten, verpflichtet, relativ hohe 'Vergnügungssteuern' (Fi. huvivero) zu zahlen. Wenn die Gewerkschaft oder der Bauernverein aber eine Soirée mit aufklärendem Programm anordnete, war es erlaubt, nach dem Programm zwei Stunden steuerfrei zu tanzen. Der typische Verlauf des Programms war: Begrüßungsrede - Gesang oder Volksmusik - Lesungen von Gedichten - vielleicht wieder eine Rede, ein kleines Theaterstück oder Humor, Musik oder ähnliches und endlich die Hauptnummer: Tanzen. Manche kamen erst zum Festplatz, wenn das obligatorische Programm schon vorbei war.

Außer der obligatorischen Tanz-und-Gedichte-Packung war auch die Schule an dem schlechten Ruf der Rezitationskunst schuldig. Zu den verhaßtesten Sachen gehörten die obligatorischen Rezitationen oder Vorträge vor den kichernden Klassenkameraden.

Aber die Rezitationskunst überlebte die Vergnügungssteuer, sie überlebte - wenn auch immer noch kränkelnd die pragmatischen sechziger und siebziger Jahre und ist heute vielleicht beliebter denn je! Heute ist sie beliebt, aber nicht die Kunst Jedermanns. Die Anzahl der veranstalteten Rezitationsabende pro Jahr und die gesamte oder durchschnittliche Zuhöreranzahl sind mir leider nicht bekannt, aber die Daten über die Lesegewohnheiten der Jugend sprechen für sich: 49% der Schüler lesen niemals Gedichte, 22% selten, 17% manchmal, 10% ziemlich oft und 3% täglich (PAUNONEN, 1983).

Die am wenigsten beliebten Bücher in der Altersgruppe 14-15 Jahre sind Gedichte
(71%), sogenannte Mädchenbücher (66%), Kunstbücher (61%) und Märchen
(60%) (SAARINEN, 1986). Pirkko Tamminen, eine finnische Sprecherzieherin,
hat neulich die Wertschätzung der Dichtung unter 15-16-jährigen Schülern befragt
(N = 182). Ihren Resultaten gemäß

```
                                  % der Mädchen    % derJungen

- schätzen.Gedichte.hoch.................50...................15
- lesen.gerne..........................52....................4
- hören.gerne.zu.......................19....................8
Haben ein Lieblingsgedicht.............54....................8
Kennen Gedichte........................21....................2
Sind interessiert an Gedichten.........42....................4
Schreiben Gedichte selbst..............38....................1
Wollen Gedichte rezitieren..............7....................2
Hören Rezitationen an...................2....................-
```

Gedichte scheinen nicht besonders beliebt unter den Jugendlichen zu sein, das gilt
besonders für Jungen, aber alle verhalten sich abweisend der gesprochenen Dichtung gegenüber.

Dieses Bild von der Lage gesprochener Dichtung in Finnland ist vielleicht allzu
negativ: Man hört Gedichte im Rundfunk - das Kontaktprogramm 'Dieses Gedicht
wollte ich hören' ist ziemlich beliebt, manchmal sieht man Rezitationen auch im
Fernsehen, die Rezitationsabende einzelner Künstler haben ihr festes Publikum
und jeden Sommer sammeln sich tausende Freunde der Sprechkunst anläßlich der
Sommerfeste 'Wort und Ton' (Sana ja Sävel) in Kajaani im Nordosten Finnlands,
die sich rein auf gesprochene und gesungene Dichtung konzentrieren. Während
der Sommerfeste organisiert der Finnische Verein der Sprechkünstler (Suomen
Lausujain Liitto) seine Sommerkurse, die jedes Jahr zusammen mit einigen anderen Sommerkursen desselben Vereins sogar hunderte von Rezitationsfreunden von
überall in Finnland versammeln. Der Verein, der als Gesamtorganisation der
Sprechkünstler und der Rezitationspädagogen im Jahre 1938 gegründet wurde,
zählt heute 155 individuelle Mitglieder (Für die Migliedschaft muß man wenig-

stens einen erfolgreichen Rezitationsabend gestaltet haben) und 15 Organisationsmitglieder (Rezitationszirkel).

Während des Sommers 1983 hatte ich die Möglichkeit, die Teilnehmer von zwei Sommerkursen des Finnischen Vereins der Sprechkünstler, insgesamt 119 Amateursprechkünstler und Sprechpädagogen, zu interviewen. Frau Paula OKSMAN-RINKINEN, die auch in den obengenannten Besprechungen als wissenschaftliche Mitarbeiterin diente, wiederholte dieselben Aufgaben später im selben Jahr mit einer Gruppe von 100 Universitätsstudenten. Die Informanten füllten einen Fragebogen aus über die Einstellung zum Sprechen und über das Auftreten vor dem Publikum. Der Fragebogen bestand aus Aussagen wie: "Ich finde mich nicht genügend redselig und geschickt in einer Diskussion", "Ich gehe gerne zu so einer solchen Veranstaltung, wo ich reden darf", "Ich werde nervös, wenn ich sehe, daß man mich beobachtet", usw. Folgende Behauptung trennten die Rezitatoren und die Kontrollgruppe statistisch signifikant voneinander. Die Nummern sind Mittelwerte der Informanten in jeder Gruppe auf der Skala (1) 'derselben Meinung'...(5) 'anderer Meinung'.

- "Wenn ich die Wahl hätte, würde ich lieber auf die Bühne treten, als an einer Debatte mit meinen Kollegen teilnehmen"

$$\text{Rezitatoren } \bar{x} = 2.0$$
$$\text{Kontrollgruppe } \bar{x} = 3.9$$

- "Ich erlebe den Auftritt vor dem Publikum als belohnend und genieße ihn"

$$\text{Rezitatoren } \bar{x} = 1.9$$
$$\text{Kontrollgruppe } \bar{x} = 3.1$$

- "Ich habe Angst vor dem Publikum zu sprechen"

$$\text{Rezitatoren } \bar{x} = 3.2$$
$$\text{Kontrollgruppe } \bar{x} = 2.8$$

- "Mit Hilfe der Rezitation kann ich meine eigenen Gefühle und Gedanken interpretieren"

Rezitatoren $\bar{x}$ = 1.5

Kontrollgruppe $\bar{x}$ = 3.8

- "Ich stelle mich gerne dar, wenn ich weiß, daß mir alle zuhören"

Rezitatoren $\bar{x}$ = 1.9

Kontrollgruppe $\bar{x}$ = 2.9

Zusammenfasend kann festgestellt werden, daß die Gruppe der Amateursprech-künstler auf Grund der Durchschnittswerte im Verhältnis zu jenen Aspekten des Selbstbilds, nach denen im Fragebogen gefragt wurde (z.b. Schüchternheit, Redseligkeit), nicht von der Kontrollgruppe abwich.

Faktorenanalyse

In der Faktorenanalyse der Antworten ergab die freie Rotation als Resultat elf Faktoren; in sechs Faktoren war der 'Eigenvalue' höher als 1. Diese Faktoren wurden als I 'Redseligkeit', oder II 'Interaktionsangst', III 'Angst vor dem Publikum', IV 'Lampenfieber' (d.h. positives oder negatives Verhalten zum Auftreten), V 'Schüchternheit', VI 'Kontakt' (lieber mündlich oder schriftlich) genannt. Der faktorenmäßige Vergleich zeigte signifikante Unterschiede zwischen den Rezitatoren und den Universitätsstudenten nur in den Hauptfaktoren II und III (Die Rezitatoren hatten mehr Interaktionsangst und weniger Angst vor dem Publikum). Im allgemeinen enthüllte der faktorenmäßige Vergleich keine dramatischen Unterschiede zwischen den Gruppen.

Die nähere Analyse der Computerausdrucke enthüllte nun aber eine Besonderheit, die den Weg zu weiteren Analysen wies: In den Daten der Rezitationsgruppe - und nur dort - waren die Standardabweichungen bei gewissen Fragen auffallend groß. Die Abweichung konnte zwei verschiedene Erklärungen haben: entweder ist die Rezitationsgruppe hinsichtlich der vertretenen Meinungen mehr heterogen als die der Universitätsstudenten, oder die Varianz ist systematisch. Im letzteren Falle könnte die Rezitationsgruppe aus zwei verschiedenen Subgruppen zusammengesetzt sein, deren Antworten zu gewissen Fragen einander systematisch widersprechen. Die Antwort auf diese spannende Frage wurde mit Hilfe einer Gruppierungsanalyse erzielt. Das Resultat: Die Rezitatoren ließen sich in zwei Gruppen (jede etwa 60 Personen) einordnen, deren Verhalten zu gewissen Behauptungen im Fragebogen systematisch verschieden war.

Eine Version von Triangulation, d.h. von Kombination qualitativer und quantitativer Untersuchungsmethoden, ist die Kombination von quantitativer Methodologie für die Gruppierung der Daten (hier Versuchspersonen) mit qualitativen Methoden zum Erklären der Daten.

In unserem Falle wurde die qualitative Information schon vor der statistischen Datenbehandlung gesammelt. Jeder Teilnehmer der Sommerkurse wurde unmittelbar nach Ausfüllung des Fragebogens von meiner Mitarbeiterin interviewt. Die Gespräche waren keine strukturierten Interviews, sondern freie 'Themabesprechungen', Interviews zu einem bestimmten Thema, in denen die Interviewten über ihr Verhältnis zur Sprechkunst sprachen. Die Atmosphäre war vertraulich und intim, auch wenn die Gespräche auf Band aufgenommen wurden.

Nach der Gruppierungsanalyse wurden die Besprechungen impressionistisch analysiert, um typische Züge jeder Gruppe zu finden. Was damit ausgesagt wird, sind natürlich nur Vermutungen und subjektive Eindrücke. Objektiv war nur die Tatsache, daß sich die Gruppe "Rezitationskursus" aufgrund der Fragebogenstudie in zwei Subgruppen untergliedern ließ, und das resultierte aus der Tatsache, daß sich die Informanten beim Ausfüllen des Formulars systematisch auf zwei verschiedene Weisen verhalten hatten.

Daß die einen als echte Künstler und Ästhetiker beschrieben werden können und die anderen als Menschen, die eine Zufluchtsstätte oder ein Sicherheitsventil in der Sprechkunst suchen, ist subjektiv und stützt sich voll auf meine eigene Interpretation. Mit diesem Vorbehalt werden im Folgenden die Motive jeder Gruppe kurz skizziert:

Gruppe I:

Typische Motive, an dem Kurs teilzunehmen, waren:

-Menschen treffen, neue Ideen bekommen, neue Kontakte knüpfen
-Mehr Selbstsicherheit, mehr Sicherheit beim Auftreten erzielen
-Das gemütliche Zusammensein

-Rezitation ist mein Hobby

-Die Kurse sind inspirativ

Viele in dieser Gruppe waren Amateurschauspieler, Schullehrer und auch Sprechkünstler. Sie scheinen ein exhibitionistisches Motiv gehabt zu haben: sie haben den Drang, sich vor dem Publikum darzustellen und finden Befriedigung im Erfolg.

Gruppe I sind 'echte Sprechkünstler'. Sie wollen ästhetische Erlebnisse darbieten und die ästhetischen Bedürfnisse des Publikums erfüllen.

GRUPPE II:

Typische Antworten in Gesprächen der Gruppe II waren folgende:

-Ich will, daß auch andere mit Hilfe von Gedichten solche Sachen verstehen könnten wie ich

-Ich will meine eigenen Gedanken mit Hilfe des Gedichts ausdrücken

-Rezitation ist eine Weise, anderen meine eigenen Gefühle zu vermitteln

-Mir fällt es schwer, Kontakte zu knüpfen; auf der Bühne habe ich solche Schwierigkeiten nicht , weil ich "fertige" Texte rezitiere

,-Mit Gedichten kann ich viel sagen

Mehrere Interviewte gebrauchten das finnische Wort varaventtiili 'Sicherheitsventil'. Gedichte vor der Gruppe zu interpretieren, ist ein Sicherheitsventil für sie. Viele bekannten sich als schweigsam, schüchtern, zurückhaltend oder menschenscheu außerhalb der Kurse, mit wenigen Kontakten zu anderen Leuten. Manche waren der Meinung, daß man sich selbst mit Hilfe von Rezitation besser kennenlernt und auch etwas Neues an sich selbst entdeckt. Selbst auf die Bühne treten zu können, war wichtig für die Interviewten dieser Gruppe; d.h. mit sprechwissenschaftlichen Termini ausgedrückt, daß die sprechkünstlerischen Bedürfnisse dieser Leute nicht durch das passive Kunsterlebnis als Publikum erfüllt wurden, sondern sie erforderten das Publikum vor sich, um diesem mittels rezitatorischer Darbietung etwas von und über sich selbst übermitteln zu können.

Man könnte die Resultate der quantitativen und qualitativen Analyse auf folgende Weise zusammenfassen: Die Analyse entschleierte zwei verschiedene motivationale Faktoren, die als *Ausdrucksnot* und *ästhetischer Genuß* verzeichnet werden können. Mitglieder der ersten Gruppe lesen Gedichte und rezitieren, um eine Äußerung zu den inneren Gefühlen zu finden - Rezitation dient als Sicherheitsventil, wie die Interviewten es selbst äußerten - während die letzteren rezitieren , weil sie Dichtung - und das Publikum - lieben.

Der Titel meines Beitrags "Das Gedicht - Zufluchtsstätte oder Quelle der Inspiration" ist absichtlich zugespitzt, vielleicht sogar provokativ formuliert. Die Ergebnisse meiner Experimente und die Gespräche mit den Teilnehmern der Rezitationskurse deuteten darauf hin, daß es bei Amateurrezitatoren auch andere Motivationsfaktoren für das Autreten gibt, als reinen künstlerischen Ehrgeiz: Rezitation fungiert als 'Sicherheitsventil', sie hilft, die eigenen Gedanken und Gefühle zum Ausdruck zu bringen, hilft Kontakte zu knüpfen usw. Wenn in meiner Informantengruppe auch solche sein können, deren Ausdruck und Kontaktschwierigkeiten anderswo geheilt werden sollten als in der Rezitationsgruppe, so dient das mündliche Darstellen von Gedichten einem Teil der 'Rezitationsfreunde' doch als eine Art Therapie. Man kann zumindest annehmen, daß das Rezitieren und die vorangehende Textanalyse auch eine synthetisierende und organisierende Wirkung auf die kognitiv-emotionalen Strukturen des Sprechers ausüben können.

Anmerkung

Dieser Beitrag ist ein Kurzbericht einer Untersuchung vor sechs Jahren über die Motivation der Amateurrezitatoren, Gedichte zu lesen und vor dem Publikum zu rezitieren. Die Fragebögen, Tonbänder und Computerausdrucke haben schon fünf Jahre in der Schublade meines Schreibtischs gelegen - ich hoffe, daß die Jahre dem Papier dasselbe getan haben wie gutem Wein - die Resultate veredelt!

Literatur

PAUNONEN, L. 1983. Peruskoulun äidinkielen opetuksen tilanne-kartoitus. KTL, Jyväskylä Univeristät. Jyväskylä.

SAARINEN, P. 1986 Perukoululaiset lukijoina. Helsinki: Kirjastopalvelu.

TAMMINEN, P. 1989. Peruskoulun yhdeksäsluokkalaisen suhtautuminen runon (das Verhalten zum Gedicht in der Oberstufe der Grundschule) Diplomarbeit. Jyväskylä Universität.

Deutsches "Poesiealbum"

Lutz Görner, Köln

Diese Arbeit ist entstanden aus einer Meinungsumfrage während meiner Auftritte mit GOETHEs 'Reinecke Fuchs' (in der Spielzeit 1988/89, Hrsg.). Bei diesen Konzerten habe ich Karten an das Publikum verteilt (auf diesen Karten war die Bitte vermerkt, drei Gedichte mit Titel und Autor als Rezitationswunsch zu nennen, Hrsg.).

Ungefähr ein Drittel der Karten ist wieder bei mir am Büchertisch in der Pause oder am Ende der Vorstellung abgegeben worden, und aus den Wünschen, die sie enthielten, ist das Bühnenprogramm ("Poesiealbum", Hrsg.) entstanden.

Um einen kleinen Überblick zu geben, was auf den Karten gestanden hat, möchte ich einige Tabellen mitteilen, die, glaube ich, sehr aufschlußreich sind.

Die 75 meistgenannten Gedichte (1% gleich 100 Nennungen) waren:

1.	Goethe	Der Zauberlehrling	20,75%
2.	Schiller	Das Lied von der Glocke	10,10%
3.	Fontane	Herr von Ribbeck auf Ribbeck im Havelland	8,75%
4.	Schiller	Die Bürgschaft	7,70%
5.	Goethe	Der Erlkönig	7,50%
6.	Goethe	Prometheus	4,75%
7.	Rilke	Der Panther	4,70%
8.	Meyer	Die Füße im Feuer	4,40%
9.	Heine	Deutschland - Ein Wintermärchen	3,95%
10.	Busch	Die fromme Helene	3,05%
11.	Rilke	Herbsttag	2,50%
12.	Fontane	John Maynard	2,35%

13. Busch	Max und Moritz	2,35%
14. Celan	Todesfuge	2,20%
15. Schiller	Der Taucher	2,15%
16. Brecht	An die Nachgeborenen	2,10%
17. Droste-Hülshoff	Der Knabe im Moor	1,90%
18. Kästner	Sachliche Romanze	1,75%
19. Hesse	Stufen	1,75%
20. Schiller	Die Kraniche des Ibykus	1,55%

Diese Liste möchte ich hier nicht weiter kommentieren, da die nun folgenden Listen das in gewisser Weise schon tun, denn die 20 meistgenannten Dichterinnen und Dichter nach der Häufigkeit aller Nennungen, die auf sie entfielen, sind:

1. Goethe..48,30%
2 Schiller...25,40%
3. Heine...16,70%
4. Brecht..14,85%
5. Fontane...14,15%
6. Rilke...10,30%
7. Busch...9,95%
8. Kästner...8,80%
9. Tucholsky...7,85%
10. Ringelnatz...7,55%
11. Morgenstern..6.00%
12. Meyer..5,35%
13. Hesse..3,85%
14. Eichendorf...2,90%
15. Celan..2,54%
16. Droste-Hülshoff....................................2,40%
17. Fried..2,30%
18. Storm..2,15%
19. Jandl..2,05%
20. Benn...2,05%

Hier sieht man, daß zwar Goethe, Schiller, Heine und Fontane die obige Liste bestätigen, aber Brecht steht plötzlich an 4. Stelle. Andererseits fallen auf Celan nur 0,45% mehr als auf die 'Todesfuge'. Überhaupt sind die heutigen Dichter stärker vertreten.

Teilt man diese Liste in Dichterinnen und Dichter vor und nach dem 1. Weltkrieg, so ergibt sich folgendes Bild:

Vor dem ersten Weltkrieg

1. Goethe...48,30%
2. Schiller..25,40%
3. Heine...16,70%
4. Fontane...14,15%
5. Rilke...10,30%
6. Busch...9,95%
7. Morgenstern..6,00%
8. Meyer...5,35%
9. Eichendorff..2,90%
10. Droste-Hülshoff.......................................2,40%
11. Mörike..2,35%
12. Storm...2,15%
13. Hölderlin...2,05%
14. Münchhausen...1,35%
15. Uhland..1,25%
16. Ernst...0,95%
17. Vogelweide..0,85%
18. Novalis...0,70%
19. Nietzsche...0,65%
    Gryphius..0,65%

Nach dem 1. Weltkrieg:

1. Brecht..14,85%
2. Kästner..8,80%
3. Tucholsky..7,85%
4. Ringelnatz..7,55%

```
 5. Hesse...................................................3,85%
 6. Celan...................................................2,65%
 7. Fried...................................................2,30%
 8. Jandl...................................................2,05%
 9. Benn....................................................2,05%
10. Bachmann................................................1,30%
11. Erhardt.................................................1,25%
12. Schwitters..............................................1,10%
13. Enzensberger............................................0,85%
14. Heym....................................................0,75%
15. Maiwald.................................................0,70%
```

Die Lösung des Rätsels (weshalb die Liste der 75 Gedichte und der 20 beliebtesten Dichterinnen und Dichter so weit auseinanderklaffen) liegt nämlich darin, daß von den alten Dichterinnen und Dichtern die Titel der Gedichte anscheinend gut bekannt sind. Aber bei den neueren Dichterinnen und Dichtern haben viele Zuschauer und Zuschauerinnen auf den Karten oft nur den Namen notiert und keinen dazugehörigen Titel: Und so sieht in diesem Falle die Reihenfolge aus:

Nennungen ohne Titel

```
 1. Ringelnatz..............................................285
 2. Brecht..................................................265
 3. Tucholsky...............................................250
 4. Kästner.................................................235
 5. Morgenstern.............................................225
 6. Roth....................................................150
 7. Busch...................................................140
 8. Goethe...................................................95
 9. Fried....................................................90
10. Hikmet...................................................85
```

Aber noch etwas führte dazu, daß die Liste der 20 beliebtesten DichterInnen so anders aussieht als die Liste der 75 beliebtesten Gedichte, nämlich die Menge der verschiedenen Gedichte, die von einem Dichter oder einer Dichterin genannt wurden.

Verschiedene Titel

Hier ist Goethe wieder die Nummer 1, aber Schiller z.B. steht erst an 10. Stelle. D.h. man kennt wenige Gedichte von ihm, diese aber sind sehr beliebt. Bei Fontane ist es ähnlich, er taucht schon gar nicht unter den ersten 20 auf. Aber 110 verschiedene Brecht-Gedichte! Und Mörike, Trakl, Enzensberger, Kaschnitz und Liliencron sind plötzlich dabei, von denen kein Gedicht unter den ersten 75 ist.

Zur Komplettierung noch zwei Listen. Einmal die Reihenfolge bei den Dichterinnen, wobei sie schon sehen können, wie schwierig es war, sie zusammenzustellen, denn Platz 10 mit 0,25% ist nicht allzuviel:

```
 6. Miegel................................................0,45%
 7. Sachs.................................................0,40%
 8. Domin.................................................0,35%
 9. Kirsch................................................0,30%
10. Strauß-Torney.........................................0,25%
```

Und die Liste der Dichterinnen und Dichter, die ihre Gedichte nicht in deutscher Sprache geschrieben haben:

```
 1. Villon................................................1,55%
 2. Hikmet................................................1,30%
 3. Neruda................................................1,05%
 4. Homer.................................................0,79%
 5. Bibel.................................................0,65%
 6. Shakespeare...........................................0,45%
 7. Rimbaud...............................................0,30%
 8. Lorca.................................................0,25%
 9. Baudelaire............................................0,20%
10. Ovid..................................................0,15%
```

Hier ist ganz deutlich: Villon, Hikmet und Neruda sind die Spitzenreiter und zwar ganz deutlich. Aber ebenso deutlich zeigt sich, wie wenig ausländische Gedichte zu den Lieblingsgedichten von uns Deutschen zählen, was sicher mit der Schwierigkeit der Übersetzung zu tun hat. Villon hatte Zech als Übersetzer, Hikmet Stephan Hermlin in vielen Fällen und Neruda hatte Erich Arendt. Da haben Lyriker Lyriker übersetzt.

Zusammenfassend läßt sich vielleicht folgendes sagen: Es hat sich in dieser Umfrage (ausgewertet wurden genau 10.000 Karten) gezeigt, daß Goethe, Schiller, Heine, Brecht, Fontane und Rilke die Lieblingslyriker unseres Volkes sind. Das ist nicht überraschend. Nicht überraschend ist auch, daß Lyriker, die nicht im Deutschunterricht vorkommen, es schwer haben, bekannt zu werden, da die Schule scheinbar der Umschlagplatz für Lyrik ist, d.h., daß nach der Schulzeit sich wenig Menschen mit Lyrik mehr beschäftigen. Aber daß von den 20 beliebtesten

Dichterinnen und Dichtern 10 aus diesem Jahrhundert stammen, ist beruhigend, wenn auch der Anteil der lebenden erschreckend gering ist. Erschreckend gering ist auch der Anteil der Lyrikerinnen ... Aber überraschend ist doch, daß Brecht so gut abgeschnitten hat, daß sich Tucholsky, Kästner, Ringelnatz und Morgenstern so wenig nehmen, obwohl eine gewisse Reihenfolge erkennbar ist.

Die Liebe zu Gedichten und besonders zu heutigen kann man nicht befehlen, sie muß wie jede Liebe erweckt werden, von den Dichtern, von den Rezitationen, von den Zeitungen, die endlich wieder wie früher mehr davon abdrucken sollten, und von den Verlagen, die die kleinen, dünnen Lyrikbändchen billiger und für junge Leute erschwinglicher machen sollten.

Nachtrag der Herausgeber:

Lutz Görner hat im Anschluß an die Vorstellung seiner Umfrageergebnisse auch die Tagungsteilnehmer in entsprechender Weise nach ihren literarischen Vorlieben befragt. Das Umfrageergebnis (87 abgegebene Karten) unter diesem "Fachpublikum" (eingeschränkt auf die Nennung von Autoren) ist verblüffenderweise ähnlich - mit bezeichnenden Abweichungen. Gegenüber der ursprünglichen "Rangfolge" übernimmt Brecht die "Spitze", Schiller rutscht ab, an seiner Stelle erscheint Hölderlin neu, Jandl findet sich weit oben, in seiner Nähe das Trio Celan/Bachmann/Lasker-Schüler, davon sind die beiden Frauen neu unter den ersten zwanzig Nennungen, auch Benn rückt auf, das Quartett Morgenstern/Ringelnatz/Tucholsky/Kästner bleibt erhalten, wenn auch in einigem Abstand voneinander, Busch, Hesse und Droste-Hülshoff teilen sich den letzten Platz, Storm und Fontane sind ausgeschieden, neu erscheint Mörike:

Rangfolge früherer Umfragen	Rangfolge der Berliner Umfrage	
1. Goethe	Brecht	24
2. Schiller	Goethe	23
3. Heine	Hölderlin	20
4. Brecht	Rilke	15
5. Fontane	Heine	14
6. Rilke	Jandl	9
7. Busch	Morgenstern	8

8. Morgenstern	Celan	8
9. Ringelnatz	Bachmann	8
10. Tucholsky	Lasker-Schüler	8
11. Kästner	Schiller	6
12. Meyer	Benn	6
13. Hesse	Mörike	6
14. Eichendorff	Ringelnatz	5
15. Celan	Tucholsky	5
16. Droste-Hülshoff	Meyer	5
17. Fried	Kästner	3
18. Storm	Eichendorf	3
19. Jandl	Fried	3
20. Benn	Busch/	
	Hesse/	
	Droste-Hülshoff	2

Musik und Sprechklang - Eine musikhistorische Skizze

Elmar Budde, Berlin

Im allgemeinen Sprachgebrauch ist es üblich, vom Verhältnis Musik und Sprache zu reden; und die musikwissenschaftliche Literatur zum sog. Wort-Ton Verhältnis ist schier unübersehbar. Wenn von Verhältnis die Rede ist, dann wird immer vorausgesetzt, daß zwei in sich kohärente Bereiche gegeben sind, die je in ihrer Eigenständigkeit und Unverwechselbarkeit zueinander in Beziehung treten. Erst wenn diese Voraussetzung erfüllt ist, kann jenes Spannungsfeld entstehen, das wir mit dem Wort "Verhältnis" bezeichnen. Die vorliegenden Ausführungen widmen sich nicht dem Verhältnis "Musik und Sprache" sondern dem Verhältnis "Musik und Sprechklang", d.h. dem Verhältnis von "Musik und Sprache als Laut-gewordenem Klang". Dabei ist stillschweigend unterstellt, daß der Sprechklang Laut-gewordene Sprache ist, und daß zwischen Sprechklang und Musik ein Verhältnis besteht, das dem Verhältnis von Musik und Sprache wenn nicht gar gleicht, so doch ähnlich ist.

Diese stillschweigende Unterstellung hat ihren guten Grund; sie wird bestimmt von wesentlichen Erscheinungsformen der abendländischen Musik, beginnend mit ihren Anfängen im frühen Mittelalter und in wechselvollen historischen Prozessen sich bis in die Gegenwart erstreckend; - Prozesse, die sich als eine ständige Auseinandersetzung von Musik und Sprache beschreiben lassen. Dabei ist es von prinzipieller Relevanz, sich immer wieder klar zu machen, daß die Musik, genauer der Tonvorrat der Musik, von Anfang an im Sinne einer qualitativen Ordnung vorgegeben ist. Musik stellt also nicht die Summe der Möglichkeiten von Klang dar, sondern sie ist ein nach distinkten Tönen exakt definierbares System. Die im Tonsystem zusammengeschlossenen Töne erhalten erst aufgrund dieses Systems ihren je eigenen musikalischen Sinn. Ob die Töne sich zu Modi, Tonleitern oder Reihen zusammenfügen, ist relativ bedeutungslos; entscheidend ist, daß die Töne als Qualitäten (und nicht als bloße Quantitäten, z.B. Frequenzen) den Rahmen der Musik vorweg abstecken und definieren. Das bedeutet im Blick auf das Verhältnis von

Musik und Sprache, daß in der gesamten abendländischen Musikgeschichte der im Tonsystem verankerte Ton immer dem Sprachlaut übergeordnet ist. Der Ton als musikalische Qualität zieht den Sprachlaut gleichsam in sich hinein. Umgekehrt vermag der Sprachlaut den Ton weder direkt zu beeinflussen noch gar zu verändern. Eine derartige Veränderung würde die Qualität des Tones tangieren; der Ton wäre im Blick auf das Tonsystem, dem er seine Qualität verdankt, bedeutungslos; er wäre eine bloße Frequenz und als solche ein Nichts

Der skizzierte Sachverhalt, der über Jahrhunderte grundlegend war für das Zusammengehen von Musik und Sprache, kann indessen in unserem Jahrhundert kaum noch Allgemeingültigkeit beanspruchen. Jeder von uns kennt jene Vielzahl von gegenwärtigen Kompositionen oder akustischen Demonstrationen bzw. Erscheinungsformen (wie immer man solche Darbietungen oder Darstellungen auch bezeichnen mag), in denen nicht nur Sprache sondern schließlich auch das bloße Lautwerden mit Hilfe der Stimmorgane sich selber musikalisieren. Im Blick auf die Gegenwart hat sich das tradierte Verhältnis von Musik und Sprache nicht allein zum Verhältnis Musik und Sprechen gewandelt, das Sprechen selbst ist sich als Sprechklang seiner selbst bewußt geworden. Der Sprechklang bedarf nicht mehr des Tones als Gegenüber, der Sprechklang ist vielmehr Ton und Musik in Einem. Es haben sich also im Verhältnis von Musik und Sprache Veränderungen vollzogen, die es zu erkennen gilt. Auf einige dieser Veränderungen sei im folgenden aufmerksam gemacht. Dabei geht der Blick zunächst zurück in die Vergangenheit, freilich nicht, um im Vergangenen zu verharren sondern um besser nach vorn zu schauen. Sinn und Bedeutung des Neuen lassen sich erst dann angemessen erkennen, wenn jene Veränderungen erkannt sind, die eintreten mußten, damit das Neue sich als sinnvoll setzen konnte.

Es sei zunächst an das Besondere der Sprachvertonung im 19. Jahrhundert erinnert; denn im 19. Jahrhundert entwickelt sich das Lied zu einer der bevorzugten musikalischen Gattungen. Auch für das Lied gilt, daß im Zusammengehen von Musik und Sprache sich immer Ton und Sprachlaut gegenüberstehen; der qualitativ definierte Ton nimmt den Sprachlaut in sich auf. Dieses Zusammengehen läßt sich genauer fassen. Der vom Ton erfaßte Laut ist immer ein Vokal, d.h. dem qualitativ definierten Ton tritt ein als Vokal definierter Sprachlaut gegenüber. Der Vokalbereich der Sprache wird also in der traditionellen Textvertonung tonlich erfaßt. Auf der anderen Seite bleibt der gesamte konsonantische Bereich mit seiner Vielzahl von Laut- und Klangbildungen, die bekanntlich sehr viel farbiger sind als die der Vokale, außerhalb der musikalisch-kompositorischen Faktur. Die musikalische Umsetzung des konsonantischen Bereiches geschieht nicht in der Komposition, sondern sie ist den Konventionen des Ausführenden, d.h. der Sängerin bzw. dem Sänger überlassen. Während der vokalische Bereich der Sprache kompositorisch erfaßt ist, gehört der konsonantische Bereich zur klanglichen Realisation. Die traditionelle Liedkomposition erfaßt also nur einen Ausschnitt aus dem sprachlichen Lautbereich, nämlich den der Vokale; dieser Bereich wird in Ton- bzw. Melodieverläufe übertragen, d.h. er wird melodisiert.

Im Blick auf die Musik des 19. Jahrhunderts, insbesondere auf jene der ersten Jahrhunderthälfte, bedeutet Melodisieren indessen nicht ein bloßes Umsetzen von Lauten in Musik, sondern ein Erfassen der Vokalischen Lautschicht der Sprache mit musikalisch-idiomatischen Wendungen, die als solche modellhaften Charakter haben, d.h. als strukturelle Möglichkeiten vorgegeben sind. Spätestens seit dem ausgehenden 18. Jahrhundert begriff die Musik selbst sich als Sprache im Sinne der meinenden Sprache. In der Tat hatten sich in der Musik Strukturen ausgebildet, die durchaus als sprachähnlich zu charakterisieren waren; so z.B. syntaktische Modelle, rhythmische Deklamationsfiguren, melodische und harmonische Topoi, um nur einige Charakteristika zu nennen. Aufgrund dieser und sehr vieler anderer sprachähnlicher Strukturen vermochte sich Musik nicht nur dem Sprachgefüge des komponierten Textes anzupassen, sondern darüber hinaus ihn auch als Musik widerzuspiegeln. Daß in dieser musikalischen Widerspiegelung vor allem der semantische Bereich der Sprache seinen Niederschlag fand, sei nur am Rande vermerkt. Schließlich ist noch darauf zu verweisen, daß in den traditionellen Lied- bzw. Sprachkompositionen die Sprache bzw. der Text im zeitlichen Nacheinander durchweg verstehbar deklamiert wird. Der Text ist also immer in einem sprachlich verstehbaren Sinne präsent. Gerade diese sprachliche Präsenz des Textes, man denke z. B. an die Lieder SCHUBERTs, bildet in den Liedvertonungen des 19. Jahrhunderts überhaupt die Voraussetzung für dessen Transformation in ein sprachähnliches Medium, nämlich in Musik. Der Text bildet keine Folie der Komposition, sondern er ist als ein eigenständiges und als solches verstehbares Sprachgebilde in der Komposition gegenwärtig. Der Text wird nicht in Musik umgewandelt, sondern er wird, um in der Sprache der Tradition zu reden, vertont. Die Text- bzw. Sprachvertonungen des 19. Jahrhunderts zehren in gleicher Weise von der Dichotomie Sprache und Musik, wie sie diese zu überwinden suchen.

In der Neuen Musik, wie sie um 1910 in den Werken der Wiener Schule in Erscheinung tritt, ändern sich die beschriebenen Konstellationen, ohne daß indessen weiterreichende Konsequenzen zunächst abzusehen sind. Als erstes fällt auf, daß einerseits das Ausmaß des musikalischen Eingriffs in den Text, der einer Komposition zugrunde liegt, größer wird, und daß andererseits die Komponisten versuchen, Möglichkeiten zu entwickeln, um die Lautschicht des Textes insgesamt in eine Komposition einzubeziehen. SCHÖNBERGs Textvertonungen sind durchaus am tradierten Vertonungsmodell orientiert. Gleichwohl bedient er sich bereits in den George-Liedern op.15 aus den Jahren 1908/09 einer rhythmischen Deklamation und einer weit gespannten Melodisierung, die nicht nur zu einer emphatisch überhöhten Diktion führen, sondern die schließlich das dem Lied zugrunde liegende Gedicht in freie Prosa auflösen. Obwohl SCHÖNBERG scheinbar noch im Sinne der Tradition den Vokalbereich der Sprache vertont, ändert sich jedoch durch die prosaartige Diktion des Textes die Gesangsart. Zwischenformen des Sprechens und damit Sprachlaute, die über den Vokalbereich hinausgehen, machen sich in den Kompositionen geltend. So wird man z. B. eine längere Folge kleiner Intervalle weniger in einem melodisch-intervallischen sondern mehr in einem prosodisch-redenden Sinne hören. Andererseits sind es gerade die expressiven Ausbrüche mit ihren großen Intervallsprüngen, die die Einbeziehung des gesamten sprachlichen Lautbereiches nicht nur nahelegen, sondern in einem Maße fordern, wie es in den Gesangskonventionen der traditionellen Musik nicht der Fall war.

In seiner Komposition "Pierrot Lunaire" aus dem Jahre 1912 hat SCHÖNBERG modellhaft gezeigt, wie das Verhältnis von Musik und Sprache in einer veränderten historischen Situation zu reflektieren sei. Im Eingangschor zu dem Drama "Die glückliche Hand" (1913) verbindet SCHÖNBERG zum ersten Mal Singen und Sprechen. Das klangliche Ergebnis ist eine seltsame Mischung von Gesang, Sprachklang und Lautgemisch. Gerade in diesem Chor läßt sich paradigmatisch wahrnehmen, daß das Singen im melodischen Sinne sich in dem Maße entmusikalisiert, wie das Sprechen selbst sich zum Lautlichen hin öffnet. Wir sind mit einem merkwürdigen Sachverhalt konfrontiert (und er gilt nicht nur für die Musik SCHÖNBERGs und seiner Schüler, sondern schließlich fürs Komponieren von Sprache in unserem Jahrhundert überhaupt); einem Sachverhalt, der quer zu dem traditionellen Modell der Textvertonung steht. Das Zurücktreten der Musik, genauer gesagt, das Neutralisieren und schließlich Auflösen der vorgegebenen Tonqualitäten ermöglicht das Freisetzen von Sprache als Sprechklang. Eine Erklärung für diesen Sachverhalt ist nicht allein in den subjektiven Intentionen der Komponisten zu suchen, in ihrem maßlosen Anspruch auf Ausdruck; er ist vielmehr Zeichen einer historischen Situation mit allen ihren Implikationen, die mit der Auflösung der sogenannten Tonalität um 1910 gegeben war. Auf die Vielzahl der Hintergründe, Bedingungen etc., die zu dieser Situation geführt haben, kann im Rahmen dieser Ausführungen nicht eingegangen werden; indessen sei ein Aspekt herausgegriffen, der, wie es scheint, zumindest eine der Bedingungen für das Freisetzen von Sprache als Sprechklang darstellte.

Es wurde bereits angedeutet, daß das Zurücktreten des tonalen Charakters der Musik und schließlich der Umschlag ins Atonale zu einer Neutralisierung des Tones und zum Verfall seiner spezifischen Tonqualität geführt hat. Aber es ist nicht ausschließlich die Neutralisierung des Tones, durch die die atonale Musik charakterisiert ist, entscheidend war, daß im Zusammenhang mit der Neutralisierung des Tones und damit des musikalischen Materials schlechthin zugleich der Sprachcharakter der Musik, wie er sich seit der zweiten Hälfte des 18. Jahrhunderts ausgebildet hatte, verloren ging. Die Sprachähnlichkeit der Musik, die sich u. a. in harmonisch-melodischen Formeln sowie syntaktischen Strukturen niederschlug, wurde im Verlauf des 19. Jahrhunderts zunehmend zugunsten eines emphatischen Kunstanspruchs des einzelnen Werkes ausgehöhlt. Die Instrumentalmusik will nicht mehr sprechen; sie beansprucht, ein Kunstwerk zu sein.

In der traditionellen Textvertonung steht, um es nocheinmal zu wiederholen, eine nach Tonqualitäten geordnete und in ihren Strukturen sprachähnliche Musik der Sprache gegenüber. Das ändert sich grundlegend in der atonalen Musik. Da die Neutralisierung des gesamten musikalischen Materials einhergeht mit dem Abbau der tradierten sprachähnlichen Vermittlungskategorien, ist in einer atonalen Komposition die Sprache einem musikalischen Material konfrontiert, das insgesamt neutral und tendenzlos ist. Wenn SCHÖNBERG in seinen Sprachkompositionen sprachliches Lautmaterial einbezieht, das über den Bereich der vokalischen Sprachlaute hinausgeht, wenn er also sprachliche Lautschichten komponierbar macht, die dem tradierten Komponieren verschlossen waren, dann ist ihm dies recht eigentlich erst aufgrund jenes neutralen musikalischen Materials möglich, das sich jeder Sprachähnlichkeit entzieht. Der enge Bezug zur Sprache in SCHÖNBERGS Sprachkompositionen (und das gilt nicht nur für ihn, sondern auch für seine Zeitgenossen) beruht also darauf, so widersprüchlich es auch zu sein scheint, daß die Musik sich an die Sprache verlieren kann, weil sie sich jeder vorgegebenen Sprachähnlichkeit begeben hat. Konsonantische Zwischentöne, Aufspaltung von Lauten und Tönen in kleinste Frequenzstufen, minuziöse Rhythmisierung von Sprache, Zerlegung von Sprache in einzelne Partikel und endlich auch die Instrumentalisierung von Sprache als Stimmklang, alles das (und noch sehr vieles mehr) sind Erscheinungsformen, die wir aus der neuen Musik kennen. Im Einzelnen mögen diese Erscheinungsformen auf Phantasie und Einfall von Musiker und Komponist zurückzuführen sein; ihren eigentlichen Grund finden sie indessen in einem gegenüber der Tradition veränderten musikalischen Material- und Sinngefüge, das aufgrund seiner Neutralität zugleich weit und nah von der Sprache entfernt ist.

Der skizzierte Rückblick in die ersten Jahrzehnte unseres Jahrhunderts versuchte zu zeigen, daß im Bereich der musikalisch-kompositorischen Auseinandersetzung mit Sprache eine deutlich erkennbare Tendenz, vielleicht sogar ein Prinzip abzulesen ist. Seit dem Verfall der Tonalität und ihres Sprachcharakters wird in zunehmendem Maße der gesamte Lautbereich der Sprache in die Musik einbezogen. Diese Tendenz hat in den vergangenen 25 Jahren eine unübersehbare Gestalt angenommen. Der Lautbereich der Sprache ist nicht nur in seiner Gesamtheit komponierbar geworden, der sprachliche Lautbereich löst sich insgesamt auch aus dem sprachlichen Bedeutungsbereich und wandelt sich so zum reinen Lautmaterial. Damit wird die lautliche Materialseite der Sprache zum eigentlichen Agens des Komponierens. Schließlich hebt sich der Vorgang des Komponierens von Sprache, Quasi-Sprache oder Sprach-lauten insgesamt auf, indem das Sprechen selbst, wie immer es auch geartet sein mag, bzw. das stimmliche Erzeugen von Lauten als musikalischer Prozeß begriffen wird. Ein Prozeß tritt an die Stelle dessen, was man einmal eine Komposition nannte. Und doch ist dieser Prozeß kein Zufallsprodukt; die Strenge der Komposition ist in der Unverwechselbarkeit seiner Physiognomie aufgehoben. Die Musikalisierung der sprachlichen Lautschicht, die ermöglicht wurde aufgrund der Auflösung des überkommenen musikalischen Tonsystems, löst zugleich die Sprachlaute aus deren sprachlichem Bedeutungskontext. So wie die stimmlichen Laute sich von der Sprache lösen, so lösen sich die musikalischen Laute von den Tönen. Es will scheinen, daß das Verhältnis Musik und Sprache, von dem zu Beginn die Rede war, sich in unserem Jahrhundert nicht nur zum Verhältnis Musik und Sprechen gewandelt hat,sondern, daß es sich aufhebt in der Identität von Musik und Sprechklang. Ein weites Feld von Möglichkeiten tut sich auf; aber auch dem Dilettantismus, dem Zufall und dem Un-Sinn sind Tür und Tor geöffnet; vielleicht ist das gut so. Die Grenzen der Künste sind endgültig verwischt.

Von derartigen Grenzverwischungen zwischen den Künsten haben bereits die Romantiker geträumt. Und so ist es nicht verwunderlich, daß Arnold SCHÖNBERG, der diesen Traum ja nicht nur träumte sondern in seiner Musik zu verwirklichen suchte, im Programmheft zur Uraufführung des "Pierrot Lunaire", die am 16. Oktober 1912 in Berlin stattfand, den folgenden Text von NOVALIS abdrucken ließ:

"Es lassen sich Erzählungen ohne Zusammenhang, jedoch mit Assoziation, wie Traum, denken - Gedichte, die bloß wohlklingend und voll schöner Worte sind, aber auch ohne allen Sinn und Zusammenhang, höchstens einige Strophen verständlich, wie Bruchstücke aus den verschiedenartigsten Dingen. Diese wahre Poesie kann höchstens einen allegorischen Sinn im Großen und eine indirekte Wirkung wie Musik haben."

Die wahre Poesie beginnt also jenseits des unmittelbaren Sinns; sie ist immer Bruchstück und Fragment; ihre Wirkung ist wie Musik, denn sie macht das Nicht-Verständliche zum klanglichen Erlebnis im Laut der Sprache. Umgekehrt ist zu folgern, daß die wahre Musik auch erst jenseits des unmittelbaren Sinns beginnt; erst dann ist ihre Wirkung wie Sprache, aber einer Sprache, die des definierbaren Sinns entbehrt. Wenn SCHÖNBERG sich programmatisch auf NOVALIS beruft, dann will er mit Sicherheit andeuten, welche utopischen Ziele er in seiner Musik, den Sprachkompositionen des "Pierrot Lunaire" vefolgt. Was wäre die Kunst, wenn man sie der Utopie und des Traumes beraubte?

Zum Problem der Sprechmelodie in Arnold Schönbergs Melodram "Pierrot Lunaire"

Edith Urbanczyk, Berlin

Die 1912 entstandene Komposition "Pierrot Lunaire" von Arnold SCHÖNBERG gilt als eines der bedeutendsten Werke unseres Jahrhunderts. Der "Pierrot Lunaire" ist eine Folge von 21 Melodramen, denen 21 Gedichte von Albert GIRAUD in der Übersetzung von Otto Erich HARTLEBEN zugrundeliegen.

SCHÖNBERGs Kompositionen stellen den Hörer und besonders den Musiker vor enorme Schwierigkeiten. Die Schwierigkeiten sind nicht nur solche des musikalischen Verstehens, sondern vor allem solche der klanglichen Realisierung bzw. der Interpretation. Eines der Probleme, das den Interpreten bis heute größte Schwierigkeiten bereitet hat und zu unterschiedlichsten Lösungen führte, ist das der Ausführung der Sprech- bzw. Singstimme.

SCHÖNBERG nennt seine Kompositionen Melodramen. Unter einem Melodram versteht man in der traditionellen Musik die gehobene Deklamation eines Gedichtes, die von Musik untermalt wird. Die Art und Weise der Deklamation ist jeweils dem Sprecher überlassen; er hat sich nur an dem Bewegungsverlauf der den Text untermalenden Musik zu orientieren. SCHÖNBERG indessen fixiert in seiner Komposition nicht nur den rhythmischen, sondern auch den genauen Tonhöhenverlauf der Deklamationsstimme. Der Tonhöhenverlauf, den Schönberg in der Art einer herkömmlichen Melodie komponiert hat, soll jedoch nicht im Sinne einer Melodie gesungen werden; um diese Absicht auch im Notentext zu verdeutlichen, hat Schönberg die Hälse der Notenköpfe mit Kreuzchen versehen. SCHÖNBERG war sich wahrscheinlich bewußt, daß seine Vorstellung: Text auf genau fixierte Tonhöhen zu sprechen, zu Schwierigkeiten bei der Interpretation führen würde. Darum hat er ein erklärendes "Vorwort" über die Ausführung der Sprech- bzw. Singstimme der Partitur vorangestellt; ein Vorwort, das allerdings bis heute vielleicht mehr zur Verwirrung als zur Erklärung beigetagen hat.

"Die in der Sprechstimme durch Noten angegebene Melodie ist (bis auf einzelne besonders bezeichnete Ausnahmen) nicht zum Singen bestimmt. Der Ausführende hat

die Aufgabe, sie unter guter Berücksichtigung der vorgezeichneten Tonhöhen in eine Sprechmelodie *umzuwandeln. Das geschieht, indem er*

1. den Rhythmus so einhält, als ob er sänge, d.h. mit nicht mehr Freiheit, als er sich bei einer Gesangsmelodie gestatten dürfte

2. sich des Unterschieds zwischen Gesangston *und* Sprechton *genau bewußt wird: Der Gesangston hält die Tonhöhe unabänderlich fest, der Sprechton gibt sie zwar an, verläßt sie aber durch Fallen oder Steigen sofort wieder. Der Ausführende muß sich aber sehr davor hüten, in eine "singende" Sprechweise zu verfallen. Das ist absolut nicht gemeint. Es wird zwar keineswegs ein realistisch- natürliches Sprechen angestrebt. Im Gegenteil, der Unterschied zwischen gewöhnlichem und einem Sprechen, das in einer musikalischen Form mitwirkt, soll deutlich werden. Aber es darf auch nie an Gesang erinnern.*

Im übrigen sei über die Ausführung folgendes gesagt:

Niemals haben die Ausführenden hier die Aufgabe, aus dem Sinn der Worte die Stimmung und den Charakter der einzelnen Stücke zu gestalten, sondern stets lediglich aus der Musik. Soweit dem Autor die tonmalerische Darstellung der im Text gegebenen Vorgänge und Gefühle wichtig war, findet sie sich ohne dies in der Musik. Wo der Ausführende sie vermißt, verzichte er darauf, etwas zu geben, was der Autor nicht gewollt hat. Er würde hier nicht geben, sondern nehmen." (SCHÖNBERG, 1923: ohne Seitenangabe)

Der Ausführende hat also die Aufgabe, die Melodie "unter guter Berücksichtigung der vorgezeichneten Tonhöhen in eine Sprechmelodie umzuwandeln", dabei muß er, wie SCHÖNBERG unmißverständlich weitersagt, den "Rhythmus haarscharf" einhalten.

Was aber soll mit den Tönen der Melodie entstehen? Die Töne sollen einerseits in eine Sprechmelodie umgewandelt werden, andererseits sollen sie aber als Tonhöhen erkennbar bleiben, denn sie bilden erst als Töne eine Melodie. Wie sind solche Widersprüche zu verstehen? In den meisten Schallplatteneinspielungen und Konzertaufführungen des "Pierrot Lunaire" kann man durchweg folgende Beobachtung machen: der rhythmische Verlauf der Melodie wird zumeist einigermaßen genau eingehalten, während der melodische Verlauf (von einigen Ausnahmen abgesehen) nur ungefähr wiedergegeben wird; dafür aber wird der Gefühlsbereich - die persönliche Aussage - total überspannt dargestellt. Oft kann man auch hören, daß Sprecherinnen, die für ihre Stimmlage bequem liegenden Töne zwar genau intonieren, die vorgezeichneten Tonhöhen in unbequemeren Lagen jedoch dem Zufall überlassen. Dieser Sachverhalt ist nicht nur widersprüchlich, sondern sogar widersinnig.

Die folgenden Beispiele aus dem "Pierrot Lunaire" versuchen zu zeigen, daß SCHÖNBERG die Tonhöhen für Sprechstimme genau komponiert hat.

Beispiel Nr. 1 (siehe Seite 120)

Nach ein-einhalb Takten instrumentaler Einleitung (Klavier, Violine) setzt die Sprechstimme ein. Die Sprechstimme bewegt sich in einem abwärts gerichteten melodischen Bogen, der mit dem eingestrichenen a' beginnt und mit dem kleinen a endet; darüber hinaus ist der Melodiebogen dem Text entsprechend zweiteilig gegliedert. Bereits in den ersten beiden Tönen a' - h' zeigt sich das angedeutete Problem und zwar dann, wenn die Intonation ungenau ist.

Den Wein den man mit Au.gen trinkt, gießt

Auf den Ton a' folgt der Ton h'; dessen Tendenz ist auf den Ton c" gerichtet. Der Ton c" ist der Anfangston des nächsten Taktes, d.h. die leittonartige Spannung des Tones h' greift über den gesamten Takt hinaus und findet schließlich seine Auflösung im Ton c" ("Wein" führt zu "Augen"). Dieser "übergreifenden" Linie a' - h' - c" hat SCHÖNBERG die große Sekunde ais' - gis' entgegengesetzt, gewissermaßen als Gegenspannung. Die einstimmige Linie der Melodie besteht also aufgrund ihrer internen Intervallstruktur aus einer aufwärts gerichteten und einer abwärts gerichteten Spannung.

Da diese beiden Anfangstakte fast ausschließlich aus Halb- und Ganztonschritten bestehen, dürfte die genaue Intonation für einen Sprecher bzw. Sänger realisierbar sein.

Mondestrunken.

Beispiel Nr. 2:

Der kranke Mond.

Dieses Melodram ist für Flöte und Sprechstimme komponiert. Das kontrapunktische Spiel der beiden Linien wird nur dann erkennbar, wenn die Intervallverhältnisse zwischen Flöte und Stimme nicht dem Zufall überlassen bleiben.

Im dritten Takt spielt die Flöte viermal ein rhythmisch zur Gesangsstimme verschobenes e'; dazu singt die Sprechstimme eine über diesem Ton liegende

Melodie, deren chromatischer Duktus gleichsam die Textworte "todeskranker Mond" farblich nachzeichnet.

Bei Takt 12 umspielen Stimme und Flöte die Töne es'-d'-cis'-h. Gerade in dieesm Falle ist die absolute Sauberkeit der Intonation unbedingt erforderlich, denn sonst vernimmt man als Zuhörer nur ein unklares Tongemisch, das durch die tiefe Lage von Flöte und Stimme darüber hinaus noch mehr verdunkelt wird.

Beispiel Nr 3:

Die Sprechmelodie des ersten und zweiten Taktes verläuft parallel zur Terzenfolge des Klaviers. In Takt 5 findet man wieder eine parallel laufende Melodie zwischen Klavier und Stimme. In beiden Fällen ist es aufgrund der Identität von Melodie und Klangfolge musikalisch widersinnig, eine gegenüber der Schönbergschen Komposition veränderte Sprechmelodie zu erfinden.

Im übrigen sei darauf verwiesen, daß Schönberg ein absolutes Gehör besessen hat, d.h. er hatte absolute Tonhöhenvorstellungen; allein schon deshalb ist anzunehmen, daß er beim Komponieren der Sprechmelodie immer von seiner eigenen Tonhöhenvorstellung ausging; er konnte sie als Musiker nicht negieren.

Wie kann man sich aber eine Interpretation vorstellen, die die fixierten Tönhöhen nicht singt sondern spricht?

Dazu müssen die technischen Möglichkeiten des Singen und Sprechens besonders aber die Unterschiede zwischen den beiden Ausdrucksformen bewußt gemacht werden. SCHÖNBERG versucht in seinem Vorwort gewisse Unterschiede zu erklären: diese Erklärungen behandeln ausschließlich das Aushalten von längeren Tönen bei gesprochenen bzw. gesungenen Melodiebögen. Bei der Interpretation des Sprechgesangs geht es jedoch nicht ausschließlich um länger gehaltene Töne innerhalb einer Melodie. Sehr viel andere Faktoren spielen in das Interpretationsproblem hinein; auf einige sei im folgenden skizzenhaft verwiesen.

Atmen:

Der Sänger führt den Melodiebogen immer von Anfang bis zum Ende einer musikalischen Phrase (s.Beispiel: oberer Bogen); er weiß schon beim Einatmen, wie lange der Bogen der Melodie zu spannen ist, an welchen Stellen er mehr oder weniger Luft benötigt, d.h. er teilt seinen Gesangsatem genau und bewußt ein. Der Sprecher dagegen kann atmen, wann er will. Er atmet nicht nach dem musikalischen Melodieverlauf, sondern nach dem Ausdruck und Sinngehalt des Textes (s. Beispiel: untere Bögen).

Bei diesem Beispiel würde der Sänger auf jeden Fall versuchen, die ganze Phrase in einem Atembogen zu gestalten. Der Sprecher kann atmen ganz nach seinem gefühlten Sinnausdruck. Dabei kann trotzdem der genaue Rhythmus und auch die Tonhöhe eingehalten werden. Er bemüht sich nicht darum, eine eine wunderbare Melodiestimme schön zu singen.

Konsonanten und Vokale

In der deutschen Sprache gibt es lang klingende Vokale (z.B. Mond) und kurz klingende Vokale (z.B. Nacht). Es ist sicher nicht schwierig für einen Sänger kurze Vokale auf kurze Notenwerte zu sprechen. Aber es bedarf großer Überlegung und in die Musik einfühlende Sensibilität, um bei längeren Tonwerten einen ausdrucksstarken, vibratoreichen Gesangston zu vermeiden; und einen solchen Gesangston wollte SCHÖNBERG auf jeden Fall verhindern.

Im folgenden Beispiel kann man durch den Ausdruck des Wortes sowie durch eine stärkere Artikulation der Konsonanten den Charakter der melodischen Phrase finden.

Die Diphtonge (Doppellaute: au, ei, u.a.) werden jeweils beim Singen und Sprechen verschieden behandelt:

Der Sänger bemüht sich, den ersten der Doppelvokale möglichst lang und tonschön zu gestalten, um dann am Schluß den Ton mit dem zweiten Vokal abzuschließen. Der Sprecher aber kann sehr wohl ein lang gedehntes au auf vorgeschriebener Tonhöhe bilden.

Intonation

Der Sänger kann einen Ton nur rein singen, wenn er vor dem Einsatz des Tones eine genaue Tonhöhenvorstellung hat. Diese kann er entweder absolut einsetzen, wenn er ein absolutes Gehör hat, oder er nimmt Bezug auf die vorher klingenden Töne und kann dann durch Intervallhören den richtigen Ton finden. Der Sprecher muß sich um keinen bestimmten Tonhöheneinsätze kümmern, er spricht keine reinen Töne.

Tonumfang

Die Komposition des Pierrot Lunaire verlangt extreme Höhen und Tiefen. Der Tonumfang eines Sprechers ist sicher nicht so groß wie der eines ausgebildeten Sängers, der durch gesangstechnische Übungen seinen Stimmumfang erheblich zu erweitern gelernt hat. Doch auch der Sprecher kann den Tonumfang seiner Stimme aufgrund unterschiedlicher Registerlagen erweitern. Dabei muß berücksichtigt werden, daß SCHÖNBERG sich nicht eine singende Sprecherin, sondern eine sprechende Sängerin in seinen Melodramen vorgestellt hat. Die Idee der Sprechmelodie hat übrigens Alban BERG in einigen Partien seiner Oper "Wozzeck" übernommen. SCHÖNBERGs Vorwort zum "Pierrot Lunaire" hat er ohne Abstriche der "Wozzeck"-Partitur vorangestellt. In seinen "praktischen Anweisungen zur Einstudierung des Wozzeck" hat BERG noch folgende Ergänzungen hinzugefügt:

"Die in Partitur und Auszug befindliche Anweisung zur Behandlung der Sprechstimme wäre dahin zu ergänzen: Keinesfalls Singen! Aber trotzdem ist die Tonhöhe in der Gesangstonhöhe (genau nach Noten) anzugeben und festzuhalten; letzteres aber mit Sprechresonanz. Wobei allerdings bei einer solchen Sprechstimme nicht durchaus Bruststimme, sondern eventuell auch Kopfmischung möglich, ja sogar notwendig ist, da die gewöhnliche Sprechstimme oft einen zu tiefen und zu kleinen Umfang hat. Dadurch wird erzielt, daß diese gesprochenen Töne an einer Stelle sitzen, wo sie dem Sänger ebensowenig weh tun oder schaden, wie die in jeder Modifikation des Ausdruckes und jeder Lage verwendbaren gesungenen Töne. Nur dort, wo trotz dieser Anweisungen ein unnatürlicher, ein manirierter Timbre nicht zu vermeiden ist, ist eine Führung der Sprechmelodie in engeren Grenzen gestattet, innerhalb deren aber allerdings die "Verhältnisse der einzelnen Tönhöhen zueinander" unbedingt zu wahren sind."

SCHÖNBERGs Sprechmelodie bedeutet keine emotionale Aufweichung einer in ihrer intervallischen und rhythmischen Struktur exakt komponierten Melodie, sondern die Rücknahme dieser Melodie in die entpersönlichte Starre der Maske, hinter der sich das Subjekt zu verbergen hat. Das Problem des großen Tonumfangs der Melodramen ist für jeden Interpreten besonders   schwierig. Allein schon deshalb kann SCHÖNBERG die persönliche Farbe einer ausgebildeten Gesangsstimme mit ihrer expressiven Stimmgebung nicht gemeint haben; vielmehr muß die Stimme gegenüber ihrem subjektiven Anspruch zurückgenommen werden. Jeder Melodieton der Melodramen steht als gesungener Ton unter SCHÖNBERGs Diktat, nicht gesungen zu werden. Dadurch entsteht jene nicht in Worte zu fassende Spannung zwischen den genau intonierten aber zugleich nicht gesungenen Tönen; eine solche Spannung hat nichts mit dem üblichen melodramatischen Sprechen zu tun, das nichts weiter ist als eine musikalisch emotionalisierte Deklamation. Deshalb ist die Form des Melodrams, wie sie SCHÖNBERG erfunden und komponiert hat, die einzig angemessene Art, die nächtlichen Gedichte des "Pierrot Lunaire" kompositorisch zu reflektieren und musikalisch erlebbar zu machen.

Literatur

BERG, A. 1981. Wozzeck (Vortrag von 1929); in: Glaube, Liebe, Hoffnung. Schriften zur Musik. Leipzig: Reklam

SCHÖNBERG, A. 1923. Pierrot Lunaire, Klavierauszug. Wien: Universaledition

Wenn das Wort an sich die Gewalt der Musik erleidet -

Über Sprache und Sprechklang in der neuen Musik

Susanne Vill, Bayreuth

Die menschliche Stimme als Kommunikationsmittel verfügt über ein außergewöhnlich großes Ausdrucksspektrum und als Musikinstrument über ein ebenso außergewöhnlich großes Klangspektrum. Sprache, Geräusch und Musik sind drei voneinander unabhängige Medien, deren sich die Stimmen bedienen, die sie auch miteinander vermischen kann. Die Materialexploration, die Komponisten und Musiker in der neuen Musik mit allen Klangerzeugern betrieben haben, hat auch die Skala der Stimmklänge und Lautproduktionen beträchtlich erweitert (s. auch GIESELER, 1975: 69 - 73). Während die aus den Traditionen der Vokalmusik bekannten Techniken vorrangig auf Sinnentsprechungen oder Analogien im Verhältnis zwischen den Medien hinzielten, geriet diese Homogenität zunehmend in Tautologieverdacht, und das aesthetische Interesse verlagerte sich mehr auf die Kommentar- und Kontrastwirkungen. Vom funktionalen Zusammenspiel zwischen Sprache, Stimmcharakterisatoren, Stimmsegregaten und Klängen wegführend entwickelte sich die expressive Autonomie der Medien einschließlich der vokalen Geräuschskala.

Aus der Tradition des Musiktheaters bekannt waren Sprachklänge verschiedener Sprachen in den gesprochenen Dialogen der Singspiele, Operetten und Musicals, im Melodram, im Parlando und Rezitativo secco der Oper mit Übergewicht der Sprachartikulation gegenüber dem musikalischen Klang, ferner in der Deklamation des Wagner-Gesanges, der das Wort gleichgewichtig neben die Musik zu stellen suchte. Die Integration der Sprechstimme in der musikdramatischen Vokalkomposition erfolgte im Sprechgesang bei Arnold SCHÖNBERG (Pierrot Lunaire, 1912) und Alban BERG (Lulu, Komposition 1928-35, UA 1937, Prolog des Tierbändigers).

Als Zeichen der Problematisierung von Sprache und ihrer Vermittlungskompetenz lassen sich die Formen der Sprechzergliederung verstehen. Die Negation oder Auflösung von Semantik, die zu asemantischen Kompositionen führte, ist vorgezeichnet in Nonsense-Dichtungen, im DADA und im absurden Theater, als Mittel von Eskapismus und Kommunikationsverweigerung schon in Jacques OFFEN-BACHs Operette "Bat-a-Clan: Tschin, Tschin oder Japaner in Berlin" (1855).

Auflösung der einzelnen Wörter in ihre Elemente macht den Worttext zum Steinbruch für phonetisches Material, etwa bei John CAGE ("Song Books", 1970) György LIGETI ("Adventures", 1963, "Nouvelle Aventure", 1962-65). Vor allem in LIGETIs Mimodramen ist mit der Asemantik und der Differenzierung des vokalen Gefülsausdrucks der einzelnen Töne die Kapitulation der Sprache vor dem Anspruch, taugliches Ausdrucksmedium für existentielle Bedrohung zu sein, gemeint. Philip GLASS und Robert WILSON sind mit "Einstein on the beach" (1976) näher am absurden Theater als an LIGETIs Psychogramm der Ängste und des Paroxysmus.

Die averbale und vokale Vermittlung von Zuständlichkeiten und ihren Entwicklungsprozessen ist ein Thema von Dieter SCHNEBELS "Atemzüge" (1968-71) und "Maulwerke" (1976), die die Sprechakte und Sprechwerkzeuge einer technischen Detailanalyse des Funktionierens unterziehen, ehe die akustischen Ergebnisse dieser Zergliederung in einem komponierten Ablauf systematisiert wurden.

Musikkonzepte und Kompositionen der neuen Musik, die mit dem Sinngefüge und der Vermittlungskompetenz von Sprache(n)arbeiten, lassen sich danach befragen, wofür eine bestimmte Art von Sprache steht, was ihr Gebrauch - in welcher Weise auch immer - "bedeutet", und ferner danach, was ästhetisch geschieht, wenn Sprache(n) und Sprechklänge verschiedener Art und Herkunft miteinander kontrastierend eingesetzt werden.

Dafür einige Beispiele. Sprache kann dazu dienen, die Sprecher in der Geographie, im sozialen Gefüge, und das "Besprochene" im psychischen Ausdrucksbereich zu lokalisieren.

Eine Regionalisierung von Sprechakten einschließlich ihrer Verfremdung nimmt der Gebrauch der entsprechenden Landessprachen vor, von Dialekten, auch von exotischen Sprachen und der davon ausgelösten Verständigungsprozesse. In Luciano BERIOS Oper "un re in ascolta" (1984) lokalisiert die jeweilige Sprache die Herkunft der Handelnden: Italienisch und Deutsch werden von Prospero und dem Ensemble auf der Bühne gesprochen und gesungen, wobei Prospero, der "Impresario", in italienischer Sprache singt, was er sich denkt, und in deutscher Sprache, was er zur Truppe sagt. Das Ensemble singt italienisch, wenn es zu ihm spricht, und deutsch, wenn es sich miteinander unterhält. Gleichzeitig dienen die Sprachen der Milieuschilderung eines internationalen Opernensembles, das sich frei in verschiedenen Sprachen bewegt und im Augenblick von Prosperos Herzinfarkt chaotisch durcheinanderspricht und -tönt.

Simultanes Sprechen ist in Anlehnung ans simultane Singen im Ensemble eine spezifische Technik der Musik und des Musiktheaters, chaotische oder florierende Vielstimmigkeit polyphon darzustellen.

In Volker David KIRCHNERs Oper "Belshazar" (1986) ist die babylonische Sprachverwirrung eine, die sich nicht durch den Gebrauch verschiedener Fremdsprachen, sondern verschiedener Idiome und Fachsprachen ausdrückt. Als der Turmbau den fatalen Riß in der Mauer zeigt, geben der Senatspräsident, der Bischof, der Architekt, der Konsistorialrat, der Gewerkschaftschef und der Kunstkritiker ihre unvereinbaren Erklärungen über das Geschehen ab. KIRCHNERs musikdramatischer Standpunkt zum Verhältnis von Sprache und Musik zielt vor allem in den Visionen des Schlusses nicht darauf ab, das Denken in einer wortgezeugten Musik zu versinnlichen, noch die Empfindungen mit "tönendem Schweigen" zu malen, vielmehr notierte der Komponist selbst dort eine Sprache, die aus der Musik hervorbrach, so als könnten die Wörter Wegmarkierungen setzen von einem, der verlorengeht.

Milieuschilderungen und Mentalitätsverweis durch sprachliche Mittel erscheinen bei Bernd Alois ZIMMERMANN in anderer Form. Im polyszenischen Schlußtableau seiner Oper "Die Soldaten" (1965) realisiert er die Idee von der "Kugelgestalt der Zeit" (ZIMMERMANN, 1974) in Klangkollagen, die das Latein des Feldpredigers mit deutschen Exerzierkommandos und den kreatürlich-existentiellen Lauten von Stöhnen und Schreien bei Geburt und Tod mischen mit Kanonendonner und anderen realistischen Geräuschen des Krieges.

Darstellung eines sozialen Milieus - in diesem Fall durch den Gebrauch des Slangs der Bronx in New York und anderer amerikanischer Regionen - benutzt Marvin HAMLISH und die Textautoren James KIRKWOOD, Nicolas DANTE und Eward KLEBAN in "A Chorus Line" (1975), um die soziale Herkunft der Tänzer bei der "Audition" vorzuführen und auf ihre damit verbundene Not-wendigkeit hinzuweisen, beruflich Erfolg zu haben, wenn sie dieser entkommen wollen. Der Dialektgebrauch verweist in "A Chorus Line" deutlich auf Alan Jay LERNERs und Frederick LOEWES "My Fair Lady" (1956) nach Bernard SHAWs "Pygmalion" zurück. Eine andere Bedeutungsebene berührt KLEBAN/HAMLISH in der No. 11

des Musicals, wenn der Sprechgesang der unglücklichen Kristine "I could never really sing. What I couldn't do was sing!" zeigt, daß Musicaldarsteller außer sprechen und tanzen auch singen können sollten. Am Kontrast ihres verzweiflungsvoll gerufenen Texts zu den volltönenden Einwürfen ihres Partners Al wird schmerzlich deutlich, daß wer nicht singen kann, sich eben mit dem "armseligen" Sprechklang begnügen müsse.

Schilderung des sozialen Milieus und Kritik an ihm in einer Weise, die sich um die Emanzipation des Sprechens als vokale Klangform bemüht, ist der "Rap". Das englische Wort bedeutet klopfen, pochen auf etwas, scharf kritisieren, bellen, herauspoltern; als Substantiv bedeutet es Heller, auch in dem Sinne: keinen Heller wert sein. Der Stil entstand um 1979, die "Sugarhill Gang", "Rapper's Delight", Kurtis Blow und "Grandmaster Flash" zählen zu seinen Schöpfern und ersten Vertretern. Die scharf rhythmisierte und skandierte Textdeklamation in raschem Tempo wird von einer Band begleitet, bisweilen akustisch überdeckt, so daß die Texte nicht immer verständlich sind selbst für die sprachlich "Eingeborenen" des jeweiligen Slang. Private Geschichten, individuelle Auseinandersetzungen mit Problemen des Alltags und der Umwelt werden in dieser Form mitgeteilt und setzen sich dem Eindruck aus, daß das mitunter manisch anmutende Sprechen etwas mit dem Kampf um's Überleben in der Masse zu tun hat, quasi eine vokale Selbstbehauptung. Es scheint, als ob die akustische Kontinuität des Sprechens, unabhängig vom Inhalt des Mitgeteilten, Garant des Fortbestehens sei. "Am Ball bleiben" ist offenbar die Devise, denn wer schweigt, und sei es auch nur kurz, ist für die akustische Kommunikation nicht präsent - das zumindest lehren die sog. Kommunikationsmedien. Das Hervorsprudeln der Wörter in einer Art "Sprech-Rausch" wird anscheinend als eine Technik phonetischer Selbstbefreiung benutzt.

Mit dieser, auch an die freie Assoziation, das Drauflos-Erzählen auf der Couch des Psychoanalytikers erinnernden Stilrichtung ist schon ein weiterer Bereich angesprochen, der von Sprache und den verschiedenen Formen des Sprechverhaltens definiert wird: der psychische Ort, dem der Ausdruck entstammt oder zugeordnet werden kann. Die Skala reicht von existentiell-averbalen, über den vorsprachlichen, lautmalenden Ausdruck, über den Aufschrei und die Exklamation bis hin zum Verstummen als Verweigerung von sprachlicher Kommunikation, pathogen als Aphonie[1], oder als Verhaltenskritik an den engen Grenzen sprachlicher Vermittlungskapazität.

So teilt z.B. schon der Titel von BERIOs Musiktheaterwerk "un re in ascolta" mit, daß die Klänge, die sprachlichen wie die musikalischen, eigentlich nur Auslöser sind, Stimulantien für jenes Horchen, Nachhorchen und In-sich-hineinhorchen, das als eigentliches Rezeptionsziel intendiert ist. Sprache ist auch relativ unabhängig von den mitgeteilten Bedeutungen der Werte, akustisches Repräsentanz eines Gegenübers, Vergewisserung seiner Gegenwart und damit Zeichen von Trost.

Die geformte, poetische Sprache wie sie Peter Michael HAMEL in seiner Lyrikoper "Kassandra" (1987) mit Gedichten von Erich ARENDT komponierte, bezeichnet den sensiblen und in diesem Fall visionären Selbstausdruck als psychischen Ort ihrer Herkunft. Schon in seiner Oper "Ein Menschentraum" (1981) nach Imre MEDACH hatte HAMEL die Singstimme den Situationen lyrisch-visionären Selbstausdrucks in den Traumszenen des Sterbenden vorbehalten, während alle realistischen Szenen im Krankenzimmer gesprochen wurden.

Umgangssprache, gesprochen oder in raschem Parlando (z.B. in Alban BERGs "Lulu": "In Paris ist die Revolution ausgebrochen. In der Redaktion weiß keiner, was er schreiben soll."), ist die Sprache des bewußten Realkontaktes einschließlich der technischen Fachsprachen.

Als Zeichen von spirituellen Bezugsebenen werden Mantras oder religiöse Texte verwendet, etwa in Karlheinz STOCHHAUSENs "Stimmung für 6 Vokalisten" (1968) die Namen von Gottheiten verschiedener Religionen, das "magische" OM bei HAMEL oder in Philip GLASS Oper "Satyagraha" (1980) Texte aus der Bhagavadgita in Sanskrit.

Eine Lokalisierung der gemeinten historischen Zeit durch alte oder antikisierende Sprachen, auch die Benutzung von Textfragmenten mit den Auslassungen, die die Überlieferung vorgibt, sind nachweisbar, letzteres in Wilfried HILLERs Video-Oper "Niobe" (1976). Stilmischungen auf sprachlicher, vokaler und musikalscher Ebene sind exemplarisch in John CAGEs "Aria" (1958) für Stimme zu beobachten.

Laut- und Sprechklänge werden unterschiedlich eingesetzt: live, mit und ohne Verstärker, auch mit Kehlkopf-Kontaktmikrophon, elektronisch verfremdet, mit Tonbandschleife oder Echo-Effekten als Mittel, akustische Redundanz zu erzeugen. Ferner läßt sich über Tonträger authentisches Material einspielen, auf das die live-Performance eingeht. Als besonders eindrucksvolles, wenngleich nicht eigentlich musikalisch zu nennendes Beispiel, sei auf die Auseinandersetzung mit Adolf Hit lers demagogischer Rhetorik in Bazon BROCKs "Unterhaltungsprogramm für die Hölle: Wir wollen Gott" (1984) hingewiesen.

Im Dilemma der neuen Vokalmusik, entweder auf Einheitlichkeit verzichten zu müssen oder auf Widersprüchlichkeit, scheint sich die Trennung der Elemente und das Vermeiden von Tautologien deutlich abzuzeichnen. Wahrung der Eigenständigkeit der Medien, virtuose Freiheit innerhalb der zusammenspielenden Künste und Stimmbravour im Dienst des lyrischen, artistischen, skurrilen, grotesken oder vulgären Ausdrucks wie sie etwa das Frauenstimmen-Ensemble BELCANTO beherrscht, sind Kennzeichen der derzeitigen Situation. Dabei sollte der als Irritation gemeinte und rational nicht schlüssig auflösbare Kontrast der Botschaften in den montierten Medien Kunstwirklichkeiten und Simulation nivellieren, Realkunstanspruch und ästhetische Funktionalität, Kritik an gesättigten Systemen und dramaturgische Sinnvermittlung durch Widersprüche, Intertextualität und abstrakte Negation leisten, welche die Kunstfreiheit behaupten will.

Wolfgang RIHM formulierte als ästhetisches Credo bei der Arbeit an Heiner MÜLLERs "Hamletmaschine" (1986), daß ein Zusammenwirken der Bereiche ohne Aufmischung, ohne Schmelzprozesse, vielmehr als dialektischer Verbund von Fremdkörpern gemeint ist. Der Text steht dabei für sich und ruft um sich hervor, worauf er steht. (RIHM, 1986, auch VILL, 1987)

Abschließend - und eher als Epilog denn als Quintessenz gemeint - noch einige Bemerkungen zu der im Rahmen der Tagung uraufgeführten und für den Anlaß erarbeiteten Kozeptkomposition "Black Sinai Shrine", die, ausgehend von der gleichnamigen Radierung des israelischen Malers Avraham EILAT, als musikalisches Beispiel eine subjektive, künstlerische Position bezieht zu den derzeit diskutierten Spielarten.

Die Textkollage aus dem "Mitternachtslied" und den "Sieben Siegeln" in Friedrich NIETZSCHEs "Also, sprach Zarathustra" ist ideell und formal konkret bezogen auf den siebenstufigen "schwarzen Schrein" in EILATs Bild und seine drei Farbzonen, denen der Wechsel von Deklamation (epische Texte) auf thematische Rhythmen mit den gesungenen Passagen (lyrische Texte) entsprach. Den schwarzweiß-Kontrast des Bildes suchte der vokale Kontrast von Sprechen versus Singen, von Textverständlichkeit versus Auflösung der Sprache in Klänge umzusetzen. In diesem Auflösungsprozeß wurden die Worte der Collage z.T. als phonetisches oder klanggestisches Material, als Stimulantien für die vokale Improvisation verwendet, analog den sprachlichen Regieanweisungen im Dramentext, die in der Aktion realisiert und somit aufgehoben werden. Das Percussionsinstrumentarium ein-schließlich des Klaviers, das den siebentönigen "Schrein"-Cluster permanent ge-genwärtig hält, ist der Assoziationssphäre von NIETZSCHEs "Mitternachtslied" verbunden.

Nach der Erfahrung mit Paul Konrad HOENISCHs Sonnenbilder-Zyklus "Shir Hachaim" (1989), der mit Klangformen von acht verschiedenen Sprachen musika-lisiert wurde (auch, um den Weg der Sonne um die Erde in einigen Stadien zu zei-gen), schien für "Black Sinai Shrine" die Geschlossenheit des Spektrums zwischen Sprechklang und Stimmlaut angemessen, denn es ist ein introvertiertes Bild der Konzentration. Daß Sprache hier nicht zergliedert, in Einzelteile aufgesplittert oder substituiert wurde, sondern transformiert ins andere Medium, hängt wohl auch mit einem gewissen Überdruß an den averbalen und asemantischen Lautex-perimenten der letzten siebzig Jahre zusammen.

Anmerkungen

[1] In dem Zusammenhang sei auch erinnert an den ungewöhnlichen Fall einer Oper über eine Stumme: Francois AUBERTs "La Muette De Portici" (Paris 1828) und ihre politisch so folgenreichen Aufführungen.

Literatur

GIESELER, W. 1975. Kompositionen im 20. Jahrhundert. Details - Zusammen-hänge. Celle: Moeck, 69-73 "Vokale Klangfarben" (in Zusammenar-beit mit H. LISKA-AURBACHER).

RIHM, W. 1986. Musiktheater aus der Sicht des Komponisten; in: Programmheft der Uraufführung "Die Hamletmaschine", Nationaltheater Mann-heim.

VILL, S. 1987. Literaturoper; in: BORCHMEYER, D. und ZMEGAC, V. Mo-derne Literatur in Grundbegriffen. Frankfurt: Athenäum: 223-226.

ZIMMERMANN, B. A. 1974. Intervall und Zeit. BITTER, C. (Hrsg.). Mainz, Schott.

Das Sprechhandeln des Schauspielers

Spechwissenschaftliche Überlegungen zu einer komplexen Form ästhetischer Kommunikation

Norbert Gutenberg, Saarbrücken

Das Handeln des Schauspielers ist vom Standpunkt des Sprecherziehers und Sprechwissenschaftlers ein *Sprechhandeln*. Dieser Terminus drückt aus, daß den Sprecherzieher vorwiegend das *Sprechen* des Schauspielers interessiert, gleichzeitig aber, daß auch der Sprecherzieher dieses Sprechen des Schauspielers nicht isoliert sieht, sondern immer als eine besondere Form des Handelns. Wenn vom Handeln des Schauspielers gesprochen wird, oder von den Sprechhandlungen, als die diese Handlungen vom Sprecherzieher angesehen werden, so ist dabei vorläufig noch überhaupt nicht unterschieden zwischen den Handlungen und Vorgängen, die *auf der Bühne* geschehen, und denen, die sich *zwischen Bühne und Zuschauerraum* abspielen. Daß auch in der zweiten Hinsicht von Handlungen, mithin von Sprechhandlungen, die Rede sein kann, ist einsichtig, nicht nur aus metaphorischen Wendungen wie "ein Schauspieler spricht das Publikum an", "ein Stück hat dem Publikum etwas zu sagen". Vom Handeln des Schauspielers als einem Sprechhandeln kann auch dann gesprochen werden, wenn es nicht im Zusammenhang mit einer sprachlichen Äußerung erfolgt, sondern wenn es *gerade* durch die Abwesenheit von Lautäußerung bestimmt ist, also schweigend ist, nicht stumm!

Wer 'sprechen' sagt, spricht eine Alltagstheorie über 'Sprechen' aus, denn er sagt immer auch: jemand spricht zu oder mit mindestens einem anderen, über etwas, er sagt etwas, aus irgendwelchen Gründen, zu irgendwelchen Zwecken, irgendwo, irgendwann, auf irgendeine sprachliche, sprecherische, mimisch-gestische-motorische Weise: Der damit skizzierten Sprechsituation entspricht eine genauso strukturierte Hörsituation.

Für die Situation zwischen Schauspieler und Publikum kann diese Formel präzisiert werden:

Schauspieler sprechen aus bestimmten Motivationen zu bestimmten Zwecken (mit bestimmten Zielen) an einem (Theater-)Ort zu einer (Theater-)Zeit über bestimmte Themen zu bestimmtem Publikum Inhalte (Was) im Medium von Sprache (Wörter und Sätze) und Sprechausdruck. Analog gilt: Publikum sieht, hört und versteht zu bestimmten Zwecken ... usw.

Dies gilt für das Sprechhandeln von Schauspielern mit dem Publikum natürlich nur allgemein. Die spezielle Art von Sprechsituation des Theaters ist damit nicht gegriffen. Hier kommen die Handlungen und Vorgänge, die Sprech-Handlungen, *auf* der Bühne ins Spiel. Die spezielle Sprechsituation des Theaters ist nämlich dadurch gekennzeichnet, daß die Schauspieler die Inhalte, die sie aus ganz bestimmten Gründen zu ganz bestimmten Zwecken zu einer bestimmten Problematik genau diesem Publikum mitteilen möchten, nicht einfach mitteilen, indem sie bestimmte Wörter in einer bestimmten (Satz-)Ordnung in einer bestimmten Sprechweise zu diesem Publikum sagen, sondern indem sie vor diesem Publikum Sprechhandlungen untereinander vorführen, die dem Publikum die beabsichtigten Inhalte mitteilen. Vermutlich tun sie das, weil die Inhalte, die sie vermitteln, die Zwecke, die sie erreichen und die Gründe, aus denen heraus sie das tun wollen, gar keine andere Art und Weise der Vermittlung zulassen.

Auch diese vorgeführten Sprechhandlungen finden in (vorgeführten) Sprechsituationen statt, nach denen wiederum mit der oben schon benutzten Suchformel gefragt werden kann. Diese zweite Suchformel muß dann dort angesetzt werden, wo in der ersten das Wie stand. So bleibt deutlich, daß ebenso wie die Wahl der Vorführung genau dieser Sprechhandlung überhaupt auch alle Faktoren der vorgeführten Sprechhandlung, das, was dort gesagt wird, warum und wozu es dort gesagt wird und wie, einzig und allein bestimmt sind durch die Gründe und Ziele, die Thematik und die Inhalte in der ursprünglichen Sprechsituation.

Normalerweise gilt, daß das Wer/Mit Wem der vorgeführten Sprechhandlung nicht identisch ist mit dem Schauspieler selbst, sondern daß der Schauspieler nicht nur Sprechhandlungen vorführt, sondern auch andere Menschen in Sprechhandlungen, genauer: Er führt Sprechhandlungen zwischen anderen Menschen vor. Daß das nicht prinzipiell der Fall sein muß, zeigen psycho- und soziodramatische Formen von Theater, die aber nicht als Kunstformen gelten, oder spezielle (eben soziodramatische) Formen von Theater auf dem Theater, wie in der "Maßnahme".

Korrespondierend dazu, daß normalerweise in den als heutige Kunstformen des Theaters geltenden Theaterformen, die Schauspieler Sprechhandlungen zwischen anderen Menschen vorführen, gilt ebenfalls, daß die Wörter und Sätze, die diese vorgeführten Menschen in den vorgeführten Sprechhandlungen sprechen, nicht von den Schauspielern im Augenblick der Vorführung neu, erstmalig, erfunden werden, sondern daß sie festgelegt sind, daß die Schauspieler also (nicht die vorgeführten Menschen) bei der Vorführung *Text* sprechen. Zumindest soweit sind noch beide Formen heutiger Theaterproduktion, die Inszenierung vorliegender Stücke und das Erarbeiten eigener Texte während der Produktion, zusammengegriffen. Wird bei der Produktion eigener Texte arbeitsteilig verfahren, gibt es also einen Texter, der während der Produktion Texte vorlegt, so ist prinzipiell dieselbe Situation für den Schauspieler gegeben wie bei der Inszenierung von Stücken. Entsteht aber der Text aus Improvisationen der Schauspieler, so ist die Lage völlig anders. Je nachdem, ob der Schauspieler mit fremdem Text umgeht oder einen eigenen erzeugt, benötigt er unterschiedliche Fähigkeiten, die sich zwar teilweise überschneiden mögen (wenn der selbsterzeugte Text festgelegt wird und reproduziert werden muß), die aber trotzdem unterschiedlich sind, die - und darum soll es ja im folgenden gehen - sich nicht nur für die Sprecherziehung in unterschiedlichen Lernzielen und Lerninhalten ausdrücken müssen.

Vorläufig soll es um den ersten Fall gehen, bei dem Text - sprachliches Material, Wörter in Satzanordnung, eventuell gar Versanordnung oder ähnlichem - vorliegt. Ist ein Stück vom Schauspieler (und den anderen Produzenten des Theaters, Regisseur, Bühnenbauer und Kostümbildner) einmal ausgewählt, so ist anzunehmen, daß dieses Stück so beschaffen ist, daß die Produzenten damit das, was sie mitteilen wollen, auch mitteilen können. Diese Aussage über die Anforderungen, die von den Produzenten des Theaters an ein Stück zu richten sind, ist formal, soll aber im Augenblick nicht weiter konkretisiert werden.

Nur insoweit kann sie konkretisiert werden, daß gesagt werden muß:Immerhin hat BRECHT uns vorgemacht, daß die Intentionen, die man dem Autor eines Stückes unterstellen kann, und die Inhalte, die ein Stück diesen Intentionen gemäß primär zu transportieren scheint, nicht unbedingt den Intentionen der aktuellen Produzenten gleichlauten müssen, damit eine produktive Inszenierung dabei herauskommt. Andererseits lehrt uns die Hermeneutik, daß Texte zwar prinzipiell nicht eindeutig, sondern auslegbar sind, deutbar *für* den Deuter und für seine *aktuelle* Situation, daß aber manche Auslegungen 'nicht gehen', vom Text nicht getragen werden. Es sind unendlich viele Auslegungen eines Textes möglich, aber nicht alle! Mit anderen Worten: Man kann mit einem Stück nicht alles ausdrücken.

Was, so muß jetzt gefragt werden, ist den Produzenten des Theaters mit einem Stück von den Faktoren der Sprechsituation(en) gegeben? Da Text gegeben ist, ist das sprachliche WIE der vorgeführten Sprechhandlungen gegeben; soweit aus den Wort- und Satzbedeutungen Inhalte erschlossen werden können, ist ein Teil des WAS gegeben. Mit dem in der Beschaffenheit der Wörter und ihrer Anordnung (in Sätzen, eventuell gar Versen) direkt implizierten sprecherischen WIE (z.B. bestimmte Pausen und bestimmte Betonungen) und dessen bedeutungsmäßigen Implikationen ist ein weiterer Teil des WAS gegeben. Sprachliches WIE, der evidente Teil des sprecherischen WIE, und die bis jetzt vorliegenden Inhalte legen z. T. Sprechhandlungstypen fest. Sprechhandlungstypen sind Vorgänge - kommunikative Vorgänge im Gegensatz zu 'hantierenden' Vorgängen. Sprechhandlungstypen implizieren unter Umständen weitere Elemente des sprecherischen WIE (z.B. Frageton, weitere Betonungen). In jedem Fall legen sie auf einer sehr formalen Ebene WARUM und WOZU der Figuren teilweise fest. Aus den bis jetzt gegebenen Teilen von WAS und WIE ist das WORÜBER sowie unter Umständen das WANN und WO teilweise zu erschließen. Das sprachliche WIE, sowie Art und Verteilung auf die Figuren der erschließbaren Sprechhandlungstypen (befehlen, bitten, kritisieren, lügen, drohen etc.) sowie die konstruierbaren Sprechhandlungssequenzen, schließlich die bis jetzt bekannten Teile des WAS geben weitere Auskunft über das WER/MIT WEM (die Figuren und ihre Beziehungen), ihr WARUM und WOZU, bezüglich Soziologie (Schicht, Stand, Beruf,soziale Rolle etc.) und Psychologie (Emotionen, Pathologien etc.), was weitere Konsequenzen für das sprecherische WIE hat: Dialekt, Soziolekt, Sprechrolle, Affektfärbung etc.

Bis jetzt noch nicht berücksichtigt sind die Elemente des mimisch-gestischen, hantierungsmäßigen (die anderen Vorgänge!) und arrangementmäßigen WIE, die aus dem Text, den Teilen von WER, WORÜBER etc. folgen, und die Konsequenzen haben für das sprecherische WIE (z.B. Lautstärke durch Raumbeschaffenheit). Die Regieanweisungen des Autors können schließlich über Hinweise zu WER, WANN, WO, WARUM, WOZU, WORÜBER, WAS weitere Implikationen für das sprecherische WIE enthalten, können aber auch indirekte Aussagenüber über das sprecherische WIE, bzw. über mimisches und gestische WIE und damit über dessen sprecherische Korrelate enthalten.

Die übrigen Teile der Faktoren der Sprechsituation, mithin des sprecherischen WIE, die nicht aus dem gegebenen Text und den Regieanweisungen eindeutig hervorgehen, werden von den Theaterproduzenten aufgrund ihrer Motivation, aufgrund ihrer Intentionen, die sie verfolgen, festgelegt. Diese Festlegung erfolgt sowohl so, daß aus Festlegungen im Bereich der steuernden Faktoren der vorgeführten Sprechsituation, also WER WORÜBER WAS etc., das WIE (des Sprechausdrucks) situationslogisch folgt, als auch so, daß dieses WIE direkt ("willkürlich") festgelegt wird, oder so, daß beide Weisen der Festlegung zutreffen. Die Einzelentscheidungen erfolgen in Abstimmung untereinander, so daß die Einzelbereiche einander wechselseitig unterstützen. So ermöglichen z.b. bestimmte Arrangements bestimmte Mimiken, bestimmte Räume ermöglichen (oder verlangen, was dasselbe ist) bestimmte Sprechweisen. Weiterhin darf man nicht vergessen, daß ein Teil des sprecherischen WIE immer durch die Grundsituation, nämlich Theaterspielen in Theaterräumen, und die Individualität, das heißt auch die individuellen Sprecheigenheiten des Schauspielers festgelegt wird.

Wenn hier festgestellt wird, daß bestimmte Festlegungen des Sprechausdrucks unabhängig von der unmittelbaren Entscheidung der Theaterproduzenten z.B. mit dem sprachlichen Material des Textes gegeben sind, so gilt es, sich ins Gedächtnis zu rufen daß auch der Text aufgrund einer Entscheidung der Theaterproduzenten ausgewählt wurde. Der Text ist Element der vorgeführten Situation und steht damit in dem gleichen Verhältnis zur theatralischen Grundsituation wie die vorgeführte Situation insgesamt: Theaterproduzenten (wovon die Schauspieler ein Teil sind) wollen zu bestimmten Themen einem bestimmten Publikum aus bestimmten Gründen zu bestimmten Zwecken bestimmte Dinge mitteilen, und sie tun das mittels Vorführungen von (Sprech-) Handlungen zwischen Menschen. Ist die Vorführung aber Mittel, so steht das Vorgeführte nicht für sich, sondern für etwas anderes, nämlich für das, was die Theaterproduzenten meinen, aussagen wollen. In diesem Zusammenhang muß auch der Text gesehen werden.

Wenn etwas für etwas anderes steht als sich selbst, deutet es auf dieses hin, es *bedeutet* es. Es ist Zeichen für etwas. Mit dem Zeichenbegriff kann auch das Sprechhandeln des Schauspielers schärfer gefaßt werden.

Ist der Begriff des Zeichens erst einmal eingeführt, so können verschiedene Unterscheidungen benutzt werden, die von der Zeichentheorie bereitgestellt werden. Es war schon die Rede von der Beziehung zwischen dem Zeichen und seiner Bedeutung: die vorgeführten Sprechhandlungen und das, was die Theaterproduzenten ausdrücken wollen. Eine andere Frage ist die nach der Beschaffenheit der Zeichen selbst. Woraus bestehen die Zeichen des Theaters? Was ist das Zeichenmaterial des Theaters? Antworten auf solche Fragen lauten oft: Der Schauspieler, sein Körper und seine Persönlichkeit. Oder: Bewegungen von Körpern und Klängen und Klänge im Raum. Diese Antworten enthalten Richtiges. Sie sollen hier hier auch nicht ausführlich diskutiert werden. Nur sei der Hinweis gestattet, daß Puppentheater auch Theater ist, und daß die computergesteuerte, gänzlich abstrakte Zirkulation von gänzlich abstrakten geometrischen Sphäroiden zu Sinusschwingungen in einem nur geometrisch determinierten Raum kein Theater ist.

Material des Theaters sind vielmehr die Vorgänge zwischen den Menschen.

Normalerweise bedeutet die Handlungsfolge 'Wasser kochen - Tee aufgießen - Tee trinken' oder 'Ankunft von Leuten - Begrüßung - Konversation - Streit - Abreise' nichts anderes als sich selbst, sie ist nicht Zeichen in dem Sinne, daß sie intentional vorgeführt wird, um anderen etwas mitzuteilen, was nicht genau diese Handlung und nur diese ist. Dagegen ist Theater gerade dadurch definiert, daß alle Handlungen, auch Nicht-Handlungen, die das Publikum sieht, *nie* sich selbst bedeuten, sondern immer etwas anderes; was, das 'vermeint' das Publikum aus der Art der Vorführung, auch wenn keine vorhanden ist. Das gehört mit zur Theaterdefinition.

Bei genauerem Hinsehen muß eine Unterscheidung getroffen werden zwischen dem grundsätzlichen WIE des Theaters, also Vorgänge zwischen den Menschen abzubilden, dessen Wahl nach einer grundsätzlichen Entscheidung der Theaterproduzenten für dieses 'Medium' erfolgt, und der spezifischen aktuellen Ausformung dieses Wie, die aufgrund der aktuellen Intentionen, Motivationen etc. der Theaterproduzenten erfolgt : Wie des Wie. Je nachdem für welches Publikum mit welchen Intentionen aus welchen Anlässen zu welcher Problematik (immer des menschlichen Zusammenlebens!) die Theaterproduzenten Theater machen, je nachdem bestimmt sich, *wie*, auf welche Art Vorgänge zwischen Menschen abgebildet werden. Daß aber Vorgänge zwischen Menschen abgebildet werden, ist die Grundentscheidung des Theatermachens, die durch keine Stilfrage revidiert wird.

Gehen wir zurück auf den Punkt, daß Material der Zeichen des Theaters Vorgänge zwischen Menschen sind, und bedenken, daß ein spezifischer Teil der Vorgänge zwischen Menschen Sprechhandlungen sind, so ergibt sich, daß Sprechhandlungen, Sprechsituationen und die Elemente von Sprechhandlungen und Sprechsituationen Material der Zeichen des Theaters sind. Diese Folgerung scheint die Aussagen des Anfangs zu wiederholen. Genaueres Hinsehen lehrt aber, daß die quasi naive Feststellung zu Anfang, im Theater würden Sprechhandlungen vorgeführt, hier präzisiert ist, insofern hervorgehoben ist, daß Sprechhandlugen nicht einfach vorgeführt, d.h. rerpoduziert werden, sondern immer auf eine Art und Weise vorgeführt werden, die von den Zielen etc. der Theaterproduzenten bestimmt wird, und daß diese Art und Weise eine Bedeutungsfunktion hat, d.h. bestimmt, wie etwas von den Produzenten Gemeintes verstanden wird.

In den auf der Bühne auf eine bestimmte bedeutungsvolle Art und Weise vorgeführten Sprechhandlungen werden Wörter in einer bestimmten Ordnung gesprochen. Das ist der Text. Sind nun diese in den vorzuführenden Sprechhandlungen zu sprechenden Wörter und ihre Ordnung vor Beginn der Theaterproduktion geschrieben und zählt ihre Auswahl zu einer der ersten Phasen des Produktionsprozesses Theater, so haben wir die spezifische historische Form des Theatermachens als Inszenieren von Texten. So wie die Wörter und Texte der vorgeführten Sprechhandlung in Abhängigkeit stehen von den Faktoren der vorgeführten Sprechsituation, sowie direkt und indirekt von der Grundkommunikationssituation des Theaters, so beinhaltet geschriebener Text Festlegungen für die vorzuführenden Sprechhandlungen wie für die Grundsituation - was oben versucht wurde zu zeigen! Diese Implikationen eines Textes werden (u.a.) im Prozess der Inszenierung offenbar. Insofern gehört das Vorhandensein von geschriebenem Text zu den Eigentümlichkeiten einer bestimmten Produktionsweise von Theater, die aus bestimmten Produktionsverhältnissen hervorgewachsen ist.

Insofern aber Text nicht nur das sprachliche Mittel der vorgeführten oder vorzuführenden Sprechhandlung ist, sondern auch schon Element des Wie dieser Vorführung, insofern also, als er die Art und Weise der Vorführung durch die aus der spezifischen sprachlichen Verarbeitung folgenden sprecherischen oder sonstigen Merkmale determiniert, insofern ist die Entscheidung für die Theaterproduktion anhand von vorgeschriebenem Text nicht nur eine produktionstechnische, sondern auch schon eine stilistische. Da Fragen des Stils (Wie des Wie) aber eben keine formalen sind, insofern ein bestimmtes Wie eben das Wie eines bestimmten Was ist, ist hier auch für die Theaterproduzenten eine inhaltliche Festlegung getroffen: Mit einem Text in Versen können eben bestimmte Inhalte nicht ausgedrückt werden, solche nämlich, die eben Nicht-Verse in den vorgeführten Sprechhandlungen zu ihrem Ausdruck erfordern.

Es wurde oben ausgeführt, daß beim Theater, im Gegensatz zum normalen Handlungsgefüge unserer Welt, Vorgänge zwischen Menschen - unter dem (eingeschränkten) Blickwinkel des Sprecherziehers: Sprechhandlungen - vorgeführt werden, die aber mehr sind als sie selbst, nämlich Zeichen für etwas anderes, etwas was die Theaterproduzenten aussagen wollen. Was sie aussagen wollen, ergibt sich für das Publikum aus der Auswahl der vorgeführten Sprechhandlungen und aus der Art ihrer Vorführung (Wie des Wie). Bedeutet das nun, daß es völlig der Willkür der Theaterproduzenten überlassen bleibt, was die von ihnen vorgeführten Sprechhandlungen bedeuten und was nicht, daß also das Wie des Wie beliebig ist? Nein, das bedeutet es nicht.

Eine Besonderheit der Theaterproduktion in unserem Kulturkreis ist nämlich (in Gegensatz zu anderen Kulturen), daß es für das Theater nicht, wie für andere Arten der Zeichenverwendung, ein festes Lexikon gibt, das die Beziehung zwischen Zeichen und Zeichenbedeutung für einen bestimmten historischen Zeitraum festlegt, so wie das Wörterbuch des Deutschen die Beziehung zwischen dem Lautgebilde "Tisch" und dem, was es bezeichnet, festlegt. Die Beziehung zwischen dem Lautgebilde "Tisch" und seinem Bezeichneten ist willkürlich, insofern als keine strukturelle Verwandtschaft oder kausale Beziehung zwischem diesem Lautgebilde und dem Bezeichneten besteht. So gesehen ist die willkürliche Zuordnung nötig, um überhaupt eine Zeichenrelation zu schaffen. Es gibt aber Zeichenrelationen, die sozusagen naturwüchsig existieren. So ist Rauch, den man in der Ferne emporsteigen sieht, Zeichen, nämlich An-Zeichen für Feuer. Hier steht das, was vom Beobachter, dem Zeichenverwender, ja erst zum Zeichen gemacht wird, in direkter Kausalbeziehung zu dem, was es - für den Zeichenverwender - bedeutet. Wird jetzt Rauch (oder Feuer) auf einem Warnschild abgebildet und dieses an feuergefährdeten Stellen aufgestellt, so ist die Bedeutung und kommunikative Funktion dieses Zeichens klar, auch ohne daß es ein von Zeichenaufsteller und Zeichenleser benutztes Lexikon gibt, das die Beziehung zwischen Zeichen und Bezeichnetem festlegt; der Zeichenleser erkennt in dem Zeichen eine Analogie zum Bezeichneten und versteht unmittelbar die kommunikative Funktion. Um Zeichen dieser letzten Kategorie handelt es sich auch beim Theater. Es läßt sich eine Minimalregel formulieren, die da heißt: Die Zeichen des Theaters müssen so gestaltet werden, daß ohne ein Lexikon, das dem Zuschauer erklärt, das bedeutet das, dem Zuschauer möglich wird, die Zeichen des Theaters zu verstehen aus der Analogie zwischen den Zeichen und dem Bezeichneten. Die Zeichen des Theaters sind also dann Zeichen für den Theaterrezipienten, d.h. sie bedeuten ihm etwas, wenn aus der Zeichengestalt, d.h. aus der Auswahl der vorgeführten Vorgänge zwischen Menschen und der Art ihrer Vorführung, für den Betrachter *ohne weiteres selbst*-verständlich ihre Bedeutung hervorgeht, so selbstverständlich wie ohne die Zuhilfenahme eines Lexikons eine Arbeitsanweisung in Form eines Kurz-

Comics für alle diejenigen verständlich ist, die mit dem entsprechenden Arbeitshintergrund vertraut sind.

Diese Besonderheit der Zeichen des Theaters, diese Analogiebedingung, wird schon allein daraus deutlich, daß durch die Auswahl des Mediums Theater der Themenbereich der Theaterproduzenten eingeengt wird: Mit der Vorführung von Vorgängen zwischen Menschen kann man nur über zwischenmenschliche (gesellschaftliche) Beziehungen aussagen. Alles auf dem Theater wird verstanden als eine Aussage über Beziehungen zwischen Menschen. Eine Behauptung, die durch das sogenannte Wekwerth-Experiment überzeugend belegt ist.

Ein entscheidender Unterschied zwischen den übrigen Zeichensystemen, die nach dem Analogieprinzip verfahren, und dem Theater ist, daß das Zeichenmaterial, aus dem die Bedeutung ohne willkürliche Festlegung deduziert werden soll, - und das gilt besonders unter sprechwissenschaftlich-sprecherzieherischem Gesichtspunkt - selber aus Zeichen besteht. Die vorgeführten Sprechhandlungen sind Vorgänge zwischen Menschen, die durch vielfältige Zeichen-systeme - darunter die Sprache - vermittelt sind, und die Art der Vorführung (Wie des Wie) darf diese Vorgänge nur insoweit verändern, wie der Zuschauer aus seiner Kenntnis der zugrunde liegenden Zeichen-Systeme das Gemeinte erschließen kann. So ist es möglich, dem Zuschauer Figuren dadurch als schüchtern, hochgradig verhemmt etc. vorzuführen, daß man diese Figuren stottern läßt, weil das Stottern normalerweise als An-Zeichen für hochgradige Gehemmtheit gilt. Es ist auch möglich, das Stottern von vorgeführten Menschen über das Anzeichen einer individuellen Sprechneurose hinaus zum Symbol für gestörte Kommunikation schlechthin zu machen. Es ist aber nur dann möglich, dem Zuschauer Figuren durch Stottern als besonders weltgewandt, geschickt, anpassungsfähig und kommunikativ zu schildern, wenn vorher ausdrücklich klargemacht worden ist, daß in der vorgeführten Welt Stottern als Zeichen für Anpassungsfähigkeit und Redegewandtheit gilt. Der Zuschauer wird dann die vorgeführte Welt als eine verkehrte, merkwürdige erleben. Da die Sprechhandlungen immer zeichenvermittelte Vorgänge sind, erfolgt die Gestaltung des Wie des Wie in der Vorführung von Sprechhandlungen immer in Relation zu den gesellschaftlich geltenden Zeichen-Systemen der Sprache und des Sprechausdrucks, mit denen in der Normalkommunikation deutlich gemacht wird, was ein Mensch meint, wenn er etwas sagt, welche Handlungen er mit seinem Gesprächspartner vollzieht, in welcher sozialen Beziehung er zu dem Gesprächspartner steht, welcher sozialen Herkunft er ist, in welcher Gefühlsstimmung er sich im Verhältnis zu seinem Partner befindet. Natürlich geschieht all das nicht ausschließlich durch Sprache und Sprechausdruck, aber es geschieht auch in Sprache und Sprechausdruck.

Die Art der Vorführung von Sprechhandlungen auf dem Theater vollzieht diese Zeichensysteme nach, rekonstruiert sie, verändert sie, durchbricht sie, aber immer so, daß die Art der Vorführung, der Prozeß des Zeichensetzens, für den Zuschauer mitvollziehbar bleibt.

In GUTENBERG 1985a habe ich versucht, einen Ästhetikbegriff zu entwickeln, dessen Zentralkategorie ein 'Moment menschlicher Produktivität' ist, das sowohl im Schaffen als auch im Wahrnehmen in einem nicht-'kulinarischen' Sinn 'genußbereitend'ist.In GUTENBERG 1985b wurde ein Begriff von Spielen entwickelt, der zum Phänomen des Ästhetischen gewisse Analogien aufweist. Zusammenfassend lassen sich Spiel und Kunst hiermit bestimmen als menschliche Tätigkeiten, deren Ziele darin liegen, dieses Moment menschlicher Produktivität den Ausführenden und den eventuellen Adressaten (bei den Formen künstlerischer Tätigkeiten) erfahrbar zu machen. Während insbesondere beim Kinderspiel der Ursprung oft in der Unmöglichkeit liegt, Tätigkeiten der Erwachsenen nachzuvollziehen, was zu ihrer spielenden Nachgestaltung außerhalb des realen Zweckzusammenhangs führt - wobei die Motivation dazu gerade aus der Lust an jeder Äußerung menschlicher Produktivität in realen Zweckzusammenhängen entspringt -, sind die Künste jene durch menschliche Arbeitsteilung entstandenen ästhetischen Tätigkeiten, die nunmehr ganz und gar auf die Realisierung menschlicher Produktivität gerichtet sind und dazu auch ausschließlich auf die Ausführung spezifisch künstlerischer Tätigkeiten gerichtete Handlungssysteme und Arbeitstechniken entwickelt haben. Ihr Ursprung in dem an jeder menschlichen Tätigkeit überhaupt möglichen ästhetischen Moment ist der Grund dafür, daß Spiele und Künste nun wiederum Ziele verfolgen können, die über die - ästhetische - Realisierung und Wahrnehmung menschlicher Produktivität hinausgehen: in jedem Spiel ist außer dem Spielen etwas lernbar, Kunstwerke und künstlerische Prozesse transportieren Inhalte. Künste müssen sich geradezu Inhalte und Ziele setzen, an denen sie jenes Moment menschlicher Produktivität verwirklichen.

Folgt man der oben vorgetragenen Strukturbestimmung, dann ist Theaterspielen eine ästhetische Tätigkeit besonderer Art. Nicht nur daß sie, ob als Spiel oder als Kunst, wie alle anderen ästhetischen Tätigkeiten den Spielern und Zuschauern (= wahrnehmende Spieler) jenes Moment menschlicher Produktivität erfahrbar macht, führt sie, anders als andere Spiele und Künste, die Tätigkeiten von Menschen selber vor. Im Theater ist menschliche Tätigkeit nicht nur Mittel, sondern auch Gegenstand und gleichzeitig Zeichenmaterial von Spiel und Kunst. Menschliche Produktivität ist dort nicht nur erfahrbar als Tätigkeit der darstellenden, sondern auch der dargestellten Menschen: im Theater kann man sehen und spielen, daß mit jeder menschlichen Tätigkeit nicht nur menschlicher Geist und menschliche Arbeit in Gegenstände hineinproduziert, entäußert werden, sondern die produzierenden Menschen sich durch diese Tätigkeit selbst und gegenseitig beeinflussen und formen.

Literatur

ADERHOLD, E. 1963. Sprecherziehung des Schauspielers. Berlin (DDR): Henschel.

BRECHT, B.1963. Schriften zum Theater. 7 Bde: Suhrkamp.

BÜHLER, K. 1935. Sprachtheorie. Die Darstellungsfunktion der Sprache. Jena: Gustav Fischer

ECO, U. 1972 Einführung in die Semiotik. München: UTB.

ELKONIN, D. 1980. Psychologie des Spiels. Köln: Pahl-Rugenstein.

GALPERIN, P.I. 1980. Zu Grundfragen der Psychologie. Köln: Pahl-Rugenstein.

GEISSNER, H. 1965. Sprechen; in: H. GEISSNER (u.a.). Grundlagen der Schauspielkunst. Velber: Friedrich, 57-98.

GEISSNER, H. 1960. Soziale Rollen als Sprechrollen; in: Kongressbericht der Arbeitstagung für allgemeine und angewandte Phonetik. Hamburg: 194-204.

GEISSNER, H. 1981. Sprechwissenschaft. Königstein: Scriptor.

GUTENBERG, N. 1979. Theater und Rhetorik; in: W.L. HÖFFE (Hrsg.) Gesprochene Dichtung - heute? Zur Theorie und Praxis ästhetischer Kommunikation. (Sprache und Sprechen Bd. 7). Kasellaun: Henn, 49-71.

GUTENBERG, N. 1985a. Über das Rhetorische und das Ästhetische. Grundsätzliche Bemerkungen; in: J. DYCK (Hrsg.). Rhetorik. Ein internationales Jahrbuch. Bd 4., 117-131.

GUTENBERG, N. 1985b. Sprechspielen. Vorüberlegungen zu einer sprechwissenschaftlichen Theorie von 'Sprechen und Spielen'; in: I. Schweinsberg-Reichart (Hrsg.). Performanz. (Sprache und Sprechen Bd 15). Frankfurt/M.: Scriptor, 147-159.

GUTENBERG, N. 1985c. Sprecherische Arbeit an Gedichten. Eine Methodenübersicht; in: S. BERTHOLD (Hrsg.) Gedichte sprechen und interpretieren. Bonn: Dürr, 11-23.

LEONT'EV, A.A. 1971. Sprache - Sprechen - Sprechtätigkeit. Stuttgart: Kohlhammer.

LEONT'EV, A.N. 1979. Probleme der Entwicklung des Psychischen. Berlin (DDR): Volk und Wissen.

LEONT'EV, A.N. und PANOV, D.Ju. 1963. Psychologie des Menschen und technischer Fortschritt; in: Sammelband 'Philosophische Fragen der Physiologie der höheren Nerventätigkeit und des Psychischen'.Moskau (russ.), zit.nach: A.A. Leont'EV, 1971,24.

PAUL, A. 1971. Theaterwissenschaft als Lehre vom theatralischen Handeln; in: Kölner Zeitschrift für Soziologie und Sozialpsychologie. 23. Jg.

PAUL, A. 1972. Theater als Kommunikationsprozess. Medienspezifische Erläuterungen zur Entwöhnung vom Literaturtheater; in: Diskurs 1

RUBINSTEIN, S.L. [7]1971. Grundlagen der allgemeinen Psychologie. Berlin (DDR): Volk und Wissen.

RUBINSTEIN, S.L. 1977. Sein und Bewußtsein. Berlin (DDR): Akademieverlag.

STEINBECK, D. 1970. Einleitung in die Theorie und Systematik der Theaterwissenschaft. Berlin

THEATERPÄDAGOGIK. Beiträge zur Theorie und Praxis der Theaterausbildung. Heft 4 (Über Sprecherziehung). Berlin 1983.

WATZLAWICK, P./BEAVIN, J.H./JACKSON, D.D. [3]1972. Menschliche Kommunikation. Bern, Stuttgart, Wien: Huber.

WEKWERTH, M. 1972. Theater und Wissenschaft. Berlin: Hanser.

WYGOTSKI, L.S. 1977. Denken und Sprechen. Frankfurt/M.: S. Fischer, Athenäum.

WINKLER, Ch. [2]1969. Deutsche Sprechkunde und Sprecherziehung. Düsseldorf: Schwann.

Der Schrei des Talma

Sprechen und Handels des Schauspielers

Michael Thiele

> *"Die Empfindung ist überhaupt immer das*
> *streitigste unter den Talenten eines Schau-*
> *spielers." (LESSING, 1963:15)*

1. Conditio humana et histrionica: DIDEROTs 'Paradox'

Es soll hier gehen um das Sprechen und Handeln des Schauspielers. Es soll gehen um das Schauspielen des Schauspielers. Es geht also um Schauspieltheorie. Reden wir aber über Schauspieltheorie, so muß der erste Griff der Griff nach DIDEROT sein.

Denn DIDEROT schildert in seiner Schrift "Das Paradox über den Schauspieler" nicht *eine* (mögliche) Spielweise, sondern *die* Spielweise des Schauspielers (schlechterhin): Das Ich des Schauspielers ist nicht identisch mit dem Ich der Rolle. Alle möglichen Spielweisen sind nur Ausformungen, Variationen der so dargelegten Grundbefindlichkeit des Schauspielers.

Mit dem Aufweis dieser unumgänglichen Gegebenheit begründet das "Paradoxe sur le comédien" die Reihe der anthropologischen Traktate über die Schauspielkunst. Denis DIDEROT benennt genau das Paradox, das dann später auch G. SIMMEL in seinem Aufsatz "Zur Philosophie des Schauspielers" (1968: 82f.) ausweist, ja ausweisen *muß*: "(Man) bedenke (...) jene früheren Formen des Theaters (...) (Dort war) das Wesentliche und Spezifische des Schauspielertums genau dasselbe, was es in den späteren Fällen war: die Erzeugung eines Bildes von Persönlichkeit und Schicksal, die nicht Persönlichkeit und Schicksal des vorzeigenden Individuums sind. Indem dies aber nicht Verstellung und Lüge ist (da es nicht Realität vortäuschen will), indem dieses Ein-Anderer-Sein vielmehr aus der tiefsten, eigensten Wesens- und Triebschicht des Individuums hervorgeht, erzeugt sich in dieser Paradoxie das spezifisch künstlerische Phänomen."

Auch H. PLESSNER (1953) führt in seinem Essay "Zur Anthropologie des Schauspielers" notwendigerweise nichts anderes an. Er spricht von der generell gegebenen "Abständigkeit" des Schauspielers zu sich (183), von der "Abspaltung eines Selbst", auf der sein Spiel beruht (185), seiner"exzentrische(n) Position" (so auch HINCK, 1966: 98). Dabei geht es Diderot nicht nur um den Schauspieler, wie DIECKMANN erkennt, sondern um "allgemeinmenschliche Probleme" (1961: 447), wie auch SIMMEL und PLESSNER das Problem nicht auf den Schauspieler beschränkt sehen, sondern in ihm den Präzedenzfall der gesellschaftlichen Situation des In-einer-Rolle-Seins eines jeden Individuums ausmachen.

GRIMM schließt auf die gleiche Weise Vernière an in der Meinung, daß das Paradox des Schauspielers nur ein Sonderfall des Paradoxes des Menschen sei; Ästhetik und Anthropologie überschneiden sich in dieser Frage (1964: 74). Und CO-QUELIN konstatiert, daß DIDEROTs 'Paradox' "die Wahrheit selbst bedeuetet" (1883: 21).

2. Die Frage nach der Möglichkeit von Sein auf der Bühne

Die Aporie der genannten Anthropologen ist immer die Möglichkeit von *Sein* auf der Bühne. Ist es möglich, daß eine Person auf der Bühne Hamlet ist ? SIMMEL gibt eine deutliche Antwort (1968: 77): "Das Sein hat auf der Bühne nichts zu suchen."

Aber ist es vielleicht möglich, daß eine Person auf der Bühne Hamlet *wird* und dann Hamlet *ist* ? Oder, um die Frage nach dem Verwandlungsprozeß mit LÜBBREN zu stellen: Ist es denkbar, daß jemand sein Ich vollkommen ablegt und stattdessen zu einem ganz neuen, ganz anderen Wesen wird? Und gleich die Antwort: Die Psychologie kann diese Frage nur verneinen (1955: 52). Das heißt, der Verwandlungsvorgang der totalen Identifikation ist zwar möglich, aber in dem Augenblick, in dem er möglich wird, ist es kein künstlerischer Prozeß mehr, sondern es handelt sich dann entweder um einen Zustand vollständiger Selbstidentifizierung (Leben, Sein) oder um einen Zustand pathologischer Besessenheit, Hysterie oder Schizophrenie: Bei vollkommener Transfiguration können wir nicht mehr von Kunst sprechen, da das Moment der Gestaltung, das Kunst ausmacht, fehlt.

3. Der Mord als letzte Konsequenz von Sein auf der Bühne

Die letzte Folge der Anwesenheit von Sein auf der Bühne ist der eben nicht mehr nur gespielte, sondern tatsächlich vollzogene Koitus, der nicht mehr nur gespielte, sondern tatsächliche Mord. Letzteres verdeutlicht eine Anekdote Lukians, die DUERR referiert (1965: 53f.): Ein Darsteller - ein Ausdruck, der im selben Augenblick sinnfällig wird -, also ein 'Verkörperer' des Ajax schlug in einem Anfall von Wahnsinn dem Darsteller des Odysseus, den er plötzlich realiter als seinen Feind sah, mit einer Flöte derartig auf den Kopf, daß dieser, hätte ihn nicht sein Helm geschützt, an diesem Schlage zugrundegegangen wäre.

Das, wenn auch weit gefaßte, Distanzprinzip ermöglicht zwar auch den tatsächlichen Mord auf der Bühne, wie Francesco RICCOBONI (als ausdrücklicher Verteter dieses Prinzips) in einer anderen Anekdote aus der Antike erzählt (LESSING, 1970: 92), aber dieser Mord ist, da bewußt und künstlerischer Akt, kontrolliert: Der Schauspieler Aesop spielte den rasenden Orest. Gerade in dem Augenblick, da er seinen Degen in der Hand hält, läuft ein Sklave über die Bühne - Aosop tötet ihn. Niemals aber hätte er einen Mitschauspieler getötet, also einen römischen Bürger getötet (wie es im Falle des wahnsinnigen Ajax entsprechend der Fall gewesen wäre), da seine Raserei noch immer, als Ausdruck einer Distanz, gespielt und damit kontrolliert war. Das Ganze ist natürlich nur zu verstehen aus der 'Rolle' eines Sklaven zu jener Zeit: sein Leben war nichts wert, jedenfalls nicht so viel, daß es im Rahmen des hier anstehenden Problems von Sein auf der Bühne in dem Maße ins Gewicht fiele, wie es das Leben des Odysseus-Darstellers im ersten Beispiel doch tut.

Es ist offensichtlich eine Frage des Grades, welches Maß an Sein auf dem Theater akzeptabel erscheint oder nicht. Es ist eine Frage der Grenzziehung: Zieht man die Grenze bei der real ausgeführten Ohrfeige auf der Bühne, beim Schlachten eines Tieres oder bei einem mit Spieldistanz ausgeführten Menschenmord? Oder, wie HANDKE es formuliert (1973: 166): Welche Gewalt kann man auf der Bühne zeigen, ohne daß sie lächerlich *angedeutet* wirkt? Schwitzkasten? Jemanden auf den Fingern stehen ?"

4. Sein und 'sensibilité'

Für DIDEROT ist die Aporie der Frage nach der Möglichkeit von Sein auf der Bühne durch ST.ALBINE als (wenn auch nur präsumtiven) Anwalt der sensibilité vermittelt. Denn: *sensibilité ist Sein.*

In seinen "Elements de physiologie" sagt DIDEROT über die Empfindung: "Toutes les fois que la sensation est violente ou que l'impression d'un objet est extreme et que nous sommes tout à cet objet, nous sentons, nous ne pensons pas." Wenn eine Sache unsere Seele (über den Weg der Empfindung) affiziert und wir ganz bei der Sache sind, ganz in unserem momentanen Zustand verhaftet, ganz Gefühl, sind wir ganz bei uns selbst, ungespalten eins. Wir *sind.* "C'est ainsi que nous sommes dans l'admiration, dans la tendresse, dans la colère, dans l'effroi, dans la douleur, dans le plaisir. Ni jugement, ni raisonnement quand la sensation est unique" (1875: 356). Der Zustand der sensibilité ist ein Zustand unter Ausschluß der Ratio. Das Ganz-bei-sich-selbst-Sein ist ein 'Sich-nicht-von-sich-selbst-distanzieren-Können'. Das letztere aber, die Kunst des *s'aliéner*, sei ein Talent, ohne das man nichts Vernünftiges zustandebringe: "talent sans lequel on ne fait rien qui vaille (1969: 1292). Der Prozeß künstlerischen Produzierens ist also ein Prozeß rationalen Sich-Distanzierens.

Im 'Paradox' wird die sensibilité ausdrücklich deshalb von der Bühne verbannt, weil sie Sein ist. Als DIDEROT die Ungleichheit der Akteure tadelt, die 'mit Seele' schauspielen, da sie an einem Abend in einer Passage glänzend sind, in der sie am anderen Abend versagen, stellt er begründend die rhetorische Frage: "S'il est lui quand il joue, comment cessera-t-il d'etre lui? S'il veut cesser d'etre lui, comment saisira-t-il le point juste auquel il faut qu'il se place et s'arrete?" (1975: 307)

5. ST.ALBINE und RICCOBONI

Die DIDEROT durch St. ALBINE vermittelte aporetische Fragestellung ist allerdings im Grunde schon geklärt, da die Forderung von sensibilité nicht die einzig vertretene Position ist, sondern in RICCOBONI bereits ihren Antipoden gefunden hat. RICCOBONI hat die Theorie der sensibilité vorab widerlegt. So heißt es auch bei DIDEROT folgerichtig, daß das Problem, das er nun tiefer zu ergründen suchte, schon früher zwischen einem mediokren Autor, also Saint-Albine, und einem grandiosen Schauspieler, RICCOBONI, aufgeworfen worden sei; der Schriftsteller habe für die Sache der Empfindsamkeit, der Komödiant für seine These

Partei genommen (1976: 365).

Die Frage der sensibilité ist folglich im Ansatz schon geklärt. DIDEROT will sie nur tiefer ergründen. Das aber ist ein philosophisches Vorgehen.

Die Aporie, die sich ihm stellt, ist überdies nur eine scheinbare, insoweit sie ST.ALBINE als Anwalt der sensibilité haftbar macht. Denn ST.ALBINE ist gar nicht dezidierter Garant einer Identitätstheorie im Sinne vollkommener sensibilité. Er fordert zwar auf der einen Seite, daß nur die, die zu lieben geboren sind, auch das Anrecht haben sollten, in verliebten Rollen zu agieren (LESSING, 1970: 231), und meint, daß die, die keine erhabenen Seelen hätten, Helden schlecht darstellen könnten (228) und wird damit zum Vorreiter der sensibilité, doch auf der anderen Seite betont auch er die rationale Seite des *Schaffensprozesses*, wenn er vom Schauspieler fordert, daß er manchmal "übertreiben" müsse und "weiter gehen als die Natur geht" (243), was nur in einem rational gesteuerten Prozeß möglich ist; so betont ST.ALBINE auch gleichzeitig die *Regelhaftigkeit des Spiels*. Und so verlangt er auch ausdrücklich die Ratio, den "Witz" des Schauspielers, der ihm so unausweichlich vonnöten sei als einem Schiff der Steuermann (223): man glaube zwar allgemein, daß man auf dem Theater auch ohne Witz auskomme, doch irre man sich in diesem Punkte ungemein (222). Man brauche eben alles: Witz, Feuer und Empfindung (227).

Genausowenig aber, wie man ST.ALBINE als dezidierten Protagonisten der sensibilité bezeichnen kann, ist es gerechtfertigt, seinen 'Antipoden' RICCOBONI als Vorkämpfer einer rationalen Spielweise zu verketzern; denn auch er will das "Feuer", die "heftige Leidenschaft" gar nicht von der Bühne verbannt wissen, sondern sie sollen, als vorhandene Grundbedingung der Schauspielkunst, nur vom Verstande gemäßigt werden (LESSING, 1970: 95). Der Schauspieler hat "den Ausdruck seiner eignen Empfindung abzuliefern" (113). Soll er heftige Leidenschaft darstellen, so ist der wesentlich entscheidende Punkt, daß "sie bei dem Spiele ebensoviel Mäßigkeit als Feuer erfordert" (95).

6. Das Postulat synthetischen Handelns

Beide, sowohl ST.ALBINE als auch RICCOBONI, fordern also sowohl Gefühl als auch Verstand vom Schauspieler; sie sind nicht einseitig, wenn sie auch immer eine Seite des schauspielerischen Aktes betonen, ja betonen müssen, da dieser als *synthetisches Handeln* letztlich nicht direkt aussagbar ist. 'Synthetisch' soll hier in seiner Grundbedeutung verstanden werden als 'zusammensetzend', 'zur Einheit verbindend', 'ganzheitlich'. Der Schauspielprozess steht unter dem Postulat synthetischen Handelns, soll heißen, unter der Forderung eines schauspielerischen Handelns, das ständig die beiden Seiten des Vorgangs, Identifikation und Distanz, amalgamiert. Er liegt irgendwo zwischen den beiden rein nicht zu verwirlichenden Extremen, die, rein verwirklicht, pathologisch und abnorm wären. Der Schauspielvorgang ist nicht vollkommen zu bestimmen, da die Totalität des Schauspielers undifferenzierbar in seinem Leistungsinhalt aufgeht (SIMMEL, 1968:94). Sein Wesen ist nicht direkt aussagbar, da der Vorstellungsbereich des Menschen auf ein dualistisches oder dialektisches Verhältnis von Gefühlen und Verstand beschränkt ist und eine Synthese beider Teile im Aussagebereich nicht möglich ist. Schauspielen ist sinnliches Erkennen - aber auch das ist eben oxymoral ausgedrückt. DIDEROT versucht in seinem Artikel "Sur le génie" eine direkte synthetische Aussage, doch kommt auch er über das vage 'voir' nicht hinaus: L'ésprit observateur (...) ne regarde point, il voit" (1976: 20). Auch DIDEROT muß in seinen Schriften eine Seite stärker betonen, in diesem Falle, im Gegensatz zu ST.ALBINE, die rationale.

Wie DIDEROT stellt zwar auch BRECHT in seinen Schriften die rationale Komponenete des schauspielerischen Vorgehens aus, doch weiß auch er, daß dieser Prozeß kein rein rationaler ist, und so postuliert auch er, notwendigerweise und ausdrücklich, ein synthetisches Sprechen und Handeln: Nicht geschulte Köpfe faßten den Widerspruch zwischen Spiel und Erlebnis so auf, als ob in der schauspielerischen Arbeit nur das eine oder das andere vorkäme bzw. als ob nach dem 'Kleinen Organon' nur gespielt, nach der überkommenen Methode nur erlebt werde; tatsächlich seien es aber zwei einander feindlich gegenüberstehende Vorgänge, die sich im Wirken des Schauspielers vereinigen; Schauspielen enthalte nicht nur ein bißchen von jenem und ein bißchen von diesem; aus der Spannung zwischen den beiden Polen ziehe der Schauspieler seine spezifische Wirkung; nur streiche das 'Kleine Organon' - mit MAO TSE TUNG - "allzu ungeduldig und ausschließlich die 'hauptsächliche Seite des Widerspruchs'" heraus (16/1967: 703).

7. Die Aneignung der Rolle bei DIDEROT und BRECHT: zweckgebundene Beobachtung

Wie nun, selbst wenn nicht letztlich beschreibbar, beschreibt DIDEROT den Vorgang der Aneignung einer Rolle? Der geniale Schauspieler (l'ésprit observateur) beobachtet, mit dem Notitzblock auf den Knien, die Erscheinungen, sich selbst, seine Umwelt: "Les cris de ca douleur sont notés dans son oreille" (DIDEROT, 1976: 312). Wenn ihn eine Empfindung affiziert, vermag er sich sofort von ihr zu distanzieren, verfällt demnach nicht in Selbstidentifikation, sensibilité: "C'est au sang-froid à temperer le délire de l'enthousiasme" (309). Auf die Spitze getrieben sind diese Fähigkeit und diese Eigenschaft des Schauspielers in der Anekdote von Talma, der, als er vom Tode seines Vaters erfuhr, einen so herzzerreißenden Schrei ausstieß, daß er, immer auf der Wacht in seiner Suche nach potentiellen Rollenelementen, ihn sich sofort merkte, um ihn später auf der Bühne benutzen zu können, auf diese Weise Herz und Geist unabhängig voneinander haltend (COQUELIN, 1883: 23). Diese Fähigkeit zur Selbstdistanz ist es auch, die ihn in die Lage versetzt, den so registrierten Schrei seines Herzens auf dem Theater lauter oder leiser sein zu lassen, während der Gefühlsschauspieler nur fähig ist, jeweils ausschließlich den Impulsen der Natur zu gehorchen und allein die augenblickliche 'reine' Empfindung seines Herzens auf die Bühne zu bringen: "L'homme sensible obéit aux impulsion de la nature et ne rend précisément que le cri de son coeur; au moment où il tempère ou force ce cri, ce n'est plus lui, c'est un comédien qui joue" (DIDEROT, 1976: 335). Und wie der Schauspieler sich selbst im Augenblick einer kurzen Anwandlung von sensibilité sofort, reflektiv-distanzierend, als Modell dient, so dient ihm auch der Gefühlsmensch schlechthin, der sich nicht von sich distanzieren kann, als Beobachtungsmaterial: "Le grand comédien observe les phénomènes; l'homme sensible lui sert le modèle, il le médite" (DIDEROT, 1976: 335). Er sammelt die inneren und äußeren Zeichen seiner Rolle. Die inneren bilden das "modèle idéal" (= fantome), das er in äußeren Zeichen auf der Bühne versinnlicht: das mit Hilfe der Einbildungskraft (d'imagination) gewonnene Modell setzt der Schauspieler nachahmend (d'imitation) in äußere Zeichen um und wiederholt dies Abend für Abend aus dem Gedächtnis (307f.)

Wie DIDEROT verlegt auch BRECHT, notwendig im Bereich der Vorstellung bleibend, den Akzent auf die Ratio: Beobachten ist ein Hauptpart des Schauspielens; die Schauspieler beobachten die anderen mit allen Nerven und Muskeln in einem nachahmenden Akt, der gleichzeitig einen Denkprozeß darstellt; denn bei purer Imitation sei das Ergebnis nur das Beobachtete, was nicht genüge, da das Original das, was es aussage, *mit einer zu leisen Stimme aussage*(16/1967: 686f.). Schauspielen besteht in "Handeln und Betrachten" (RITTER, 1987) resp. vice versa.

Gegenläufig ist das 'Nur-in-sich-hinein-Schauen' (vgl. 715), das ein echtes Rollen-spiel unmöglich macht, da 'Schauspieler' solcher Art nur fähig seien, sich als Hamlets und Ferdinands zu fühlen, das heißt nur bei sich selbst zu sein: id est sensibilité, Selbstidentifikation; als Schauspieler müsse man aber dauernd reale Menschen aufnehmend verarbeiten; das besagt: die Beobachtung ist notwendig - also wie bei DIDEROT - zweckgebunden, ist Aufnahme von Eindrücken auf die Anlage einer zukünftigen Rolle hin: in einer gewissen Weise verwandle sich für den Mimen das ganze Umfeld in Theater, und er sei der Zuschauer (vgl. 741).

8. Das Spezifische der Spielweise BRECHTs: Das Postulat des besonderen Zwecks und sein Gestus

Wenn somit zwar im Prinzip Übereinstimmung zwischen DIDEROT und BRECHT hinsichtlich der ständigen Adaption von Rollenelementen durch zweck-gebundene Betrachtung seiner selbst und der Umwelt bestehen muß, so schließt das nicht aus, daß BRECHT auf der Basis der bei DIDEROT niedergelegten Grundvoraussetzungen, in denen er sich natürlich mit ihm trifft, eine eigene Spielweise erfindet. Und zwar setzt das Spezifische der Brechtschen Spielart schon bei der zweckgebundenen Beobachtung ein: die zweckgebundene Beobachtung bei BRECHT ist zwar eo ipso die gleiche wie bei DIDEROT, insofern sie Beobachtung auf potentielle Rollen hin ist, und doch kann sie zugleich anders sein, indem ihr Ziel weiter gesteckt und spezifiziert wird. Für BRECHT nämlich enthält schon die Beobachtung eine besondere gesellschaftliche Komponente, den klassenkämpferischen Standpunkt. Eine der aktuellen Gestaltung der Rolle vorausgehende Beobachtung unter gesellschaftlichem Aspekt bedingt dann auch eine Spielweise, die den gesellschaftlichen Gestus impliziert. Das aber ist der verfremdende Spielmodus.

Wenn BRECHT feststellt, daß das Sich-selber-Zuschauen des Artisten, ein künst-licher und zugleich kunstvoller Akt von Selbstentfremdung, das vollständige, d.h.das bis zur Selbstaufgabe reichende Einfühlen des Publikums inhibiere und ein hervorragende Distanz schaffe zu den Bühnenvorgängen (622), so scheint das der Auffassung DIDEROTs zu widersprechen, der ja auch von der Clairon berichtet, daß sie sich beim Spiel selber zusehe und zuhöre (DIDEROT, 1976: 308), die aber dabei genau den gegenteiligen Effekt erzielt, nämlich daß der Zuschauer sich ja gerade in die von ihr gespielte Stückfigur einfühlt. Doch ist der Widerspruch nur ein scheinbarer. Denn das Sich-selbst-Zusehen des Künstlers meint bei BRECHT nicht nur den Zustand der 'Entfremdung', sondern zugleich den der Verfremdung der Entfremdung, und zwar nicht als im nachhinein geschehen - das heißt, zuerst 'entfremde' ich mich mir und dann verfremde ich diese Spielhaltung-, sondern von vornherein (aufgrund der anderen Art der Beobachtung) angelegt. Spielen (= Zeigen) im Sinne BRECHTs ist immer Zeigen, das zeigt, daß es zeigt: "Es tritt nur einer auf und zeigt etwas in der Öffentlichkeit, *auch das Zeigen_*" (BRECHT, 15/1967: 349). Das deiktisch episch-narrative Element ist die Hauptkomponente der Schauspielpädagogik BRECHTs (THIELE, 1987). Der Brechtsche Schauspieler legt expressis verbis seine exzentrische Position offen

9. BRECHTs Schauspielstil als Antwort auf den Schauspielstil STANISLAWSKIs

Der Polarität DIDEROT - ST.ALBINE entspricht analog im 20. Jahrhundert das Verhältnis BRECHT - STANISLAWSKI. Sowohl ST.ALBINE als auch STANISLAWSKI wollen den Schauspieler durch eine bestimmte Psychotechnik dahin bringen, daß er seine Rolle für Wirklichkeit hält. So heißt es bei ST.ALBINE: "Wollen die tragischen Schauspieler (...) uns täuschen; so müssen sie sich selbst täuschen. Sie müssen sich einbilden, daß sie wirklich das sind, was sie vorstellen; eine glückliche Raserei muß sie überreden, daß sie selbst diejenigen sind, die man verrät, die man verfolgt. Dieser Irrtum muß aus ihrer Vorstellung in ihr Herz übergehen, und oft muß ein eingebildetes Unglück ihnen wahrhafte Tränen auspressen" (LESSING, 1970: 229). Und STANISLAWSKI spricht zu seinen Schauspielern: "Der Kniff meines Verfahrens ist einfach: Ich entziehe Ihnen den Schauspielerboden, auf dem Sie stehen und gebe Ihnen den richtigen, lebensverbundenen Boden: Mit Hilfe der physischen Handlungen übertragen Sie das fremde Rollenleben in Ihr eigenes Leben, wo Sie Ihr eigener Herr sind. Sie erzählen nicht von *Hamlet*, den Sie nicht kennen, sondern von Ihrem Leben" (STANISLAWSKI, 1958: 147f.). Über die durch die physischen Handlungen erzeugten Gefühle gelangt der Schauspieler zum Glauben an die Gefühle und dadurch zum "Ich bin" (138). Das Leben und die Lebensumstände einer Theaterfigur darzustellen, muß die Vorstellungskraft den Schauspieler zwingen, auf der Bühne "in diesem Leben zu *sein_*und zu *existieren* (...). *Sein im Leben des Stückes*" (99).

BRECHT scheint STANISLAWSKI nun gerade wegen dieser (vermeintlichen) Erzeugung von Sein auf der Bühne angreifen zu wollen. Er wendet sich gegen die "totale Einfühlung" (15/1967:382), die "restlose", "bis zur Austilgung der eigenen

Person" gehende Verwandlung, "Theoretisch und mit Exerzitien unterbaut zuletzt von Stanislawski" (386): "Der Schauspieler läßt es auf der Bühne nicht zur *restlosen Verwandlung_*in die darzustellende Person kommen. Er ist nicht Lear, Harpagon, Schwejk, er *zeigt* diese Leute" (343).

Daß. BRECHT STANISLAWSKI unrecht tut, ist eine andere Sache. Dieser iost weit davon entfernt, das zu verlangen, was BRECHT in den genannten Zitaten behauptet. STANISLAWSKI ist selbsverständlich davon überzeugt, ja, *muß_*als vernünftiger Schauspieltheoretiker überzeugt sein, daß es nicht zur vollkommenen Verwandlung in der Figur kommt, ja darf. Nur muß er auch, gezwungenermaßen im Bereich menschlicher Vorstellungskraft verhaftet, das Hauptgewicht eben auf *eine* Seite des Schauspielerprozesses legen. Er pointiert nur seinen speziellen Fokus, und der liegt auf der Gefühlsseite. Dies wird sich erhellen aus den nachfolgenden Bemerkungen speziell über das *Sprechen_*des Schauspielers.

10. Speziell: Sprechen

Es geht nun um das Worthandeln im Sinne STANISLAWSKIs (vgl. SIMHANDL, 1985: 23). Sprechen ist gleich handeln (STANISLAWSKI, 1963: 70): "For an actor the word is a *verbal action*, which means that when he speaks he is in a process of action through words. (...) To speak means to act" (MOORE, 1967: 88). Die Worthandlung soll echt, produktiv und zweckmäßig sein (STANISLAWSKI, 1963: 60). Wie sie im einzelnen auszusehen hat, erläutert STANISLAWSKI vor allem im zweiten Teil seines Hauptwerkes "Die Arbeit des Schauspielers an sich selbst", und zwar insbesondere in den Kapiteln "Stimme und Sprechen" (1. Gesang und Diktion, 39-58; 2. Das Sprechen und seine Gesetze, 59-107), "Über die Musikalität des Sprechens" (281-384), "Die Sprachgesetze" (284-300) und "Über die Perspektive des Sprechens" (300f.). Uns interessiert in unserem Zusammenhang das Wechselspiel von Einfühlung und Distanz, letztere vor allem realisiert als Technik des Sprechens. Denn das Technische des Sprechens als *handwerklicher Vorgang* ist notwendigerweise Widerpart totaler Einfühlungstendenz. Nicht von ungefähr legt der STANISLAWSKI-Kritiker BRECHT immer wieder Wert darauf, das *Gemachte* und damit *technische_* des Vorgangs Theaterspielen herzustellen, untermauert dies doch die rationale Seite des Prozesses. So ist es nach all dem, was bisher ausgeführt wurde, nicht verwunderlich, daß STANISLAWSKI auf der einen Seite sein Hauptanliegen, das Sich-Einfühlen, auch beim Sprechen verfolgt; auf der anderen Seite legt gerade er größten Wert auf technische Meisterschaft und

Sprechübungen, um dies zu erlangen. Wissenschaft und Kunst müssen sich gegenseitig ergänzen und unterstützen (59). Höchstes Maß an Ratio ist erforderlich, das höchste Maß an *Illusion* zu erzeugen. Das gilt unzweifelhaft sowohl für DIDEROT als auch für STANISLAWSKI. Im Brechtschen Sinne ist aber höchstes Maß an Ratio ebenso erforderlich, die *Desillusion* zu erzeugen. Diese Sätze widersprechen sich nicht, sind vielmehr notwendiger Ausfluß des generellen Paradoxes der Schauspiel- und Sprechkunst auf der Bühne.

Die Gefühlsseite: Der Schauspieler muß die *Seele*_des Lautes herausspüren, die Seele eines Wortes, eines Satzes, sein *Wesen*; Laute, Silben, Wörter sind "von der Natur" geschaffen (49). Er muß sich *"in die Laute und Silben einfühlen"*wie auch in ganze Sätze (59). Der Schauspielende muß den Stücktext in die "Musik eines Gefühls" übersetzen: nur wenn wir die "Melodie der lebendigen Seele" hören, erschließt sich die Schönheit des Dramas (63). Die "Tätigkeit des Unbewußten" und "unsere natürlichen seelischen Kräfte" sollen "unsere Sprech- und Klangwerkzeuge und alle andern Gestaltungsmittel so feinfühlig wie möglich machen" (65). Sprechen heißt nichts anderes, als feinsinnige "Vorstellungsbilder" zu zeichnen, nicht für das Ohr, sondern für das innere Auge zu sprechen: Sprechen bedeutet, einen *illustrierten*_Untertext für die Rolle zu schaffen (66), imdem die Vorstellungsbilder eine "Stimmung" erzeugen und diese wiederum eine analoge "Empfindung" hervorruft (67). Ausschließlich über die Realisierung des illustrierten Untertextes erschließt sich das geistige Leben einer Rolle. Nur - und hier spannt sich der Bogen zur technischen Seite - "mit einer Stimme, die nur eine Quinte umfaßt, kann man das 'geistige Leben' einer Rolle nicht zum Ausdruck bringen" (42).

Die Technikseite: Die Einheit der Rolle ist allumfassend. Insofern ist alle Einseitigkeit von Übel: rein kehlige, nasale oder gaumige Stimmgebung oder Stimmgebung allein aus dem Kopf, Brust oder Kehlkopf (43). Die Stimme sollte eine Tendenz nach vorne haben, in die Maske hinein, Richtung Zähne, Stirn (43) und Nase (44), aber zusätzlich die gesamte Kopfresonanz nutzen, um die Töne in "Einklang" zu bringen (46). Hilfreich ist dabei die Gähnspannung (47). Getragen wird die Stimme von der Stützfunktion der Bauch- Flanken- und Brustatmung und dem dreiphasigen Atemrhythmus (vgl. SCHLAFFHORST-ANDERSEN!): Einatmen, Ausatmen, Pause (übrigens korrekt mit Primat der Ausatmung!) (424). Als Lehrbuch wird u.a. GUTTMANN (1861) empfohlen (59, 426). Die technischen Funktionen haben die Aufgabe, den Gefühlsausdruck zu unterstützen. Insofern ist auch das Training der Sprechmuskulatur vonnöten. Nur wenn alle Muskeln des Körpers, auch die kleinsten, durchtrainiert sind, kann ich Gefühle wiedergeben (347). Die

Laute und die Intonation dürfen also nicht dazu dienen, mechanisch vorzutragen und Diktion und Stimme *vorzuzeigen*, sondern sie müssen wirklich Bedeutungen transportieren und dem Zuschauer Sinn begreiflich machen (69). Auf der Bühne Natur zu erzeugen, muß einem die neue - sprich die technisch ausgefeilte - Sprechweise "zur zweiten Natur" werden (56). Das kann dann soger soweit gehen, daß man sich an den Silben und Wörtern berauscht (56). (So kommt es also durchaus zu den von BRECHT depravierten Rauschgiftmetaphern). Richtig verstanden jedoch, weckt gerade die sauber getroffene phonetische Figur organisch die emotionalen Erinnerungen (81).

Die Handlungsseite: Sprechen läßt sich als Worthandeln einbetten in eine Handlunstheorie. Das soll hier zwar jetzt nicht geschehen, aber es sollen doch einige Hinweise STANISLAWSKIs auf den Handlungscharakter des Sprechens angeführt werden. Das Wichtigste für das Sprechen ist "*zielbewußtes Handeln*" (70). Wollen wir die Worte der Rolle sprechen, so müssen wir, im Sinne der Überaufgabe, den Untertext entstehen lassen, dieser muß vom Gefühl durchdrungen sein, dann erst entsteht die "*durchgehende Handlung*" der Rolle. Eingebettet ist all dies in die Theorie der Stanislawskischen *physischen Handlungen:* " The only thing an actor can fulfill truthfully as a character is a simple physical action. He can bang his fist on a table; he can slam the door; he can *ask* a question; he can *explain* something to his fellow actor; he can *threaten* or *encourage* him - and he can do all this truthfully. STANISLAWSKI calls these 'physical actions'. The *word,* says STANISLAWSKI, is the physical side of the psychophysical process; images and the meanings behind the words form its psychological side" (MOORE, 1967, 40).

Die einzige Grundlage der Kunst des Schauspielens ist die Handlung; nur das, was innerhalb einer Handlung stattfindet, erscheint akzeptabel; jede physische Handlung hat eine aktive, intentionale Handlung zu sein, ebenso jeder auf der Bühne gesprochene Satz (TOPORKOW, 1952: 82).

Die Gefühls- und Verstandesseite: Daß der Schauspieler die Bilder seiner inneren Vorstellung betrachtet und so den Untertext der Rolle erfaßt, geschieht gleichermaßen "*mit Verstand und Gefühl*" (STANISLAWSKI, 1963: 72). Nur die verstandesmäßige Analyse der Sätze führt zum inneren Erleben der Rolle, indem sie uns hilft, in das Wesen des Textes einzudringen (74). Die *logische* Pause, die am Anfang steht, muß sich umwandeln in die *psychologische* (81); die - passive -logische Pause dient der Ratio, die - aktive - psychologische Pause, das beredte Schweigen, dient der Emotion (82). Der Weg geht von der passiv logischen zur aktiv psychologischen und von dort zu Untertext, durchgehender Handlung und Überaufgabe (82g.).

Kritik: Beim Sprechen eines Monologs gerät STANISLAWSKI/TORZOW so in innere Bewegung, daß er, den Tränen nahe, sogar eine Pause einlegen muß, "um seine Bewegung zu meistern" (83). Dies ereignet sich zwar nur auf der Probe resp. im Unterricht, aber es ist doch ein Anzeichen für die von DIDEROT kritisierte miserable Schauspielerei, die den Mimen, wie ober geschildert, an einem Abend gut sein lasse, an einem anderen aber zum Versagen zwinge, je nachdem, wie es mit dem inneren Erleben klappe: die Gefühlsschauspieler sind unterschiedlich gut bzw schlecht; es kommt aber darauf an, im Prinzip zumindest, gleich gut zu sein. Insofern kann man DIDEROT gegen STANISLAWSKI kritisch anführen. Dieser aufwallenden Gefühlswandlung fehlt die rationale Steuerung, die STANISLAWSKI allerdings grundsätzlich bejaht. Diese rationale Steuerung führt bei BRECHT dann dazu, daß der Gestus des Schauspielers nicht mehr nur *mit* dem Text geht, sondern auch *gegen* ihn laufen kann. In seinen Stanislawski-Studien von 1951 bis 1954 (16/1967: 841-866), in denen er seine ursprünglich radikale frühe Kritik ("Über das Stanislawski-System", 15/1967: 380-388) abmildernd revidierte, nennt er ein Beispiel für diese Vorgehensweise: STANISLAWSKI habe darauf hingewiesen, daß es nötig sei, wenn man Rhythmen aufspüren wolle, die sich über Szenen oder Szenenteile hinweg erstreckten, die Logik der Ereignisse zu studieren; er aber füge hinzu: der Schauspieler könne diese Rhythmen verwenden, entweder indem er ihnen folge - oder eben *nicht* folge (16/ 1967: 845), also indem er die Logik der Ereignisse ignoriert. STANISLAWSKI wäre es sicher nicht eingefallen, eine Lesart zu entwickeln, die einen dramatischen Text konterkariert. Die Übergewichtung der rationalen Seite bei BRECHT ermöglicht es aber ganz offensichtlich und geradezu programmatisch, den Wortlaut eines Stückes nicht nur kommunikativ, sondern auch *metakommunikativ* zu interpretieren. Das bedeutet auch, daß man einen Text zitierend sprechen kann: Diese Art des Sprechens dient der Historisierung und ist somit ein Prototyp des verfremdenden Sprechens. Insoweit ist es möglich, um es einmal mit rezentem diskursanalytischem Vokabular auszudrücken, einen Text zitierend mit "oblique orientation" (BRAZIL et al., 1981: 87) zu sprechen. Das besagt: Ein Sprecher kann grundsätzlich (mindestens) zwei Einstellungen gegenüber einem Text einnehmen: entweder geht er in den Text 'hinein'(dies ist eine höreroirentierte Sprechweise) und will vermitteln, was der Text *bedeutet* oder er bleibt 'außen vor' (dies ist eine sprachorientierte Einstellungsweise) und will in neutralen Ton vermitteln, was der Text *sagt* (THIELE, 1988: 140): " it seems to us that he has two entirely different options: he can either enter into the text, interpret it and 'perform' it as if he himself were speaking to the listener, saying as it were, 'this is what the text *means*'; or he can stand outside the text and simply act as the medium, saying 'this is what the text *says*'" (BRAZIL et al., 1981: 83). Letzterer zeigt, um es in Brechtscher Terminologie zu formulieren, was der Text *zeigt*. Daß dieses Zitieren und Neben-dem-Text-Stehen bei BRECHT nun selbst wieder, um im Bilde zu bleiben, 'performative' Qualitäten aufweist (ich zeige, daß etwas nicht so sein muß, wie es ist; indem ich zitiere und historisiere, weise ich Vergänglichkeit im Sinne von Veränderbarkeit nach etc.), verstärkt höchstens, ändert aber im Prinzip nicht den Fakt, daß hier zwei grundsätzlich unterschiedliche Qualitäten von Intonation vorliegen, *proclaiming* versus *level one* (BRAZIL et al., 1981: 88).

Doch selbst wenn bei BRECHT anderes möglich ist als bei STANISLAWSKI, ist es an der Zeit, aufzuräumen mit dem Vorurteil, als gäbe es hinsichtlich der anfangs genannten Maxime der Schauspielkunst und des Sprechens und Handelns des Schauspielers Gegensätze zwischen BRECHT und STANISLAWSKI. Es gibt keine Gegensätze, es gibt nur verschiedene Ausdrucksweisen. Beide, sowohl BRECHT, als auch STANISLAWSKI, müssen - und dies erkennt BRECHT ganz genau (16/1967: 846) - auch "beides zulassen", *Mache* und *Einfühlung* - "wenn auch in verschiedener Mischung"!

Man kann das Paradox des Schau-Spielers kaum schöner formulieren, als es ein anderer Spieler, der Billard-Spieler Raymond Ceulemans, in einem SPIEGEL - Interview (23.11; 206) analog über sich gesagt hat: "Das Herz des guten Billard-Spielers sitzt in seinem Kopf. Sein Verstand und sein Gefühl sind wie ein Organ".

Literatur

BRAZIL, D., M. COULTHARD, C. JOHNS. [2]1981. Discourse Intonation and Language Teaching. (Applied Linguistics and Language Study) London: Longman.

BRECHT, B. 1967. Schriften zum Theater 1, 2. Gesammelte Werke 15, 16 (werkausgabe edition suhrkamp) Frankfurt/M.: Suhrkamp.

COQUELIN, C. 1883. Die Kunst und der Schauspieler. Übers. F. Groß. Wien/Pest/Leipzig: Hartleben.

DIDEROT, 1875. Oeuvres complètes 9. Ed. J. Assézat. Paris: Garnier Frères.

DIDEROT, 1969 Oeuvres. Ed. A. Billy. (nrf Bibliothèque de la Pléiade 25) Paris: Editions Gallimard.

DIDEROT, 1976. Oeuvres Esthétiques. Ed. P. Vernière. (Classiques Garnier) Paris: Garnier Frères.

DIECKMANN, H. 1961. Das Thema des Schauspielers bei Diderot; in: Sinn und Form 13, 438-456.

DUERR, E. 1962. The Length and the Depth of Acting. New York: Holt, Rinehart and Winston.

GRIMM, R. 1964. Nachwort. Zu: D. Diderot, Das Paradox über den Schauspieler. Übers. K. Scheinfuß. (Insel Bücherei 820) Frankfurt/M.: Insel Verlag, 71-79

GUTTMANN, O. 1861. Gymnastik der Stimme, gestützt auf physiologische Gestze. Eine Anweisung zum Selbstunterricht in der Uebung und dem richtigen Gebrauche der Sprach- und Gesangsorgane. Leipzig: J. J. Weber.

HANDKE, P. 1973. Aus den Notizen zu "Der Ritt über den Bodensee"; in: P. Handke. Stücke 2 (suhrkamp taschenbuch 101) Frankfurt/M.: Suhrkamp, 161-177.

HINCK, W. [4]1966. Die Dramaturgie des späten Brecht. (Palaestra 229) Göttingen: Vandenhoeck & Ruprecht.

LESSING, G. E. [2]1963. Hamburgische Dramaturgie , Stuttgart: Alfred Kröner.

LESSING, G. E. 1970. Die Schauspielkunst. An die Madame *** durch den Herrn Franziskus Riccoboni den Jüngern. Aus dem Französischen übersetzt, in: G. E. Lessing. Werke. Vollständige Ausgabe in fünfundzwanzig Bänden. Bd. 10. Hg. J. Petersen. Reprografischer Nachdruck der Ausgabe Berlin, Leipzig, Wien und Stuttgart (1925). (Bongs Goldene Klassiker Bibliothek) Hildesheim/New York: Georg Olms, 77-114.

LESSING, G. E. 1970. Auszug aus dem "Schauspieler" des Herrn Remomd von St.Albine; in: G. E. Lessing, Werke. Bd. 10. Hg. J. Petersen (s. O.), 221-250.

LÜBBREN, R. 1955. Zur Anthropologie des Schauspielers. Theorien der Schauspielkunst seit der Jahrhundertwende. Diss. (Masch.) München.

MOORE, S. 1967. The Stanislavski System. The Professional Training of an Actor, Digested from the Teaching of K. S. Stanislavski. New York: Simon & Schuster

PLESSNER, H. 1953. Zur Anthropologie des Schauspielers; in: H. Plessner, Zwischen Philosophie und Gesellschaft. Ausgewählte Abhandlungen und Vorträge. Bern: Francke, 180-192

RITTER, H. M. 1987. Handeln und Betrachten; in: Th. v. Fragstein (Hrsg.), Handeln und Betrachten. Beuträge zu einer Spiel- und Theaterpädagogik. Theaterpädagogik 6. Berlin: Hochschule der Künste, 10-13.

SIMHANDL, P. 1985. Konzeptionelle Grundlagen des heutigen Theaters. Theaterpädagogik Sonderheft. Berlin: Hochschule der Künste.

SIMMEL, G. 1968 Zur Philosophie des Schauspielers; in: G. Simmel, Das individuelle Gesetz. Philosophische Exkurse. Hrsg. M. Landmann. (Theorie 1) Frankfurt/M.: Suhrkamp, 75-95.

STANISLAWSKI, K. S. 1963. Die Arbeit des Schauspielers an sich selbst. Die Arbeit an sich selbst im schöpferischen Prozeß des Verkörperns. Berlin, DDR: Henschelverlag Kunst und Gesellschaft

STANISLAWSKI, K. S. 1958. Theater Regie und Schauspieler. Hamburg: Rowohlt.

THIELE, M. 1987. The Role of the Narrating Actor; in: H. Geißner (Ed.) On narratives. Proceedings of the 10th International Colloquium on Speech Communication, June 22-27, 1986. Frankfurt/M.: Scriptor, 233-238.

THIELE, M. 1988. On Intonation. The Studies of Brazil, Coulthard and Johns; in: J. Lehtonen (Ed.), Speech in the Future and the Future of Speech.

Proceedings of an International Colloquium Held at the University of Jyväskylä, July 26-29, 1987. (Studia Philologica Jyväskylensia 21) Jyväskylä: University Press 1988, 135-144.

TOPORKOW, W. 1952. K. S. Stanislawski bei der Probe. Erinnerungen. Berlin, DDR: Henschelverlag Kunst und Gesellschaft.

Texte spielen oder sprechen

Margit Reinhard-Hesedenz, Saarbrücken

Für Schauspieler ist eine Fähigkeit besonders wichtig: Phantasie und Vorstellungs-vermögen, um Emotionen und innere Bilder entstehen zu lassen, und sie - u.a. sprechend - einem Publikum zugänglich zu machen.

Die Sprache, die Schauspieler sprechen, wenn sie Figuren darstellen, ist eine an-dere, als die Sprache in lyrischen Texten, bzw. es ist meist eine anders geordnete Sprache.

Dichtungssprechen ist eine andere Qualität (sprech-)künstlerischer Tätigkeit als Schauspielen. Schauspielerische Fähigkeiten haben haben eine Stellenwert beim Sprechen von Dichtung, aber in anderen Zusammenhängen und in einer anderen Qualität. DRACH empfindet es als "theatralisch, oftmals unanständig" (DRACH, 1926: 108), wenn Lyrik als Bühnenmonolog aufgeführt wird. Und WINKLER warnt davor, daß es peilich wirken kann, wenn "Rollenlyrik" nachgestaltend in eine neue Redelage gestellt wird" (WINKLER, 1969: 374), wenn also der Rezitator als "Prometheus" sprechend, leibhaft hier sitzt und Menschen nach seinem Bilde formt. Mit Schauspielstudenten habe ich die Erfahrung gemacht, daß sie diese Auffassung nicht teilen. Sie haben diese Ausbildung, diesen Beruf gewählt, in der Hoffnung, sich gerade im Spielen, bzw. im Darstellen optimal ausdrücken und verwirklichen zu können und in der Hoffnung darauf, individuelle Kreativität und Autonomie zu finden. (vgl. GURRECK, 1969: 17f.)

Zu einer künstlerischen Form, die keine Spielaktion erfordert, sondern "nur" Sprechaktion, haben Schauspieler daher kein ungebrochenes Verhältnis: ohne die Möglichkeit, sich spielend ausdrücken zu können, fürchten sie, so scheint es mir, um ihre Hoffnungen, sehen sie sich reduziert in der Möglichkeit, ihre spezifischen schauspielerischen Fähigkeiten einbringen zu können.

Wenn es um die Arbeit z.B. an epischen Texten geht und insbesondere um erzäh-lende Prosa, wird ein schauspielerisches Element darin gesehen, eine Figur außerhalb des Textes zu spielen: den Erzähler. Übersehen wird dann aber, daß sich die Charakterisierung der erzählenden Figur nicht aus einem Handlungszusammenhang entwickeln läßt, wie das bei einem Bühnenstück möglich ist, so daß dieser Erzähler aus so etwas wie der Grundstimmung des Textes definiert wird. Die Sichtweise bzw. Erlebnisweise der Figur wiederum bestimmt die Lesart des Textes. Charakterisierung der Figur und Interpretation des Textes bleiben so in einem Zirkelschluß aufeinander bezogen. Dieser Ansatz reduziert Verstehensmöglichkeiten des Textes und normiert geradezu klischeehaft Elemente des Sprechausdrucks.

Eine (methodische) Möglichkeit, dies für Schauspielstudenten hörbar und erfahrbar zu machen, ist der Vergleich von Sprechfassungen der Studenten von unterschiedlichen Texten mit gleicher "Grundstimmung". Dabei zeigt sich i.d.R., daß die Sprechweise relativ gleich bleibt, daß die Gedanken und Gefühle der erzählenden Figur, die die Studenten während des Sprechens als ganz unterschiedlich empfunden haben, sich in den Sprechfassungen nicht mitteilen. Die Texte wirken im Verhältnis zueinander sogar so undifferenziert, daß der Hörverstehensprozeß behindert wird: Zuhörer (bei diesem "Experiment" sind es Kommilitonen der Studenten) können meistens viel darüber sagen, wie dem Erzähler zumute war. Was erzählt wurde (etwa die Unterschiede im Spannungsgefüge, in dem sich die Gedanken und Emotionen innerhalb des Textes entwickeln und verändern könnten), tritt in der Wahrnehmung in den Hintergrund.

"...der Schauspieler (kann) die Figur ... nicht leben, denn er ist sie nicht, er spielt sie." formuliert EBERT (1981: 45). Für die Erzählsituation läßt sich analog formulieren: Einen Erzähler kann der Schauspieler nicht spielen, er ist der Erzähler. Gelingt es die Schauspielstudenten davon zu überzeugen, die Rolle des Erzählers nicht als Spielrolle, sondern als soziale Rolle zu verstehen, dann ergibt sich daraus ein Verhältnis zum Text und zum Hörer, das unvermittelt - eben nicht durch die Figur vermittelt - zu der Einstellung führt, die DRACH als "Selbststellung" bezeichnet hat: "... sein eigenes, des Sprechers Interesse an den Dingen, befördert sie zur Aussprache; seine Begeisterung, sein Mitleid, seine Beobachterfreude, mit einem Wort seine affektive Selbststellung zu den Dingen veranlaßt ihn zu reden" (DRACH, 1926: 91). Diese Unmittelbarkeit ermöglicht "kritische Nähe" (GEISSNER, 1981: 186) auch und gerade zu den eigenen Einstellungen und Werten in Bezug auf das im Text Geschilderte. Sie ermöglicht, die Vorstellungswelt auf die eigene Erfahrungswelt zu beziehen, und zwar so, daß bereits Gewußtes oder Erlebtes (erneut) befragt werden kann. So können weitere Phantasieräume aufgeschlossen werden. Die Studenten sind i.d.R in der Lage, vielfältigere und differenziertere Sprechfassungen zu finden und können nachvollziehen, daß sie ihre schauspielerischen Fähigkéiten gerade dann in den künstlerischen Prozeß einbringen könnnen , wenn sie nicht nach einer determinierenden Lösung suchen um einen Text sprechbar zu machen für eine - subjektivistisch bestimmte - Figur.

Geht es um die Erarbeitung von Gedichten, wählen Schauspielstudenten häufig Gedichte mit Rollencharakter. D.h. ähnlich wie beim Bühnenmomolog spricht eine (erdichtete) Gestalt, oder spricht sich aus (vgl. WINKLER, 1969: 373). Bei dieser Textsorte liegt es nahe, daß als aktuell erlebende Figur gesprochen wird. Die emotionale Befindlichkeit der Figur aufzuspüren, und in schauspielerischem (Nach-)Vollzug ein "Stimmigkeitserlebnis" herzustellen, gelingt i.d.R. auch. "Denn je lebendiger die Phantasiebilder sind, die die Textvorlage im Sprecher wachruft, um so stärker wächst seine unwillkürliche Antwort auf sie im Sprechausdruck." So erklärt WINKLER diesen Prozeß (1969: 191). Allerdings bleiben die Phantasiebilder am semantischen Material des Textes orientiert. Versmaß, Rhythmus, Lautmaterial, oder Textgraphik bleiben als sinntragende Elemente ungenutzt. Sie können aber Unterstützung bieten, um die Phantasiebilder zu differenzieren, zu erweitern, und ihre emotionale Dimension auf den Text rückzubeziehen, am Text zu verifizieren.

Wird z.B. bei GOETHEs "Prometheus" das Gefühl des Aufbegehrens sprecherisch nicht mit der Zeiligkeit komponiert, bleibt das Spannungsgefüge, in dem die einzelnen Gedanken, Anklagepunkte, Beschreibungen stehen, zu wenig aufgefächert. Eine der häufigsten Sprechfassungen läßt folgenden Text entstehen:

Bedecke deinen Himmel Zeus mit Wolkendunst
Und übe
dem Knaben gleich der Disteln köpft an Eichen dich
Und Bergeshöhn
Mußt mir meine Erde doch lassen stehn
Und meine Hütte die du nicht gebaut
Und
Meinen Herd um dessen Glut du mich beneidest

Die Gefahr eines polternd daherkommenden "Prometheus", der diesen Text, (der ja fast ein Prosatext geworden ist), durch willkürliche Lautstärke- und Tempovariationen in falsches Pathos treibt, wird deutlich, wenn sich die Auflösung der Gedichtform auch in den weiteren Strophen fortsetzt. Wird dagegen die Zeiligkeit eingehalten, können innerhalb der Grundemotionalität "Aufbegehren" andere Sprechdenkprozesse (nach-)vollzogen und damit differenziertere emotionale Spannungsverhältnisse spürbar werden. Oder in schauspielerischer Terminologie ausgedrückt: es entstehen differenziertere Subtexte. So können die Studenten auch hier erfahren, daß ihr "Einfühlungsvermögen" und Vorstellungsvermögen eine wichtige Basis darstellen für die sprecherische Interpretation von Gedichten, und daß ein kognitiv-analytischer Ansatz Unterstützung bieten kann zur Ausdifferenzierung der Erlebnisqualitäten. Bzw. anders herum gesagt, daß das Einbeziehen von Textstrukturen in den Interpretationsprozeß nicht notwendigerweise die Entfaltung von Kreativität behindert, sondern Wege zu Kreativität öffnen kann.

Mir geht es bei diesem Überzeugungsprozess darum, Strukturen begreifbar und handhabbar zu machen, sie als bewegliche, komponierbare, gestaltbare Elemente zu (er-)kennen und anzuerkennen, die Spielraum lassen, ja Spiel-räume durch Eingrenzung erst schaffen und sichtbar werden lassen. Ich habe bei der Arbeit in der Schauspielausbildung den Eindruck gewonnen, daß Eingrenzung durch Strukturen - nicht nur durch Textstrukturen - als Einengung erlebt wird. Daß Anschauen und Kennenlernen von Strukturen ermächtigen kann, Aktivität gegenüber Strukturen zu entwickeln, darum geht es mir weiterreichend in der sprecherzieherischen Arbeit.

Wenn Widersprüche - die nun einmal systemisch gegeben sind durch Strukturen - negiert werden, wird ein Ausweg in der Intuition gesehen. Es wird als Axiom gesetzt: Intuition ist künstlerisch - Reflexion ist unkünstlerisch.

Vielleicht kann ich mit dem Ansatz zur Textarbeit, den ich hier skizziert habe, dazu beitragen, daß Intuition nicht idealisiert wird, Reflexion nicht als ihr störender Widerpart definiert wird und trotzdem der Spaß an und mit Texten bleibt.

Literatur

DRACH, E. 1926. Die redenden Künste. Leipzig: Quelle und Meyer.

EBERT, G. / PENKA, R. (Hrsg.) 1981. Schauspielen. Berlin, DDR: Henschel.

GEISSNER, H. 1981. Sprechwissenschaft. Königstein: Scriptor.

GURRECK, K. 1969. Das Berufsbild des Schauspielers; in: Arbeitskreis B. Brecht, Nachrichtenbrief 67, 17ff.

WINKLER, Ch. [2]1969. Deutsche Sprechkunde und Sprecherziehung. Düsseldorf: Schwann

Analyse des Sprechakts

Arbeitstechniken für Sprecher bei der Rundfunkproduktion

Manfred Mixner, Berlin

Studios, in denen sogenannte Wort-Sendungen für das Hörfunk-Programm produziert werden, sind, ebenso wie die Synchron-Studios der Filmindustrie, Laboratorien. Wer Aspekte des Sprechens erforschen will, wird in ihnen ideale Bedingungen vorfinden. Das kam mir deutlich zu Bewußtsein, als ich in den Jahren des 'learning by doing' zu fragen begann, was denn das ist, was ich da mache, wie die Arbeit sich vollzieht, daß es da Regeln gibt und immer wieder Konflikte, Mißverständnisse, Diskussionen um Grundsätzliches. Gleichsam zur Einstimmung, ohne nähere Erläuterungen, möchte ich einige sentenzhaft formulierte Erfahrungssätze meinen Ausführungen voranstellen:

Bei einer Hörfunkproduktion muß sich der als Sprecher engagierte Schauspieler klar sein, daß er mit seinem Sprechen die Ziellinie, die die Membran des Mikrophons markiert, um keinen Millimeter überschreiten darf, also anders sprechen muß, als auf der Bühne, wo er mit jedem Ton über die Rampe kommen muß.

Alles Mimische, Gestische, Physiognomische, alle Körper- und Augensprache ist in die Stimme, ins Sprechen, ins Atmen zu verlegen, und dabei darf nichts ausgelassen werden; was auf der Bühne der Auftritt, ist im Hörspiel der erste Satz.

Das Mikrophon ist im Studio wie ein Lügendetektor: ihm entgeht kein So-tun-als-ob, es entblößt jede sprecherische Ausdrucksschwäche.

In der Hörfunkproduktion darf es keinen Augenblick des gedankenlosen Sprechens geben, nicht einmal in der Reproduktion des gedankenlosen Sprechens.

Und dennoch ist es immer der Körper, der spricht, und der reagiert nicht immer unwillkürlich auf Gedachtes, Vorgestelltes, Eingebildetes.

Was man nicht im Kopf hat, hat man auch nicht in der Stimme.

In der Regel werden im Hörfunk-Studio die Wortproduktionen im Zusammenwirken eines Regisseurs/Aufnahmeleiters mit einem oder mehreren Schauspielern/Sprechern gemacht. Folgende Kommunikationsrituale und Konstellationen kehren dabei immer wieder, sind typisch für die Arbeit im Studio:

Der Schauspieler bereitet sich vor, überfliegt den Text, meist vor sich hinmurmelnd, räuspert sich dazwischen, und dann bemerkt er, daß Regisseur und Toningenieur schon zuhören und entschuldigt sich: "Ich seh' den Text nur nochmal durch, ich stimme mich ein." Bei der Vorbereitung der Aufnahme - nehmen wir an, es handelt sich um einen kleinen Monolog-Text - setzt sich der Regisseur, wenn er ein guter Regisseur ist, neben den Schauspieler; die beiden gehen den Text durch: der Regisseur vermittelt die Bedeutung, die er dem Text als gesprochenem gegeben haben will, er interpretiert den Text, das Sprechen des Schauspielers soll diese Interpretation werden, sein. Schon diese Kommunikation erfordert ein intensives Aufeinandereingehen, anders als in der Bühnenprobenarbeit ist keine Zeit, sich aneinander zu gewöhnen. Bei der Aufnahme heißt es dann oft: "Bleib ganz nah dran am Text, so, wie wir das besprochen haben, geh ganz hinein in den Text ...", oder: "Distanzier' dich jetzt etwas von diesem Gedanken..." und ähnliches mehr. Dann will es der Regisseur natürlicher haben, der Sprechende bietet an, löst sich etwas von den syntaktischen Strukturen des Textes, atmet freier, man spürt, wie er gegen die Versuchung ankämpfen muß, den natürlichen Tonfall nur darzustellen, nur zu markieren. Und zu allem Überfluß will der Regisseur nun noch eine Fassung aufnehmen, die fröhlicher klingen soll, heiterer. Der Sprecher/Schauspieler nickt, will fröhlich sein, schlenkert mit Armen und Beinen, verrenkt sich, will sich einstimmen, in die richtige Laune kommen - es gelingt nicht, angeblich klingt der Text nun gar nicht fröhlich, und er weiß auch nicht, was der Regisseur genau will, wie denn das klingen soll, was er denn tun soll, der kann doch seine Vorstellung nicht auf den Punkt bringen, versteht nichts von der Arbeit des Schauspielers ... möglicherweise wird daraus ein Streit, ein handfester Krach. Immer wieder gibt es solche Situationen im Studio. Dabei sind die Anweisungen der Regisseure doch recht klar und einfach und eindeutig: "Mach das Ganze farbiger!" - "Gib noch etwas drauf bitte, einen kleinen Tupfer!" - "Leg noch noch etwas mehr Wut hinein!" - "Kannst du das bitte etwas weinerlicher, trauriger werden lassen?" - "Sag das bitte schöner, feierlicher, damit man merkt, daß du lügst!" - Oder: "Mach's lebendiger!" - "Mach den Text abstrakter, feiner, bewegter..." Und immer wieder beobachtet man dann, daß die Schauspieler auf solche Anweisungen, Hinweise nicht so reagieren, daß der Regisseur zufrieden ist; sie halten den Regisseur für blöd, weil er nicht genauer, handwerklicher sagen kann, was er will, und der hält wieder die Schauspieler für blöd, weil sie ihn offensichtlich nicht verstehen, weil sie nicht richtig reagieren können. Ich habe schon Hörspielproduktionen erlebt, wo die Aufnahmen abgebrochen wurden, damit die Schauspieler bis zum nächsten Tag Zeit haben, sich auf die geforderten Gefühlslagen einzustimmen, und dann ging gar nichts mehr.

Meine Analyse des Sprechakts, die ich hier im Kern und in Kürze skizzieren möchte, ist Ergebnis einer nun schon fast zwanzig Jahre dauernden Beobachtung von Vorgängen und Abläufen im Hörfunkstudio bei der Produktion von literarischen Sendungen und vor allem von Hörspielen. das meiste habe ich von den Schauspielerinnen und Schauspielern gelernt, einen Gutteil von den Regisseuren und auch von den Toningenieuren, deren Anteil am Gelingen von Aufnahmen und am Lösen von Konflikten immer wieder unterschätzt wird. Das analytische Verfahren ist einfach: der immer ganzheitliche Sprechakt wird von verschiedenen Aspekten her betrachtet und in einzelne Schichten zerlegt, wobei dieses Sezieren willkürlich ist: man darf dabei weder die funktionellen Zusammenhänge der aus dem Ganzen gelösten Teile miteinander, noch die Tatsache, daß es sich um eine Hilfskonstruktion handelt, die über sich hinaus keine Bedeutung hat, außer acht lassen.Die zur Charakterisierung der Elemente des Sprechakts gewählten Adjektive sind Hilfsbegriffe, da gibt es sicher Variationen und Synonyme, die ebensogut geeignet sind, den jeweiligen Aspekt zu umschreiben. Mir geht es bei dieser Aspektanalyse darum, auf pragmatische Weise eine individuell handhabbare Arbeitstechnik für das Sprechen vor dem Mikrophon zu ermöglichen. Vermieden werden sollen damit die Gefahren des Abgleitens der Produktionstätigkeit in Psychospielchen: die Arbeit von Regisseur und Schauspieler ist ohnedies oft genug belastet durch Machtgelüste und Unterwerfungsängste auf beiden Seiten.

Sieben Arten und Formen des Sprechens möchte ich im Folgenden erörtern:

1. Das natürliche Sprechen
2. Das artikulatorische Sprechen
3. Das auratische Sprechen
4. Das analytische Sprechen
5. Das emotionelle Sprechen
6. Das illustrative Sprechen
7. Das figurative Sprechen

Das natürliche Sprechen als alltägliche Kommunikationsform ist das individuell bestimmte, unmittelbar an Situationen, Befindlichkeit, Fähigkeiten oder Intentionen des Einzelnen gebundene Sprechen, das geprägt ist von der Spontaneität der gedanklichen Repräsentation jener Wirklichkeit im Innen und Außen, von der die Rede ist. Die Charakteristika des natürlichen Sprechens sind immer authentische und als solche identifizierbare Zeichen dieser Spontaneität und der Unmittelbarkeit. Das wird aber nicht immer im Textbild einer Transskription sichtbar werden, nur dann eben, wenn der Sprechende keine ausgeprägte sprachliche Formulierungsfähigkeit hat. Zu den wichtigsten Merkmalen des natürlichen Sprechens zählen die besondere Rhythmik, der sehr komplex motivierte Wechsel von Lautstärken, Sprech-Bewegungen, Sprech-Geschwindigkeiten, das nicht syntaktisch bestimmte Setzen von Pausen, die serielle Textgestaltung, die offene Satzbildung usw. Im natürlichen Sprechen offenbart sich eine große Palette von oft nur winzigen Inadäquatheiten von Kommunikationsnormen und Artikulationsregeln, die die Individualität des Sprechenden ausmachen. Dieser Bereich der Sprechanalyse ist praktisch unerforscht, aber viele Schauspieler sind da geradezu Beobachtungs- und Anwendungskünstler solcher winziger Signale und Eigenheiten. Wichtig in unserem Zusammenhang ist, daß jedes Sprechen vor dem Mikrophon nur eine Annäherung an das natürliche Sprechen ist, es sei denn, der Sprechende weiß nichts von dem Mikrophon, mit dem aufgenommen wird, was er spricht. Den Unterschied zwischen diesem zwar freien aber doch an Regeln gebundenen und in einer bestimmten Rolle sich vollziehenden Sprechen und dem natürlichen Sprechen kann man sehr gut am Ende von Interviews beobachten, wenn der Reporter und sein Gesprächspartner die Aufnahme für beendet erklärt haben, aber noch miteinander weiterreden. Es ist ein wichtiger Erfahrungssatz in der Hörfunkproduktion, daß es bei einer strengen Regelbildung oder Rollenzuweisung oder bei einem vorformulierten Text immer nur Annäherungen an das natürliche Sprechen gibt, und daß diese Annäherungen objektiv immer durchschaubar, entlarvbar sind, ja, daß sie oft maniriert, unangemessen, unangenehm wirken.

Das artikulatorische Sprechen ist das teilnahmslose Ablesen eines Textes oder das Herunterleiern von etwas Auswendig-Gelerntem. Gut beobachtbar sind Spielarten des artikulatorischen Sprechens bei Kindern, die noch nicht sehr geübt im Lesen sind, beim sogenannten Überfliegen von Texten, wenn man die Worte nur so vor sich hin spricht, wie auf der Suche nach dem Sinn, der entscheidenden Stelle im Text, oder um die Summe der Informationen zu erfassen. Zwischen der sinnlichen Repräsentation der Bedeutung des Textes und dem Aussprechen der Worte ist eine denkbar weite Distanz. Um ebendiese Distanz auszudrücken, die Verständnislosigkeit, das Leerlaufenlassen des Bewußtseins, die Sprachlosigkeit, setzt der Sprecher im Hörspiel solche Spielarten des artikulatorischen Sprechens ein. - Auf üble Praktiken im Leseunterricht in den Grundschulen könnte man in diesem Zusammenhang zu sprechen kommen, aber das würde vom eigentlichen Thema ablenken.

Das auratische Sprechen bedeutet zwar keine Distanzierung vom Sinngehalt des Textes wie das beim artikulatorischen Sprechen der Fall ist, gleichwohl ist es eine sinnentleerende Sprechform. Die Artikulation wird eingebunden in eine melodische, wortübergreifend rhythmische Gestalt oder Bewegung, die über die syntaktische Struktur und über die Sinn- und Bedeutungsraster der Wendungen drübergestülpt wirkt. Auratisch nenne ich dieses Sprechen, weil es dem schönen Schein, der Erhabenheit, dem Besonderen verpflichtet zu sein vorgibt, oder dem Schein der Entschlossenheit, der Notwendigkeit, der Schicksalshaftigkeit oder irgendwelcher höherer Ordnungen und Sensformen.Das auratische Sprechen praktizieren Priester und Politiker, Festredner und Führungskräfte bei vielen ihrer öffentlichen Reden: unter dem Deckmantel der großen Sprechgeste verbergen sich zu oft unlogische Sätze, falsche Schlußfolgerungen, schlichte Banalitäten, Parolen, Dummheiten. So ist das auratische Sprechen ein gutes Mittel, in einer Produktion falsches Pathos, Heuchelei oder Lüge oder Anmaßung zu kennzeichnen, da genügen ganz geringe Redundanzen. Daß das auratische Sprechen auch in der Rezitation ein probates Mittel ist, darüber hinwegzutäuschen, daß man komplexe lyrische Textstrukturen nicht verstehend zu lesen imstande oder bereit ist, kann man anhand vieler Aufnahmen berühmter Wiener Burgschauspieler für die ORF - Sendereihe "Du holde Kunst" belegen. Alltäglich wird von den Nachrichtensprechern die Aura der Sachlichkeit über das Nachrichten-Sprechen gelegt.

Das analytische Sprechen ist der radikale Gegensatz zum artikulatorischen wie zum auratischen Sprechen: es ist der Versuch, jene, das natürliche Sprechen kennzeichnende Spontaneität der gedankliche Repräsentation von Wirklichkeit des Innen und des Außen samt allen Abstraktionsformen aufzuwiegen durch eine willentliche Einbindung der gesamten Bewußtseinstätigkeit, der Reflektion wie der sinnlichen Vorstellung, in die Interpretation des Textes. Das analytische Sprechen wird begleitet von einer Vergegenwärtigung aller sinnlichen Qualitäten der Realität, auf die der Text verweist, es wird bestimmt von dem Gedanken, der in seinemVollzug Form und Gestalt des Textes geprägt hat. Dieses analytische oder interpretatorische Sprechen bedeutet eine ungeheure Anstrengung, denn es müssen mehrere Bewußtseinsvorgänge gleichzeitig gesteuert, beziehungsweise kontrolliert werden: einmal ist es die Decodierung der Zeichen und Symbole für die präzise Artikulation, dann das Wiederabrufen der sinnlichen Repräsentation jener Wirklichkeit, auf die die sprachlichen Zeichen verweisen, wozu auch die kinästhetische

Aktualisierung bestimmter Erlebniszusammenhänge gehört, und dazu kommt noch das ständige Nachvollziehen einer logischen oder poetischen Formgebung durch den Autor. Der Vorteil des analytischen Sprechens: dem Zuhörer teilt sich etwas als Ganzes mit, er versteht den Text, weil der Text vom Sprecher als ein verstandener Text vermittelt wird. In den Anwendungsbereich des analytischen Sprechens gehört auch das zweideutige oder mehrdeutige Sprechen, also das, was man mit den Subtext-Techniken des interpretierenden Sprechens meint. Das heißt ja nur, daß in der sinnlichen Repräsentation der Wirklichkeit, auf die der Text verweist, eine oder mehrere Analogien oder Paradoxien eingezogen werden, oder daß die kinästhetische Aktualisierung mehrere Erlebniszusammenhänge betrifft. Das analytische Sprechen erfordert hoch entwickelte Konzentrationsfähigkeit und ständige Übung.

Das emotionelle Sprechen, die Emotionalisierung der Stimme macht in der Hörspielproduktion die größten Schwierigkeiten; an diesem Punkt entzünden sich die meisten Konflikte. Warum das so ist, kann ich nur thesenhaft andeuten. Das deutschsprachige Hörspiel ist, im Gegensatz zur Produktionsästhetik in anderssprachigen Ländern gekennzeichnet durch eine extrem starke Zurücknahme des emotionellen Ausdrucks im Sprechen. Freude und Lust, Wut und Aggression, Scham und Ekel werden lieber benannt, angedeutet als stimmlich ausgedrückt. Die Empfindungszustände Trauer und Schmerz sind von dieser Aussparung noch am ehesten ausgenommen. DFas heißt wohl, daß das emotionelle Sprechen in der Öffentlichkeit wenig geschätzt wird, daß der stimmliche Gefühlsausdruck aus der Alltagskommunikation ausgeschlossen ist. Den meisten Menschen fehlen emotionelle stimmliche Ausdrucksmittel. Bei Übungen zur Technik des Sprechens vor dem Mikrophon mit Wiener Schauspielschülern und auch bei Übungen im Rahmen von Produktionsästhetik-Seminaren mit Studenten und jungen Radio-Mitarbeitern machte ich immer wieder die gleiche Erfahrung: Ein Text soll so gesprochen werden, daß in der Stimme der Ausdruck für eine bestimmte Gefühlslage des Sprechenden erkennbar, über die Stimmführung soll ein Empfindungszustand vermittelt werden, das ist die Aufgabe. Und da ballen sie vor Wut die Faust, manche bekommen fast einen roten Kopf, wenns um Wut und Aggression gehen soll, aber die Stimme ist ängstlich, unsicher, bestenfalls wird ein Gekreisch aus den Versuchen; und wenn Fröhlichkeit angesagt ist, wird die Stimme weinerlich und Ekel gibts nicht; die Trauer ist immer nur leise. Dieses Fehlen eines allgemein verbindlichen, bekannten, gewohnten, jederzeit zugänglichen und praktizierten stimmlichen Ausdrucks für die verschiedenen Empfindungszustände hat fatale Auswirkung auf die Produktionsästhetik der

Massenmedien: das Gefühl wird in kitschigen weil abgebrauchten und leerformelhaften Zeichen katalysiert, wird durch illustrative Mittel angedeutet - da braucht man sich nur die Inszenierungen von Trivialspielern deutscher Fernsehunterhaltung vorzunehmen. In sogenannten künstlerischen Produktionen wird das expressionistische Ausdrucksvokabular strapaziert oder, im anderen Extrem, das Gefühl versachlicht bis zur öden Fadesse. Man kann und sollte den Versuch machen, dieser verfestigten Trauer entgegenzuwirken, indem man nach authentischen glaubwürdigen und effektsicheren stimmlichen Ausdrucksmitteln sucht und sie dann auch einsetzt, sich nicht schämt für die so technisch hergestellten Empfindungen. Am ehesten bewährt sich da in der Produktion jene Arbeitstechnik, die über die physiognomische, die mimische und körpersprachliche Repräsentation der Empfindungszustände die an der Artikulation beteiligte Feinmuskulatur trainiert und hier Reiz-Reaktionssysteme nutzt. Wenn man zum Beispiel so spricht, daß kaum ein Atemzug durch den Mund strömt, kein Gesichtsmuskel oder anderer Körperteil die Tränendrüsen reizt, daß man also die Augen und die Lidmuskulatur stillhält, extrem abschirmt, dann beginnt man sprechend nach wenigen Sätzen zu weinen. Und jeden Ausdruck von Aggression beginnt man mit einer Anspannung der gesamten Atemmuskulatur ... usw., ich will hier nicht alle diese Einzeltricks, die ich von vielen Schauspielerinnen und Schauspielern während der Arbeit im Studio abgeschaut habe , anführen, das kann man alles, wenn man die Phantasie walten läßt, am eigenen Körper ausprobieren. Grundvorraussetzung dafür ist, daß man Vertrauen in den eigenen Körper bekommt, daß man sich damit abfindet, daß es der Körper ist, der spricht, daß man sich den Reflexen und den Kettenreaktionen im physiognomischen Zusammenspiel der Gesichts- und Hals- und Atem- und Artikulationsmuskulatur auch wirklich aussetzt, daß man genau beobachten lernt: was macht denn mein Körper, mein Gesicht, mein Hals, wenn ich dieses oder jenes Gefühl habe, wie reagiere ich beim Unterdrücken von Empfindungen, was passiert dabei. Ich weiß, vielen Schauspielern ist eine solche Methode zu technisch, aber man kann das Ganze ja auch als eine Art von Selbsterfahrung interpretieren.

Das illustrative Sprechen ist lange ein bewährter Ausgleich gewesen für mangelnde Beherrschung eines stimmlichen emotionalen Ausdrucksrepertoires: wenn Fröhlichkeit gezeigt werden sollte, hat der Sprecher schnell ein Haha eingefügt, bei Traurigkeit kurz aufgeschluchzt und vor Wut hat man geschnaubt. Diese Mätzchen sollten für die in Radio eben fehlenden optischen Augenzwinkereien entschädigen und komödiantisches Talent signalisieren. Heute nutzt man das illustrative Sprechen nur mehr zur Befriedigung oder zur Ausstellung schlichten Gemütes und mehr oder weniger liebenswerter Einfalt. In alten Radioproduktionen waren diese illustrativen Sprechweisen sehr beliebt,

Das figurative Sprechen wiederum ist ein Mittel, in den Sprechfluß Bewegungen hineinzubringen, die sich nicht unbedingt aus den syntaktischen oder poetischen Strukturen des Textes ableiten lassen, diesen aber auch nicht zuwiderlaufen. Diese Bewegungen haben immer Zeichencharakter, sind bedeutungstragende Elemente des Redeflusses. Sie sind vergleichbar den Körperbewegungen im Tanz; sie entstehen durch Veränderungen der Artikulationsgeschwindigkeiten, durch lineares Absenken oder Anheben der Stimmlage, durch Wechsel der Sprechrichtungen, der Ansprechpunkte im Raum. Dieses figurative Sprechen birgt zwar die Gefahr des Manieristischen in sich, aber es ist andererseits auch eine reizvolle und viel zu wenig genutzte und erprobte Möglichkeit, aus der Distanz von natürlichem zu künstlichem Sprechen einen Vorteil zu ziehen: der Tanz ist eine faszinierende Ausdrucksmöglichkeit, und warum soll man nicht die Sprache auch zum Tänzerischen verführen können.

Ich sagte eingangs, daß eine solcherart aspektorientierte Beschreibung von Eigenschaften, Qualitäten des Sprechaktes als Analyse dazu dient, auf pragmatische Weise eine individuell handhabbare Arbeitstechnik für das Sprechen vor dem Mikrophon zu ermöglichen. Fast alle Kommunikationsschwierigkeiten zwischen Regisseur und Schauspieler, Aufnahmeleiter und Sprecher, lassen sich lösen, wenn beide rasch erkennen können, in welchem Bereich von Sprechqualitäten Unstimmigkeiten, Inadäquatheiten und Fehler liegen. Nochmals betont sei: keines dieser Elemente des Sprechaktes läßt sich in der Praxis so idealtypisch isolieren. Deshalb werden die Anpassungen an individuelle Strategien und Arbeitsweisen immer Varianten bedingen, spielerisches Vorgehen notwendig machen. Die Erfahrung zeigt allerdings, daß in den meisten Fällen das analytische Sprechen die beste Ausgangsbasis bietet: wenn Verstehen und Interpretieren in einem guten Verhältnis zueinander stehen, dann läßt sich auch unverkrampfter an der Emotionalisierung oder an der Bewegungsauflösung arbeiten, dann lassen sich die peinlichen Ausflüchte ins So-tun-als-ob leichter vermeiden.

Symposion Theater

Auszüge aus der Podiumsdiskussion mit Isolde Alber (DGSS, Zürich), Peggy Lukacs (Schillertheater, Berlin), Prof. Ivan Nagel (HdK, Berlin), Pjotr Olev (Künstlertheater, Moskau) und Prof Hans Martin Ritter (DGSS und HdK, Berlin - Moderation). Die Diskussionsbeiträge sind z. T. stark gekürzt und folgen dem Diskussionsverlauf nicht durchweg chronologisch, sondern thematisch zusammengezogen. Die Schlußphase der Forumsdiskussion war aus technischen Gründen nicht mehr rekonstruierbar, insofern enden die Gesprächsaufzeichnungen mit einer offenen Frage. Dies erscheint mir allerdings dem angesprochenen Problem gegenüber auch durchaus als angemessen, zumal in der abschließenden Diskussionsphase eine wirkliche Antwort - abgesehen von punktuellen Lösungen im Einzelfall nicht gefunden werden konnte. Sie bleibt weiteren Überlegungen, Anstrengungen und Gesprächen vorbehalten. (Hans Martin Ritter)

Ritter:

Das Wort auf der Bühne, die Sprache auf der Bühne oder auch die Literatur auf der Bühne und schließlich das Sprechen auf der Bühne - das ist das Thema. Das gehört im europäischen Theater auch ganz eng zusammen. Aus diesem Zusammenhang ergeben sich eine ganze Reihe von Fragestellungen ästhetischer Art, schauspielmethodischer Art und methodischer Art für die Ausbildung. In diesen drei Schritten würde ich auch gern das Gespräch ablaufen lassen. Zunächst aber möchte ich einem Autor das Wort geben, der gerade diesen Zusammenhang selbst in Frage stellt und sich damit zum Wortführer einer Bewegung gegen das "Literaturtheater" macht: Artaud.

"Für uns ist das Wort das Wichtigste auf dem Theater, und außerhalb von ihm bestehen keine Möglichkeiten; das Theater ist eine besondere Form der Literatur, eine Art von tönender Spielart der Sprache, und wenn wir einen Unterschied machen zwischen dem auf der Bühne gesprochenen Text und dem mit den Augen gelesenen Text, wenn wir das Theater in die Grenzen dessen einschließen, was zwischen den Stichworten zum Vorschein kommt, so können wir das Theater nicht von der Vorstellung des realisierten Textes trennen.

Diese Vorstellung von der Überlegenheit des Wortes auf dem Theater ist so verwurzelt in uns und das Theater erscheint uns so sehr als einfache stoffliche Widerspiegelung des Textes, daß alles, was auf dem Theater den Text übersteigt, was nicht innerhalb seiner Grenzen liegt und streng durch ihn bedingt wird, für uns dem Bereich der Inszenierung anzugehören scheint, der als etwas dem Text Unterlegenes betrachtet wird. Da diese Unterwerfung des Theaters unter das Wort eine gegebene Tatsache ist, darf man sich fragen, ob das Theater nicht zufällig seine eigene Sprache besitzt, ob es völlig illusorisch wäre, es als unabhängige, autonome Kunst wie Musik, Malerei, Tanz usw. anzusehen.

Sollte es diese Sprache geben, so müßte sie jedenfalls notwendigerweise mit der Inszenierung verschmelzen, und zwar mit der Inszenierung betrachtet:

1. als visuelle und plastische Verwirklichung des Wortes

2. als Sprache all dessen, was auf einer Bühne unabhängig vom Wort gesagt und bezeichnet werden kann, was seinen Ausdruck im Raum findet oder durch ihn erreicht oder aufgelöst werden kann." (ARTAUD, A. 1969. Das Theater und sein Double. Frankfurt/Main.: Fischer, 73f.)

Nagel:

Ich will einmal versuchen auszubauen, was der Artaudsche Text sagt, damit wir davon wegkommen, es als selbstverständlich zu nehmen, daß Theater so etwas ist, wie eine Bebilderung von Worten. Das scheint zunächst einmal so, weil die großen Theaterstücke uns nur als Worte überliefert sind, (...) aus denen man dann auf irgendeine Weise ein 'Spektakel' machen kann. Das Mißverständnis ist verbreitet. Nicht nur die Schulkinder, auch das Publikum und die Lehrer des Publikums, die Kritiker mißverstehen Theater als bloßen Text. Periodisch - z.B. vor vier/fünf Jahren - taucht die Vorstellung auf, das Regietheater sei tot, wir wollen zurück zu den Stücken, den Texten, und die Schauspieler sollen gefälligst wieder eine verständliche Art, eine auch für die letzte Reihe verständliche Art entwicken, die Stücke "runterzudeklamieren". Denn das sei ja der eigentliche Schiller. Das beweist schon der Buchhändler, der das als Schiller verkauft. Dieses Mißverständnis hat aber, wie gesagt, seine Ursachen in der Theaterliteratur selbst. So sind die szenischen Anweisungen - vor allem in den frühen Stücken - spärlich, in den griechischen Tragödien gibt es keine, bei Shakespeare wenige, und diese stammen noch von späteren Herausgebern. Die ersten ausführlichen szenischen Anweisungen finden sich in der Zeit der Aufklärung, etwa bei Diderot. Das deutet darauf hin, daß das

Theater selbst sich verändert hat. Diderots Theater nimmt auf *Situationen* Bezug, will *Situationen* beschreiben und aus den Situationen erst, sozusagen als Spitze des Eisbergs, die einzelnen Dialoge und Repliken ableiten.

Bei Racine war das offensichtlich noch nicht so. Wir fassen sein Theater als vorwiegend rhetorisches, als sprechendes Theater auf. Diderot hat infolge dessen in seinen theoretischen Werken sehr ausführlich über das geschrieben, was er "Pantomime" nannte. (Wir nennen das heute nicht mehr so.) Was Diderot meinte, war die Kontinuität eines situativen und seelischen Vorgangs in den Figuren und zwischen den Figuren, aus denen Sprache dann entsteht. Diese Sprache war bezeichnenderweise - im Bruch mit der Tradition - keine Verssprache, denn Verssprache hat es an sich, daß sie nach einer gewissen rhetorischen Geschlossenheit verlangt. Die Darstellerin der Iphigenie beispielsweise, die ständig so tut, als ob ihr das, was sie sagt halbversweise oder sogar wortweise erst einfallen würde, und die sich anstrengt, auf diese Weise die Gedanken Goethes zu "erzeugen", bietet meistens ein sehr langweiliges Theater. Dies ist eine Fiktion. Die Iphigenie, die in Versen spricht, spricht nicht so, als ob sie vom Autor verpflichtet worden wäre, jedes Wort denkend und situationsfühlend zu erzeugen. Die Schauspielerin muß Gedanken sprechen, sie muß Gedanken übertragen, und wir müssen annehmen, daß diese Gedanken in dieser rhetorischen und versartigen Form in ihr entstehen, aber sie hat nicht die Verpflichtung zu beweisen, daß sie in jedem Augenblick diese Zeilen erst ausgedacht hat.

Es gibt Stile des Theaters, die sicher nicht darauf abgestellt sind, den Zusammenhang der Stücke hauptsächlich als situatives, seelisches Kontinuum zu fassen, aus dem gelegentlich Worte entstehen, d.h. das *Wort* selbst ist in vielen Arten des Theaters Stifter der Kontinuität. Das sage ich, weil unsere Auffassung mittlerweile ganz anders ist. Wenn man z.B. mit Stanislawskischen Methoden an einer Rolle arbeitet, geht man davon aus, daß das Wort nur ein *Teil* des größeren, tieferen Zusammenhangs ist, sozusagen die Spitze des Eisbergs, und daß es für den Schauspieler darauf ankommt, den 'Eisberg selbst' in sich hineinzunehmen, wobei es ihm dann möglich ist, die zur Situation gehörigen Worte zu "finden".

Olev:

Ich verstehe Wort und Text als Instrument, Wort als Handeln. Das Wort ist eine Spitze, ich sage Worte auf der Bühne, wenn ich nicht mehr schweigen kann. Das

Wort muß geboren werden, es ist das letzte. Wenn ich zu sprechen beginne, will ich etwas erreichen.

Für das Thema ist der Unterschied zwischen Naturalismus und Realismus sehr wichtig. Für den Naturalismus (Otto Brahm) ist es unmöglich, poetische Werke zu inszenieren, weil die Menschen im Leben "alltäglich" sprechen. Es ist eine Lüge, auf der Bühne Verse zu sprechen. Stanislawski ist ein Vertreter des Realismus, des geistigen Realismus, des seelischen Realismus. Alles soll begründet, motiviert sein, immer große Gefühle, existentielle Situationen. Zuerst Gefühle, erst Handlung, und vieles andere und zuletzt das Wort. Aus all diesem muß das Wort geboren werden. Ich kenne Schauspieler, die kommen schon auf die erste Probe mit auswendig gelerntem Text, mit erarbeiteter Intonation. Darin liegt die Gefahr eines Klischees. Der Prozess muß aus der Improvisation in eine feste Form führen. Ich muß auf meinen Partner schauen: was will ich von ihm - heute, jetzt. Ich bin auf der Bühne, er ist auf der Bühne und ich muß die Worte, die ich schon kenne, improvisieren, so als spräche ich sie das erste Mal. Stanislawski hat den Text des Schriftstellers sehr ernst genommen. Warum spricht Hamlet in Versen? Kann man das motivieren? Hamlet kann nicht mehr Prosa sprechen, sein Gefühl ist so groß, daß er seine Gedanken nur noch in Poesie äußern kann. Ähnlich ist es mit Musik und Gesang: die Gefühle werden so groß, daß der Mensch anfängt zu singen.

Nagel:

Man kann und muß *in Versen denken*, wenn man Verse spricht. Man kann nicht so tun, als ob man zuerst denken, fühlen würde, um dann ein Drittel des kommenden Verses zu "erzeugen", dann also wieder mit großer Mühe sich das nächste Drittel herauszustemmen. Das ist mein Vorbehalt gegen die Vorstellung, Verse spricht man dann, wenn man sozusagen aus der Prosa heraus muß. Das gilt noch bei Shakespeare, das gilt noch in der Zauberflöte, das gilt aber nicht bei Goethe, nicht bei Racine, wo das ganze Stück in Versen geschrieben ist. Man kann nicht immer hundert kleine Bruchstellen machen, bis man den Zuschauer überzeugt hat, daß man unheimlich grübelt und damit einen Bruchteil des Verses herausbringt. Es ist möglich - und das geht mit der Theorie Stanislawski und nicht gegen sie - diese Verssprache als Handlung, fortlaufende Aktion zu erleben und zu sprechen. Oft ist es richtig, auf eine bestimmte Höhenlage der Gefühle und des Ausdrucks sich zu begeben und innerhalb der Sprache all das zu bringen, was man an innerem Zustand auszudrücken hat. Der entscheidende Punkt ist: *wird Sprache zu einer Aktion*.

Sie kann auf sehr verschiedene Weise eine Aktion werden. Einerseits indem sie aus einer größeren seelischen Aktion des Schweigens dort aufsteigt, wo sie absolut unvermeidliche Notwendigkeit ist. Aber Sprache kann auch selbst die Denk- und Situationskontinuität übernehmen, in anderen Spielweisen. Und da kommt es darauf an, daß man nicht ständig "zurückplumpst" auf die niedrigere Ebene unter den Gedanken und dann den einzelnen Gedanken jeweils bruchstückhaft hochstemmt, sondern daß Sprache ein kontinuierliches, dialogisches Agieren als Handeln selber ist.

Lukacs:

Für mich sind das Fragen des Stils. Ein Regisseur kann so inszenieren, als ob die Schauspieler die Worte im Augenblick des Sprechens "gebären". Es gibt aber sehr verschiedene Formen, sich auszudrücken. Ich kann mich auf die Bühne stellen, ein Gedicht ohne ein Gefühl sagen. Ich kann mir auch denken, die Leute mit dem Telefonbuch zum Lachen zu bringen. Es hängt doch von mir als Schauspielerin ab, zu welchen Mitteln ich greife. Wenn ich Virginia Woolf spiele, werde ich wahrscheinlich zu naturalistischen Mitteln greifen müssen. Ich kann mich aber auch entscheiden, diesen Text "vorzuführen". Das muß von Fall zu Fall neu entschieden werden. Der Naturalismus hat eine andere Aussage als der Realismus, einen anderen Gestus. Darauf kommt es an. Ich versuche mir den Text solange wie möglich fremd zu halten, solange bis die einzelnen Dinge mir immer näher rücken können. Ich versuche nicht zu tun, als wäre er mein Text, denn er ist ja schließlich nicht mein Text. Ich versuche mir Situationen vorzustellen, in denen solche Texte gesagt werden könnten. Kleine Situationen. Und so langsam wühlt man sich dann in den Text hinein, findet Möglichkeiten, aus denen heraus man sich vorstellen kann, vielleicht sowas zu sagen. Danach gelingt es einem, die verschiedenen Wege zu bündeln, und die persönlichen Vorstellungen in einen Ausdruck zu verwandeln. Ich muß ganz viele Dingen finden, um sie dann verdichten zu können und zwar nicht die Dinge, die einem sofort einfallen, sondern möglichst fremde, ungewöhnliche, um so wenig wie möglich das zu spielen, was mir beim ersten Lesen dazu eingefallen ist. Das Hauptproblem ist, Texte persönlich zu sprechen, Verse persönlich zu sprechen. Ich höre sehr viel Sprache auf der Bühne, die mich absolut nicht betrifft, die glänzend formuliert ist, aber ich weiß nicht, warum derjenige spricht. Er spricht deutlich, aber viel wichtiger ist: wann "bricht die Seele aus"? Wenn die Callas singt, - die singt gar nicht, die schreit - aber sie arbeitet an der

Emotion. Wir können nicht immer nur von der Form reden, wir müssen auch an den Punkt kommen, was vermittelt man als Sprecher (über das Sprechen). Und die Frage ist, wie befähigt man Schauspieler, Sprache als ihr Instrument zu behandeln und nicht als etwas, was einem "da vorne so anwächst."

Olev:

Es ist häufig so, daß die Schauspieler die Technik ganz vergessen, daß sie meinen, wenn sie das "richtige" Gefühl haben, dann geht alles von selbst. Diese Ansicht ist falsch, Stanislawski hat sehr viel über Technik gesprochen, Sprechtechnik. Zum Beispiel, ein Schauspieler soll deutlich gehört werden, aber es gibt Momente, wo er auch alltäglich sprechen soll. Das ist ein Widerspruch. Wie kann er das machen? Zum Beispiel: ich soll sagen "Er ist ein sehr guter Mensch." - aber alltäglich, ganz einfach (er nuschelt den Satz). Da gibt es einen "Trick". Ich wiederhole das dreimal, das erste Mal spreche ich den Satz sehr deutlich (er spricht den Satz sehr deutlich und wirft den "Rest" mehrmals undeutlich nach). Dann bekommen wir den richtigen Ausdruck. Oder der Satz: Rußland ist seeeeehr riiiesig. Wenn ich den Satz sehr schnell und gehackt spreche, so wird nicht klar, was ich meine. Spreche ich den Satz gedehnt, entsteht eine ganz andere Qualität (Beispiel). Oder: Ich sage: "Ich liebe dich". Ich muß das mit Herz sagen und nicht mit der Stimme (Beispiel: leise und tief gegen hell und schnell). Ein Schauspieler braucht diese Technik. Das geht nicht nur aus der Seele, aus dem Geist, sondern das ist Technik, die jeder Schauspieler zur Verfügung haben muß.

Lukacs:

Für mich ist das nicht Technik, sondern das ist Gestus. Nämlich, die Tatsache, daß jede Art zu sprechen eine Aussage hat. Jeder Schauspieler muß lernen, daß er so, wie er jeweils spricht, etwas ganz bestimmtes transportiert, und daß das vielleicht nicht unbedingt alles ist, was dieser Text enthält. Das ist ein *möglicher* Ausdruck, *einer*.

Ritter:

Das heißt aber doch auch, daß man für diesen Gestus oder diesen Ausdruck den Ort im Körper suchen muß, wo dieser Gestus zu Hause ist oder wo er anfängt, sich zu äußern. Das könnte man als Technik bezeichnen oder man könnte es als Suche nach dem menschlichen und damit körperlichen Zentrum bezeichnen. Womit wieder gesagt ist, daß das Wort, das ich ausspreche, irgendwo im Körper sitzt.

Alber:

Gerade das ist die Schwierigkeit des Sprecherziehers am Theater, als Mittler zwischen Schauspieler und Regisseur. Er muß die Ziele des Regisseurs, die Stilart, diese Kommunikationsformen, diese Energien im Spiel umsetzen können mit den Menschen. Das ist die heikle Aufgabe des Sprecherziehers: im Einverständnis mit den unausgesprochenen oder ausgesprochenen Wünschen des Regisseurs, die Schauspieler dahin zu bringen, daß sie das noch möglichst entspannt und locker und lustvoll tun. Ein besonderes Problem ist z.B. das Bildertheater (etwa von Wilson). Wenn dort überhaupt Sprache benutzt wird, wie soll gesprochen werden? Wer hilft dem Schauspieler, diese Zeitlupenformen, die verschiedenen Spannungsverhältnisse, die von den verschiedenen Stilen gefordert werden, im Körper richtig entstehen zu lassen? Und es ist bestimmt so, daß in einem Theater zweimal pro Jahr einer kommt, der Strasberg-Arbeit macht, und die Schauspieler müssen alles als Tier (bitte!) ansetzen: Tierarbeit. "Und komm mir ja nicht an, wenn du nicht in der Schildkröte drin bist" oder so ähnlich. Und es ist sehr schwer, von der Schildkröte dann auf das Sprechen zu kommen.

Ritter:

Das hat Millionen Jahre gedauert.

Nagel:

Es ist ganz wichtig, darauf zu insistieren: es gibt technische Möglichkeiten, Fähigkeiten, die erarbeitet und ausgebildet werden müssen. Aber die Ausbildung läuft häufig - und das sind dann die Monologe, die man wunderbar hört und nicht versteht - gerade im Stimmlichen so, daß man eine irgendwo gepreßte, d.h. gegen den Körper, gegen das Gefühl nicht mehr durchlässige Stimme erzeugt. Der "Drill" triumphiert und führt im Resultat zu einer Durchdringenden, scheinbar mühelosen Kunststimme, die man mit sämtlichen Hämmern auf diesen armen Amboß von einem Schüler ausgehämmert hat, bis etwas unheimlich klar Definiertes, aber nicht mehr durchlässiges entsteht. Ich habe Regisseure arbeiten sehen, die sozusagen Stimmbildner waren, in der Art, wie sie inszenierten, und in den Mitteln, wie sie inszeniert haben. Und zwar immer mit demselben Ziel: diese Art von verkrampfter, von künstlich geschmiedeter rhetorischer Stimme abzubauen und die Stimme maximal durchsichtig, durchlässig zu machen demgegenüber, was im Körper, aber auch im Herzen, im Kopf passiert. Kortner hat manchmal sieben- oder zehnmal einen Satz oder einen Tonfall, oder ein einziges Wort auf der Silbe hin gesprochen, nicht, um zum Nachahmen zu zwingen, sondern um hier eine Höhe und Durchlässigkeit der Stimme zu erzeugen, die das, was man dachte, das, was man mit diesem Vers sagen wollte, wirklich aufnahm, wie ein Schwamm aufnahm, statt wie mit einem Metallstab ständig gegen das Publikum zu hauen. Hier gibt es das Problem des "Technischen" und der Ausbildung. Beide können furchtbar schädlich sein, wenn dieses "Technische", diese Ausbildung in diesem Hartschmieden besteht, statt darin, die Organe und damit auch das Sprachorgan zur absoluten Durchlässigkeit der Gedanken und Gefühle zu bringen. Das passiert leicht, wenn man die Aufgabe rein technisch stellt, dann kommt man oft zu diesem Schmieden, und das hat ja auch einen beschränkten Erfolg. Man kann also erreichen, wenn man die Leute richtig getrietzt und trainiert hat, daß tatsächlich jedes Wort von ihnen verständlich ist, aber was ist dann inzwischen mit dem Wort passiert, und was ist inzwischen mit der Seele und mit dem Kopf dieses armen Schauspielschülers passiert. Und welche Schwierigkeiten wird er haben, wenn ihn das Glück vielleicht irgendwann einmal mit einem großen Theatermacher, der ein anderes, vollständigeres Bild vom Menschen hat, zusammenbringt, und ihn nicht in der Provinz, wo er dann zum Liebling der Schulklassen wird, stecken bleiben läßt, wo er seine beschränkten Darstellungsmittel noch und noch reproduzieren kann.

Fragstein (Publikum):

Dieses Technikverständnis, das Sie da angesprochen haben, das existiert, möchte ich Ihnen entgegenhalten, eher bei den Intendanten als bei den Ausbildungsstätten. Diese Art Technik wird vielleicht nicht von den wirklich großen Kollegen, aber leider doch von der Mehrzahl der Theater abgefordert. Und sie wird zum Teil von schlechten privaten Schauspielschulen "geliefert", die in der Tat noch so arbeiten. Ich lege aber meine Hand dafür ins Feuer, daß die meisten Kolleginnen und Kollegen an den öffentlichen Schauspielschulen anders arbeiten, aber es manchmal schwer haben, sich mit dieser Arbeit an den Theatern verständlich zu machen.

Mir ist viel wichtiger, daß Leute *auf den Weg geschickt* werden, mit ihrer Stimme umgehen zu können, sich eben diese Durchlässigkeit zu erwerben und daß sie daran weiterarbeiten können. Und dann, wenn sie das tun (nach Abschluß der Ausbildung), brauchen sie etwa vier bis fünf Jahre, bis sie tatsächlich gut, präsent mit der Stimme sind.

Publikum:

Ich höre den Konsens heraus, daß Sie alle um das Wort als *Erlebnis* bemüht sind, und das sehe ich jetzt auch als roten Faden der Tagung. Meine Frage an die beiden Praktiker: Inwieweit sind Sie bereit, mit Sprecherziehern zusammenzuarbeiten, die auch den gestalterischen Aspekt berücksichtigen und eben nicht nur Zulieferer für das Handwerk sind, sondern eine mitkünstlerische Verantwortung tragen zum Gesamtkunstwerk Theater.

Publikum:

Ich weiß aus meiner Erfahrung, daß die Berührungsängste zwischen Regie und technischer Begleitung sehr groß sind, weil die Kompetenz auf beiden Seiten nicht geklärt ist.

Lukacs:

Ich versuche, mir das vorzustellen: einen Regisseur und dann noch einen Sprechlehrer, die mich "mitkünstlerisch gestalten". Selbstverständlich sind Schauspieler sehr daran interessiert an einer Körperarbeit, an einer Spracharbeit. Ich habe selten gehört, daß es Schwierigkeiten gäbe mit Schauspielern. Ich gebe aber recht, daß es unglaublich schwer ist, wenn Regisseure und Coach zusammenarbeiten.

Wir hatten am Schiller-Theater Schwierigkeiten, daß die Leute, die mit den Schauspielern gearbeitet hatten, überhaupt in die Probe kommen durften. Das ist eine "Gefährdung". Wer hat hier die Kompetenz, wer hat hier was zu sagen? Und der Schauspieler sitzt dazwischen und jeder "gestaltet ihn künstlerisch".

Nagel:

Arbeitsmöglichkeiten für den Sprecherzieher gibt es doch wohl in zwei verschiedenen Arten:

Erstens eine kontinuierliche Arbeit an fundamentalen technischen Problemen mit den Teilen des Ensembles, die dieses auf freiwilliger Basis wollen, zweitens die Möglichkeit, während einer Inszenierung mitzuarbeiten. Der Sprecherzieher wird dann zum Beobachter dessen, was sich in der Probe abspielt, er wird versuchen, die vom Regisseur gestellte Aufgabe oder besserenfalls die von Schauspielern und Regisseur gemeinsam gefundenen Aufgaben intuitiv und fachmännisch mit dem Ohr und mit dem Auge zu begleiten und herauszufinden, wo die Hemmungen, die Schwierigkeiten sind, um so im Probenzusammenhang mit der schauspielerischen Arbeit weiterzukommen.

Aber ist diese Arbeit an der Rolle nicht nur möglich bei extrem langen und ausgiebigen Probezeiten, sonst wird es ja zum Schnellkurs und mischt sich auch noch in den fließenden Inszenierungsprozeß hemmend ein.

Alber:

Nach meinen Erfahrungen ist es sinnvoll, bei einer kontinuierlichen Arbeit immer wieder auch einmal eine Inszenierung von A bis Z zu begleiten und dann wieder unthematisch, sozusagen am Menschen direkt zu arbeiten.

Ritter:

Es gibt noch eine größere Spannung innerhalb der Arbeit des Sprecherziehers, die zwischen der Reparatur der Stimme oder im guten Sinn: der Stimmbildung und der stilbildenden Arbeit. Ein Beispiel für das zweite ist das frühe Antikenprojekt

der Schaubühne, im dem ein Sprecherzieher (Kaminski) stilbildend auf das ganze
Projekt eingewirkt hat.

Nagel:

Aber welches ungeheure Maß an Einfühlung - nicht nur in die Schauspieler, sondern auch in die Art des Regisseurs - braucht man dazu, wenn man sich in einer
normalen Probenzeit nicht immerzu nur einmischen, sondern "beteiligen" will.
Deshalb frage ich: Ist die Präsenz, ist die Mitarbeit eines Stimmbildners an einer
Produktion nicht etwas, was sich möglicherweise nur sehr privilegierte Theater als
einen besonderen Luxus leisten können. Oder kleinere Theater, in denen ein ganz
spezifischer Stil, vielleicht schon fast ein ideologischer, politischer, aber zumindest
ein in breitestem Sinn gemeinsamer Stilimpuls herrscht. Und wo ist denn schon
dieses Theater. Deshalb: Welche Stetigkeit der Arbeit braucht man überhaupt,
damit bei einem guten oder zumindest verständnisvollen Regisseur ein Stimmbildner sich an und in einer Produktion beteiligen kann. Erst wenn sich die Leute
"gefunden" haben, können sie miteinander arbeiten, und das bezieht sich nicht nur
auf die Aufgabe des Stimmbildners - auch etwa die des Dramaturgen. Oder der
Stimmbildner muß ungeheure Fähigkeiten haben und meistens auch sehr viel Zeit,
um in die besondere Arbeitsweise , in die besondere Zielsetzung sich einzufühlen.
Wie soll man also den universal adaptierbaren Stimmbildner und Sprecherzieher
"erzeugen"?

Mitarbeiter des Bandes

Isolde ALBER, Sprecherzieherin, Zürich.

Elmar BUDDE, Prof. Dr., Hochschule der Künste Berlin (Musikwissenschaft)

Issac E. CATT, Ph. D., California State University, Chico, USA (Speech Communication)

Thomas von FRAGSTEIN, Prof., Sprecherzieher (DGSS), Hochschule der Künste Berlin (Sprechwissenschaft)

Lutz GÖRNER, Rezitator (Reziteater Köln)

Norbert GUTENBERG, Dr. Sprecherzieher (DGSS), Universität Saarbrücken (Sprechwissenschaft)

Wernfried HÜBSCHMANN, M.A., Sprecherzieher (DGSS), Regensburg

Jaakko LEHTONEN, Prof. Dr., Jyväskylä Universität, Finnland (Kommunikationswissenschaft); DGSS

Geert LOTZMANN, Dr. Diplom-Sprechwissenschaftler, Akad. Dir., Universität Heidelberg (Sprechwissenschaft); DGSS

Peggy LUKACS, Schauspielerin, Schillertheater Berlin

Manfred MIXNER, Sender Freies Berlin, Leitung: Hörspiel

Ivan NAGEL, Prof., Hochschule der Künste Berlin (Ästhetik und Geschichte der Darstellenden Künste)

Pjotr OLEV, Schauspieler und Regisseur, Dozent Künstlertheater Moskau

Margit REINHARD-HESEDENZ, Prof., Sprecherzieherin (DGSS), Hochschule für Musik und Darstellende Kunst Saarbrücken (Schauspiel)

Hans Martin RITTER, Prof., Hochschule der Künste Berlin (Theaterpädagogik/Sprecherziehung); DGSS

Rudolf RÖSENER, Dr. Sprecherzieher (DGSS) Akad. Dir. Universität Münster (Sprecherziehung und Vortragskunst)

Eberhard STOCK, Prof. Dr., Diplom Sprechwissenschaftler, Universität Halle, DDR (Sprechwissenschaft)

Michael THIELE, Prof. Dr., Sprecherzieher (DGSS), Fachhochschule Karlsruhe (Rhetorik und Englisch), Folkwanghochschule Essen (Schauspiel)

Hermann TREUSCH, Schauspieler, Berlin

Edith URBANCZYK, Prof., Hochschule der Künste Berlin (Gesang)

Susanne VILL, Prof. Dr., Universität Bayreuth (Theaterwissenschaft / Musiktheater)